한국에서 여성으로 살아가기: 일하는 여성의 세계

경상대학교
여성연구소
기획도서 2

한국에서 여성으로 살아가기: 일하는 여성의 세계

경상대학교 여성연구소 지음

서현사

• 차례 •

제6장
여성 진로에 관한 연구 동향_양난미

제7장
직장에서의 성희롱 예방과 경계권의 보호_김대균

제8장
「부정청탁금지법」과 여성_정도희

• 머리말 •

일의 역사는 인류의 역사와 같이한다. 살아가기 위해 일은 필수적이다. 먹을 것을 얻기 위해 일하고, 쉬고 먹고 다시 일할 힘을 얻기 위해, 그리고 자녀를 낳아 키우고 가족을 돌보고 가정을 유지하기 위해 일한다. 또한 자신이 누구인지 정체성을 찾기 위해, 삶의 의미를 발견하기 위해 일한다. 어떤 이유로 일을 하건 일은 살아가기 위해 필요한 것이며, 살아갈 수 있는 힘과 의미를 제공한다.

그렇다면 여성과 남성은 어떤 일을 하는지, 성별에 따라 하는 일에 차이가 있는지, 차이가 있다면 왜 그런 것인지, 서로 차이가 있는 일을 한 결과는 남성과 여성에게 어떤 영향을 미치는지 등등 많은 의문이 제기된다. 일은 남녀 모두에게 중요하다. 그러나 누가 어떤 일을 하느냐에 따라서, 그 일에 대한 가치를 어떻게 매김 하느냐에 따라 사회적 지위가 결정되고 지닐 수 있는 권력이 달라진다.

우리나라는 다른 어느 곳보다도 성별 분리가 엄격한 사회를 유지해 왔다. 한국의 가부장제는 남성에게는 가부장권, 공식적 대표권, 상속권을 부여하는 반면, 여성에게는 혈통계승자 출산, 살림 일으키기, 봉제사·접빈객 등의 역할을 부여함으로써 남녀의 역할과 권리를 엄격히 구분하고 여성은 남성 세계를 보완하도록 하였다(조혜정, 1992: 109~110). 한국의 여성은 살림을 일으키고 가정을 유지하기 위해 항상 일을 해 왔지만 일에 따르는 권리는 인정받지 못했다. 한국의 전통적인 성 역할 분리는 서구의 자본주의가 들어오면서 남성은 일터에서 경제활동을 하는 생계 부양자, 여성은 가정에서 자녀 양육과 가사노동을 전담하는 전업주부의 역할을 강조하는 자본주의적 성별 분업으로 전환되었다(조혜정, 1992: 104). 이러한 사회문화적 풍토에서 성별 분업은 좀처럼 변화되지 않은 채 오늘을 살아가는 한국 여성과 남성의 삶과 가정생활에 영향을 미치고 있다.

최근 들어 교육 수준이 높아짐에 따라 여성의 사회 진출이 활발해지고 양성평등이 보편적인 가치로 받아들여지고 있지만, 여전히 여성이 해야 하는 '여성의' 일이 규정되어 있고, 자녀 양육, 가족 돌봄, 가사노동은 '여성에 의해' 행해지고 있다. 이러한 점에서 여성이 하는 일이 여성에게 어떤 영향을 주는지 알아보고, 오늘날 한국에서 여성으로 산다는 것, 특히 '일하는 여성'의 세계를 조명하고자 하였다. 아울러 일하면서 여성이 직장에서 직면하는 문제는 무엇인지, 앞으로 여성의 진로는 어떻게 설계되어야 할지에 대해 다각적 관점에서 일하는 여성의 세계를 살펴보고자 한다.

제1부에서는 '여성과 일'이라는 주제하에 여성들이 가정과 직장에서 하고 있는 일에 대해 살펴보았다. 먼저 제1장에서는 여성들이 현재 노동시장에서 차지하고 있는 위치를 통계자료를 통해 확인하고, 여성들이 여전히 노동시장에서 평등하지 못한 이유를 살펴보고자 한다. 이를 위해 직장 일과 집안일은 서로 어떤 관계에 있는지, 여성이 직장과 가정에서 하는 일 자체가 여성 불평등

과 어떤 관계가 있는지, 그리고 직장과 가정에서 불평등을 초래하는 여성 취업의 구조적 문제를 어떻게 해결할 수 있는지에 대한 답을 찾아보고자 한다.

제2장에서는 '육아는 과연 여성만의 책임인가?'라는 물음을 시작으로 모성 이데올로기의 허와 실, 일하는 여성의 양육 스트레스의 현주소를 알아보고 일-육아 양립의 과제와 전망에 대해 알아본다.

제3장에서는 돌봄노동의 사회화와 국가별 유형, 한국 돌봄정책의 성격, 돌봄노동과 여성일자리 현황 등을 여성주의적 입장에서 살펴보고 전망과 과제를 제시하였다. 돌봄노동의 대상은 타인의 돌봄을 필요로 하는 사람들이며 돌봄노동은 사회구성원들의 유지와 재생산을 위해 필수적인 노동이다. 이 장에서는 돌봄노동의 사회화 방향은 탈가족화와 제도화를 지향해야 하고 탈젠더화가 이루어져야 할 것으로 보았다.

제4장에서는 우리나라 여성 근로자의 대부분이 강도 높은 감정노동에 노출되어 있는 현실을 고려하여 여성 근로자의 감정노동 실태, 직업건강문제 및 여성 감정노동자를 보호하기 위한 방안을 살펴보았다.

제2부에서는 '여성과 직장'이라는 주제하에 직장생활을 하면서 여성이 직면하게 되는 문제, 그리고 직장과 진로의 문제를 다루었다. 제5장에서는 여성의 진로장벽 및 유리천장에 대해 살펴보았다. 비록 가시적으로 드러나는 것은 아닐지라도, 유리천장은 사회적 규범과 암묵적 압력의 형태로 여성의 진로를 제한하는 데

결정적인 역할을 한다. 여기서 중요한 것은 사회화 과정을 거쳐 성 역할 고정관념이 성 역할 정체성으로, 그리고 개인의 가치관으로서 내재화된다는 데 있다. 따라서 사회 전반에 걸친 교육과 학습이 중요하며, 일과 가정에 대한 전통적인, 즉 전근대적인 인식과 고정관념부터 바꿔야 할 필요가 있다. 특히 여성의 진로장벽이 여성에게만 국한된 문제가 아니라, 저출산 및 고령화의 문제를 안고 있는 우리시대의 중요한 문제라는 점을 제시하였다.

제6장에서는 여성 진로에 관한 연구 동향을 자세히 들여다보았다. 최근 3년간 우리나라에서 여성 진로를 주제로 진행된 연구들을 살펴보고 이를 통해 오늘날 우리나라 여성들이 경험하는 진로문제가 무엇이며 이를 학문적으로는 어떻게 설명하고 있는지 알아보았다.

제7장에서는 공동체 우선의 사회, 가부장적 사회에서 무시되어온 경계권의 관점에서 성희롱 문제를 살펴보았다. 성희롱은 성적 경계, 육체적 경계를 침입하는 것으로 경계권과 관련되는 대표적인 사안이다. 이에 국가인권위원회에서 판정하는 성희롱의 구체적인 사례들을 분석하고 해석함으로써 성희롱의 개념과 이론에 대한 이해, 경계권 보호와 관계윤리 정립, 성희롱 예방 교육에서 가치교육적 접근의 중요성을 제시하였다. 한편 한국 사회에서 경계권 보호에 대한 의식이 약하다는 점에 주목해서 경계윤리교육을 통한 예방에 초점을 둔 직장 내 성희롱 예방 교육을 강조하였다.

제8장에서는 「부정청탁금지법」과 여성에 대해 살펴보았다. 우리 사회 부패 척결에 대한 의지로 「부정청탁 및 금품 등 수수의 금지에 관한 법률」이 시행된 지 어느덧 100일이 지났다. 2011년

여성 검사가 관련된 스폰서 사건으로 대한민국이 떠들썩했고, 이러한 사회 분위기 속에서 이 법은 여성 전(前) 국민권익위원장에 의해 제안되었다. 그러나 시행 초기 혼란은 아직까지 잠잠해지지 못하고 있고, 개정의 목소리는 곳곳에서 나오고 있다. 이에 이 법의 주요 내용을 간략히 소개하고 관련 쟁점 몇 가지를 살핀다.

이 책은 한국에서 여성으로 살아가는 경험, 특히 일하는 여성의 세계를 이해하고자 하는 사람이라면 흥미를 느낄 것이다. 자신에게 주어진, 앞에 놓인 일을 하면서도 왜 이런 일을 해야 하는지에 대해 의문을 품거나 힘겨워 하는 여성들에게 조금이나마 힘이 될 수 있기를 기대한다. 동시에 여성이 하는 일에 대해 여성 자신과 가족들에게 이해를 제공하고 도움이 될 수 있기를 기대한다.

끝으로 이 책이 발간될 수 있도록 후원해 주신 경상대학교 학교 기업 GAST(Gyeongnam Animal Science and Technology)의 대표이신 이정규 교수님께 깊은 감사를 드린다. 그리고 이 책이 출간될 수 있도록 인내를 가지고 기다려 주신 서현사 출판사 측에도 감사드린다.

2017년 2월

저자 일동

제 1 부

여성과 일

제 1 장

일하는 여성, 질문하다 _이명신

제1장에서는 여성들이 현재 노동시장에서 차지하고 있는 위치를 통계자료를 통해 확인하고, 여전히 노동시장에서 평등하지 못한 이유를 살펴보고자 하였다. 이를 위해 직장일과 집안일은 서로 어떤 관계에 있는지, 여성이 직장과 가정에서 하는 일 자체가 여성 불평등과 어떤 관계가 있는지, 그리고 직장과 가정에서 불평등을 초래하는 여성 취업의 구조적 문제를 어떻게 해결할 수 있는지 살펴보았다.

대다수의 여성들은 가정과 직장에서 자신들이 하는 일로부터 의미를 찾을 것이다. 아니면 가정과 직장에서 열심히 일을 하다가도 너무 힘이 들어서 왜, 무엇 때문에 이렇게 일을 하고 있는지 의구심이 들기도 할 것이다. 여성들의 교육 수준도 높아지고, 경제활동을 하는 여성도 증가되고, 일-가정 양립을 지원하는 좋은 정책들도 많아진 것 같은데, 도무지 가정과 직장에서 여성들이 하는 일은 크게 변화되지 않고 왠지 여전히 불평등한 위치에 있는 것 같다는 생각이 종종 들기도 할 것이다.

이러한 점에서 제1장에서는 여성들이 현재 노동시장에서 차지하고 있는 위치를 통계자료를 통해 확인하고, 여성들이 여전히 노동시장에서 평등하지 못한 이유를 살펴보고자 한다. 이를 위해 직장 일과 집안일은 서로 어떤 관계에 있는지, 여성이 직장과 가정에서 하는 일 자체가 여성 불평등과 어떤 관계가 있는지, 그리고 직장과 가정에서 불평등을 초래하는 여성 취업의 구조적 문제를 어떻게 해결할 수 있는지에 대한 답을 찾아보고자 한다.

Q1. 교육 수준이 높아지면 노동시장에서도 여성의 지위가 향상될까요?

1. 교육 수준과 경제활동 참가율

25세 이상 인구의 학력 분포를 살펴볼 때(<표 1-1>), 1975년에는 '대졸 이상'이 전체 인구의 5.8%에 불과했으며, 남성은 9.5%, 여성은 2.4%였다. 1995년에는 '대졸 이상'이 전체의 19.7%였고, 남성은 26.6%, 여성은 13.1%로 대졸 남성이 대졸 여성의 2배가 넘었다. 가장 최근인 2010년에는 '대졸 이상' 학력자가 전체 인구의 35.9%로 가장 많았다. '대졸 이상' 학력자의 경우 남성은 39.7%, 여성은 32.1%로 나타나, '대졸 이상' 남성이 여성보다 7.6% 많았다. 2010년에는 '고졸' 학력자는 33.9%였으며 여성(34.2%)이 남성(33.5%)보다 조금 더 많은 것으로 나타났다. 2010년 '중졸'과 '초졸 이하'의 경우 각각 13.0%와 17.3%였으며, '중졸'과 '초졸 이하'의 경우 여성이 남성보다 조금 더 많은 것으로 나타났다.

〈표 1-1〉 25세 이상 인구의 학력 분포

(단위 : %)

연도	성별	초졸 이하 (Elementary School or lower)	중졸 (Middle School graduates)	고졸 (High School graduates)	대졸 이상 (College or higher degree)
1975	Total	65.5	14.8	13.9	5.8
	여성	77.1	12.1	8.4	2.4
	남성	53.1	17.7	19.7	9.5
1980	Total	55.3	18.1	18.9	7.7
	여성	67.0	16.5	12.9	3.6
	남성	42.8	19.8	25.4	12.0
1985	Total	43.4	20.5	25.9	10.2
	여성	54.1	20.5	20.2	5.2
	남성	31.9	20.5	32.1	15.5
1990	Total	33.4	19.0	33.5	14.1
	여성	43.0	20.3	28.4	8.3
	남성	23.3	17.6	38.9	20.1
1995	Total	26.6	15.7	38.0	19.7
	여성	35.0	17.1	34.8	13.1
	남성	17.8	14.2	41.4	26.6
2000	Total	23.0	13.3	39.4	24.3
	여성	30.4	14.3	37.3	18.0
	남성	15.1	12.3	41.6	31.0
2005	Total	20.9	12.2	41.9	25.0
	여성	25.5	12.1	37.0	25.4
	남성	12.2	10.2	39.7	37.8
2010	Total	17.3	13.0	33.9	35.9
	여성	20.0	13.7	34.2	32.1
	남성	14.6	12.2	33.5	39.7

*출처: 통계청, 『인구총조사』, 주재선 · 송치선 · 박건표(2015a: 184).

성별 경제활동 참가율의 추이를 살펴볼 때(<표 1-2>), 남성의 경제활동 참가율은 1980년에 76.4%였고 2015년에는 73.8%로 2.6% 감소되긴 했지만, 거의 비슷한 수준을 유지하고 있는 것으로 나타났다. 반면 여성의 경제활동 참가율은 1980년에는 42.8%였고 차츰 증가하는 추세를 보이며 2015년에는 51.8%로 약 9%의 증가를 보였다. 1980~2015년 지난 35년 동안 남녀 간 경제활동 참가율의 차이는 33.6%에서 22.0%로 감소하였다.

〈표 1-2〉 경제활동 인구 추이

(단위 : 천 명, %, %p)

연도	여성		남성		남녀 차이	
	경제활동 인구	참가율	경제활동 인구	참가율	경제활동 인구	참가율
1980	5,412	42.8	9,019	76.4	3,607	33.6
1985	5,975	41.9	9,617	72.3	3,642	30.4
1990	7,509	47.0	11,030	74.0	3,521	27.0
1995	8,410	48.4	12,435	76.4	4,025	28.0
2000	9,101	48.8	13,034	74.4	3,933	25.6
2005	9,860	50.1	13,883	74.6	4,023	24.5
2010	10,256	49.4	14,492	73.0	4,236	23.6
2014	11,149	51.3	15,387	74.0	4,238	22.7
2015	11,370	51.8	15,543	73.8	4,173	22.0

*출처: 통계청. 『경제활동인구연보』. 각 연도, 주재선 · 송치선 · 박건표 (2015a: 49).

교육 수준별 남녀 경제활동 참가율을 비교해 보면(<표 1-3>), 성별에 따라 경제활동 참가율에 있어 차이가 발견된다. 1990년 '대졸 이상' 학력자의 경제활동 참가율을 비교해 볼 때, 남성은 93.2%인 반면, 여성은 53.1%로 나타났다. 2000년에는 '대졸 이상' 학력자의 경제활동 참가율은 남성이 87.3%, 여성이 57.8%로 남성의 경제활동 참가율은 5.9% 감소한 반면, 여성은 4.7% 증가된 것으로 나타났다. 2015년에는 '대졸 이상' 학력자 중 남성의 87.6%, 여성의 64.4%가 경제활동에 참여하고 있는 것으로 나타났다. 지난 25년 동안 '대졸' 학력자의 경제활동 참가율의 남녀 격차는 40.1%에서 23.2%로 감소되었다. 2015년 전문대 졸업자의 경우에도 경제활동 참가율의 남녀 격차는 24.8%였으며, 고등학교 졸업자의 경우 남녀 격차가 18.5%, 중졸 이하의 경우 12.2%로 나타났다. 학력 수준이 낮을수록 경제활동 참가율에 있어 남녀 격차는 적었으며, 전문대와 대졸 이상의 경우 경제활동 참가율의 남녀 격차가 24.0% 내외로 높게 나타났다.

교육 수준과 경제활동 참가율의 관계는 2015년을 기준으로 볼 때, '대졸 이상' 졸업자의 비율이 남성이 여성보다 7.6%로 다소 높았으나(<표 1-1> 참조), 남녀 똑같이 대학교육을 받았음에도 불구하고 대졸 남녀의 경제활동 참가율의 격차는 무려 23.2%나 되는 것으로 나타났다. 남녀가 교육 수준의 격차가 줄어듦에 따라 여성의 경제활동 참가율이 다소 증가되고 있는 것은 사실이지만, 교육 수준의 남녀 격차가 줄어든 데 비해, 경제활동 참가율에 있어서의 남녀 격차는 그다지 큰 폭으로 감소되지 않고 있는 것으로 나타났다.

〈표 1-3〉 교육 수준별 경제활동 참가율

(단위 : %, %p)

연도	교육 수준	여성	남성	남녀 차이
1990	Total	47.0	74.0	27.0
	중졸 이하	45.6	63.2	17.6
	고졸	47.5	80.0	32.5
	전문대졸	66.2	93.5	27.3
	대졸 이상	53.1	93.2	40.1
2000	Total	48.3	74.0	25.7
	중졸 이하	43.6	57.8	14.2
	고졸	49.4	78.5	29.1
	전문대졸	64.4	91.1	26.7
	대졸 이상	57.8	87.3	29.5
2015	Total	51.8	73.8	22.0
	중졸 이하	34.0	46.2	12.2
	고졸	55.5	74.0	18.5
	전문대졸	67.1	91.9	24.8
	대졸 이상	64.4	87.6	23.2

*출처: 통계청. 『경제활동인구연보』, 주재선 · 송치선 · 박건표(2015a: 54).

2. 교육 수준과 남녀 임금 격차

위에서 살펴보았듯이 같은 교육 수준임에도 불구하고 남녀 간 경제활동 참가율에서 많은 성별 차이가 발견되었다. 뿐만 아니라 같은 수준의 교육을 받았음에도 불구하고 남녀의 임금 격차가 거의 60% 이상으로 나타나고 있다. 2014년 기준으로 전체 남녀의 임금 격차는 63.7%였으며, 학력별로 살펴볼 때, '대졸 이상' 학력자의 경우 남녀 임금 격차는 64.8%였으며, '전문대졸'의 경우

66.0%, '고졸'은 68.8%, '중졸 이하'의 경우 62.2%였다. '중졸 이하' 학력자의 경우 남녀 임금 격차가 62.2%로 가장 낮은 편이었으며, '고졸'의 경우 68.8%로 남녀 간 임금 격차가 가장 높았다([그림 1-1]).

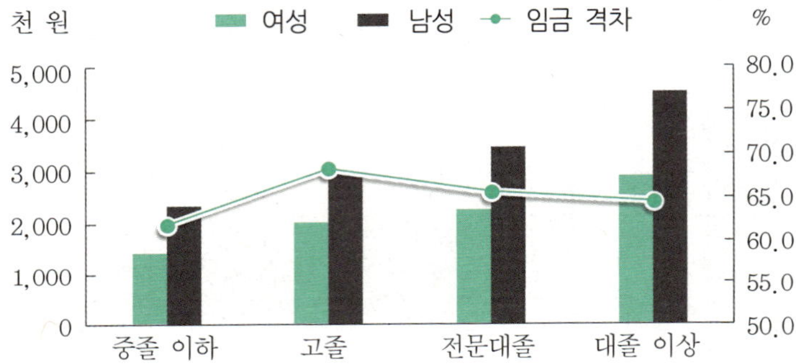

[그림 1-1] 교육 수준별 월평균 임금 (2014년)

*출처: 고용노동부. 『고용형태별 근로실태조사』, 주재선 · 송치선 · 박건표 (2015b: 41).

<표 1-4>의 교육 수준별 남녀의 임금 격차의 추이를 살펴볼 때, 2000년부터 2014년까지 14년 동안 전체 남녀의 임금 격차의 비율은 2000년 62.9%에서 2014년 63.7%로 0.8% 증가되었다. 지난 14년 동안 '중졸 이하' 학력자의 남녀 임금 격차의 비율은 3.3%가 증가되었고, '고졸' 남녀의 임금 격차비율도 2.0%가 증가되었다. 반면, 14년 동안 '전문대졸' 남녀의 임금 격차의 비율은 3.7%, 그리고 '대졸 이상' 남녀의 임금 격차의 비율은 6.5%가 감소되었다. 전반적으로 지난 14년 동안 학력이 높을수록 남녀 간 임금 격차의 비율이 감소된 것으로 나타났다.

특히 '대졸 이상' 남녀의 임금 격차가 6.5%가 감소되어 가장 큰 변화를 보였는데, 이는 '대졸 이상'의 학력을 지닌 남성과 여성의 비율이 7.6%의 차이를 보이며 남녀 간 학력 격차가 급감되었기 때문인 것으로 보인다. 지난 14년 동안 '대졸 이상' 남녀의 임금 격차의 비율이 6.5% 감소되었지만, 그럼에도 불구하고 2014년에도 '대졸 이상' 남녀의 임금 격차는 여전히 64.8%로 나타나 교육 수준의 향상과 무관하게 남녀 간 임금 격차가 여전히 존재하고 있음을 알 수 있다.

〈표 1-4〉 교육 수준별 월평균 임금 및 임금 격차

(단위 : 천 명, %)

연도	구분	전 학력	중졸 이하	고졸	전문대졸	대졸 이상
2000	여성	1,167	881	1,091	1,190	1,753
	남성	1,855	1,495	1,637	1,707	2,457
	남녀 임금비	62.9	58.9	66.6	69.7	71.3
2010	여성	2,019	1,386	1,680	1,927	2,590
	남성	3,159	2,280	2,593	2,769	3,944
	남녀 임금비	63.9	60.8	64.8	69.6	65.7
2012	여성	2,291	1,498	1,896	2,216	2,963
	남성	3,547	2,593	2,947	3,157	4,377
	남녀 임금비	64.6	57.8	64.3	70.2	67.7
2014	여성	2,368	1,478	2,057	2,289	2,945
	남성	3,718	2,375	2,999	3,469	4,541
	남녀 임금비	63.7	62.2	68.6	66.0	64.8

주: 1) 월평균 임금=월급여액+(연간 특별급여액×1/12).
2) 5인 이상 사업체를 대상.

*출처: 고용노동부. 『고용형태별 근로실태조사』, 주재선 · 송치선 · 박건표 (2015a: 59).

Q2. 노동시장에서 여성들은 어떤 위치에 있나요? 여전히 평등하지 못하다면 그 이유는 무엇일까요?

최근 교육 수준에 있어 남녀 간 격차가 감소되고 있지만, 같은 교육 수준의 남녀 간 임금 격차는 60% 이상인 것으로 나타나고 있다. 같은 교육 수준에서 나타나는 남녀의 임금 격차는 왜 생기는 것일까?

1. 노동시장에서의 성별 분리(격리)

1) 산업별 취업자 분포

먼저 여성의 취업 구조 특성을 살펴보고 노동시장에서 여성들이 차지하고 있는 지위와 조건에 대해 알아볼 필요가 있다. <표 1-5>의 산업별 취업자 분포에서 볼 수 있듯이, 각 산업에서 여성이 차지하는 비율은 '가구 내 고용, 기타 자가소비 생산활동'에서 97.1%, '보건업 및 사회복지사업'에서 80.9%, '교육서비스업'의 경우 67.0%, '숙박 및 음식점업'의 63.6%에서 가장 높은 것으로 나타났다. 반면, '건설업'에 종사하는 여성의 비율은 8.7%, '운수업'은 10.3%, '광업'에는 13.3%, '전기가스, 수도사업'의 경우 18.6%, '국제 및 외국 기관'에서 여성의 비율은 20.0%에 불과했다.

산업별 분포를 살펴볼 때, 남성에 비해 여성들이 취업하고 있는 산업의 종류가 다양하지 않을 뿐 아니라, 몇 가지 산업에 집중되는 경향이 있다. 이처럼 여성들은 '가구 내 고용 등'과 '숙박 및 음식점업' 등의 저임금·단순 업무를 하는 분야에 집중되고 있는 한편, 여성들이 주를 이루는 '보건업 및 사회복지사업' 그리고 '교육서비스업' 분야에 많이 종사하는 것으로 보인다.

〈표 1-5〉 2015년 산업별 취업자 분포

(단위 : 천 명)

산업	계 (c)	여성 (a)	남성 (b)	여성 비율 (a/c×100)
농업, 임업, 어업	1,655	780	875	47.12
광업	15	2	13	13.3
제조업	4,895	1,523	3,372	31.1
전기가스, 수도사업	97	18	79	18.6
하수·폐기물처리, 환경복원	97	16	81	16.5
건설업	2,088	181	1,906	8.7
도매 및 소매업	4,261	2,067	2,194	48.5
운수업	1,486	153	1,334	10.3
숙박 및 음식점업	2,741	1,742	999	63.6

산업	계 (c)	여성 (a)	남성 (b)	여성 비율 (a/c×100)
출판·영상, 봉송통신, 정보서비스업	833	235	597	28.2
금융 및 보험업	840	433	408	51.5
부동산 및 임대업	593	226	367	38.1
전문과학 및 기술 서비스업	1,129	399	730	35.3
사업시설관리, 사업지원 서비스업	1,427	644	783	45.1
공공행정, 국방 및 사회보장 행정	1,071	420	651	39.2
교육서비스업	2,016	1,351	665	67.0
보건업 및 사회복지사업	2,026	1,639	387	80.9
예술, 스포츠, 여가관련 서비스업	521	218	303	41.8
협회·단체, 수리, 기타 개인서비스업	1,427	776	651	54.4
가구 내 고용, 기타 자가소비 생산활동	105	102	2	97.1
국제 및 외국 기관	20	4	16	20.0
계	29,339	12,929	16,410	44.1

주: 각 산업별 여성의 비율은 2015년 통계를 토대로 계산함.

*출처: 통계청. 『경제활동인구연보』, 주재선 · 송치선 · 박건표(2015a: 247).

2) 직업별 취업자 분포

<표 1-6>의 직업별 취업자 분포를 살펴보면 '서비스 종사자'의 65.5%, '판매 근로자'의 53.4%, '단순 노무직 근로자'의 51.9%가 여성이었다. 한편 '전문가 및 관련 종사자'는 49.8%, '사무 종사자'는 48.8%로 여성이 차지하는 비율이 약 50% 정도인 것으로 나타났다. 반면 '관리자'의 경우 10.6%, '기능원 및 관련 기능 종사자'와 '장치, 기계 조작, 조립 종사자'는 각각 13.6%와 13.8%

〈표 1-6〉 2015년 직업별 취업자 분포

(단위 : 천 명)

직업	전체 (c)	여성 (a)	여성 비율 (a/c×100)
관리자	369	39	10.6
전문가 및 관련 종사자	5,642	2,807	49.8
사무 종사자	4,806	2,345	48.8
서비스 종사자	3,277	2,146	65.5
판매 근로자	3,515	1,878	53.4
농림어업 숙련 종사자	1,481	640	43.2
기능원 및 관련 기능 종사자	2,557	347	13.6
장치, 기계 조작 및 조립 종사자	3,329	459	13.8
단순 노무직 근로자	4,365	2,268	51.9
계	29,339	12,929	44.1

주: 각 직업별 여성의 비율은 2015년 통계를 토대로 계산함.

*출처: 통계청, 『경제활동인구연보』, 주재선 · 송치선 · 박건표(2015a: 286~287).

에 불과했다. 이처럼 남성이 주를 이루는 '관리자', '기능직 및 기계 조작 종사자'로 여성이 일하는 비율은 약 10% 정도로 매우 낮았으며, 반면 여성은 '서비스·판매직' 그리고 '단순 노무직'과 같은 저임금·단순 직종에 집중되고 있는 것으로 나타났다. 한편 여성은 '전문가 및 관련 종사자'와 '사무 종사자'의 약 절반가량을 차지하고 있는 것으로 나타났는데 이는 여성의 고학력화로 전문직·준전문직의 진출 비율도 빠른 속도로 증가되고 있음을 시사한다(황수경, 2003; 안윤정·오현주, 2011: 51에 재인용).

2. 남녀 임금 격차

노동시장의 취업 구조를 살펴보았을 때, 남성은 고숙련·고임금 직종, 그리고 관리자 등 지위가 높은 직종의 대다수를 차지하고 있는 데 비해, 여성들은 상대적으로 저숙련·저임금 단순 직종에 집중되고 있다. 여성들의 교육 수준이 높아지고 있어 전문직·준전문직에 종사하는 여성의 비율이 증가되고 있기는 하지만, 대다수의 여성은 여전히 저임금·단순 직종에 집중되고 있는 실정이다. 이러한 노동시장에서의 성별 분리(격리)는 남녀 간 임금 격차로 이어지고 있다.

전체 취업자의 남녀 간 임금 격차는 2010년 63.9%, 2014년 63.7%로 무려 64%에 달하는 것으로 보인다. 2014년 산업별 월평균 임금을 살펴볼 때(<표 1-7>), 남성 근로자가 주를 이루는 '운수업', '하수폐기물처리, 원료재생 및 환경복원업', '건설업'에 종사하는 경우 남녀의 임금 격차가 각각 85.4%, 70.5%, 67.6%로 가장 높았다. 여성 근로자가 다수 종사하는 '교육서비스업', '보건 및 사회복지서비스업'에서의 남녀 임금 격차는 각각 59.6%, 55.5%로 낮은 편이었다. 반면, 여성이 많이 종사한다고 보이는 '숙박 및 음식점업'에서도 남녀의 임금 격차가 74.6%로 나타나, 남성의 임금이 훨씬 높은 편이었다.

〈표 1-7〉 산업별 월평균 임금

(단위 : 천 원, %)

산업	2010년			2014년		
	여성 (A)	남성 (B)	임금 격차 (A/B×100)	여성 (A)	남성 (B)	임금 격차 (A/B×100)
전 산업	2,019	3,159	63.9	2,368	3,718	63.7
농업, 임업 및 어업	1,846	3,260	56.6	2,254	3,393	66.4
광업	1,976	3,124	63.3	2,291	3,647	62.8
제조업	1,888	3,066	61.6	2,586	3,830	67.5
전기, 가스, 증기 및 수도사업	2,839	5,151	55.1	3,539	5,543	63.9
하수폐기물처리, 원료재생 및 환경복원업	1,739	2,620	66.4	2,174	3,085	70.5
건설업	1,807	2,818	64.1	2,279	3,370	67.6
도매 및 소매업	1,933	3,130	61.8	2,194	3,450	63.6
운수업	2,017	2,428	83.1	2,547	2,981	85.4
숙박 및 음식점업	1,432	2,063	69.4	1,647	2,209	74.6

산업	2010년			2014년		
	여성 (A)	남성 (B)	임금 격차 (A/B×100)	여성 (A)	남성 (B)	임금 격차 (A/B×100)
방송통신 및 정보서비스업	2,558	3,934	65.0	2,795	4,123	67.8
금융 및 보험업	3,081	4,930	62.5	3,779	5,858	64.5
부동산 및 임대업	1,420	2,063	68.8	1,495	2,342	63.8
전문 과학 및 기술서비스업	2,394	3,753	63.8	2,937	4,466	65.8
사업시설관리 및 사업지원서비스업	1,819	2,823	64.4	1,980	3,032	65.3
교육서비스업	2,127	3,929	54.1	2,585	4,339	59.6
보건 및 사회복지서비스업	2,061	3,642	56.6	2,121	3,824	55.5
예술, 스포츠 및 여가관련 서비스업	1,736	2,782	62.4	2,021	2,999	67.4
협회 및 단체, 수리 및 기타 개인서비스업	1,571	2,413	65.1	1,499	2,916	51.4

주: 월평균 임금=월급여액+(연간특별급여액×1/12).

*출처: 고용노동부. 『고용형태별 근로실태조사』, 주재선・송치선・박건표(2015b: 42).

2000년에서 2014년에 이르는 지난 14년간 남녀 임금 격차의 변화를 비교해 볼 때([그림 1-2]), '농업 및 어업 숙련 근로자'의 경우 남녀 간 임금 격차가 52.2%에서 80.7%로 무려 28.5%가 대폭 증가된 것으로 나타났으며, '기능원 및 관련 기능근로자'의 경우에도 55.7%에서 62.9%로 7.2%의 증가를 보였다. 반면, '판매 종사자'의 남녀 임금 격차는 77.7%에서 58.7%로 무려 19%

가 감소되었고, '국회의원, 고위임직원 및 관리자'와 '전문가'의 경우 남녀 임금 격차는 각각 4.4%, 5.5%의 소폭 감소를 보였다.

지난 14년 동안 남성이 주를 이루는 직종에서의 남녀 임금 격차는 증가된 반면, 여성이 주를 이루는 저임금·단순 직종에서의 남녀 임금 격차는 감소된 것으로 보인다. 여성의 교육 수준 향상에 따라 능력 있는 여성이 많이 진출해 있는 전문직과 고위관리직에서의 남녀 임금 격차는 다소 줄었지만, 전반적으로 남성이 주로 종사하는 직종에서는 여전히 남녀 간 임금 격차가 크게 나타나고 있다.

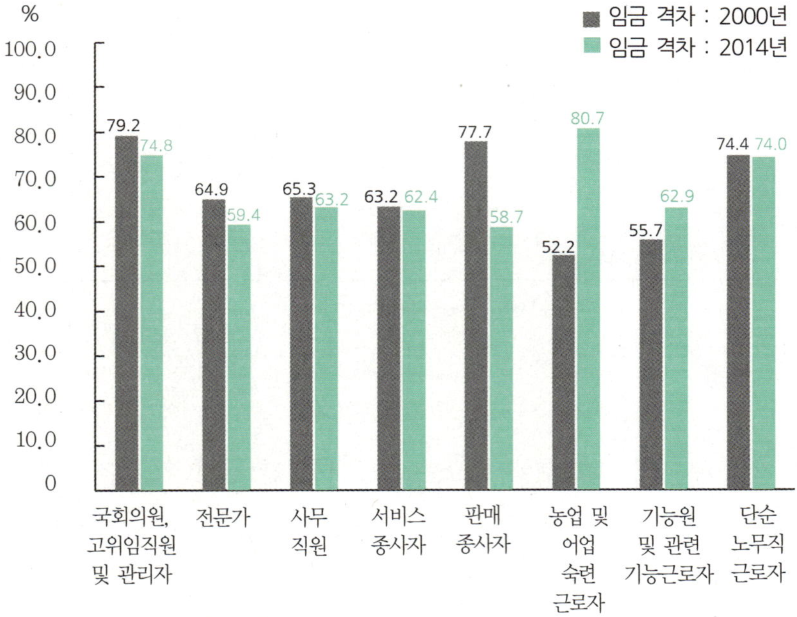

[그림 1-2] 직업별 월평균 임금

*출처: 고용노동부, 『고용형태별 근로실태조사』, 주재선·송치선·박건표 (2015b: 43).

직업별 월평균 임금을 살펴볼 때(<표 1-8>), 2000년에서 2014년에 이르는 14년 동안 전체 남녀의 임금 격차는 62.9%에서 63.7%로 0.8% 소폭 증가를 보였다.

〈표 1-8〉 직업별 월평균 임금

(단위 : 천 원, %)

직업	2000년			2014년		
	여성 (A)	남성 (B)	임금격차 (A/B×100)	여성 (A)	남성 (B)	임금격차 (A/B×100)
전 직종	1,167	1,855	62.9	2,368	3,718	63.7
국회위원, 고위 임직원 및 관리자	2,289	2,890	79.2	5,568	7,443	74.8
전문가	1,696	2,613	64.9	2,588	4,358	59.4
기술공 및 준전문가	1,370	2,013	68.1	–	–	–
사무 종사자	1,83	1,812	65.3	2,672	4,228	63.2
서비스 종사자	967	1,531	63.2	1,568	2,514	62.4
판매 조사자	1,014	1,305	77.7	1,986	3,384	58.7
농업 및 어업 숙련 종사자	736	1,409	52.2	1,957	2,425	80.7
기능원 및 관련 기능 종사자	908	1,631	55.7	2,083	3,313	62.9
장치, 기계조작 및 조립 종사자	962	1,556	61.8	2,558	2,949	86.7
단순 노무 종사자	775	1,041	74.4	1,480	1,999	74.0

주: 월평균 임금=월 급여액+(연간 특별급여액×1/12).

*출처: 고용노동부, 『고용형태별 근로실태조사』, 주재선 · 송치선 · 박건표 (2015b: 43).

2014년을 기준으로 볼 때 '장치, 기계 조작 및 조립 종사자'의 남녀 임금 격차는 86.7%로 가장 높았고, 그 다음으로는 '농업 및 어업 숙련 종사자' 80.7%, '국회의원, 고위 임직원 및 관리자'는 74.8%, '단순 노무 종사자'가 74.0%로 남녀 임금 격차가 높았다. 반면 여성이 주를 이루는 '판매 종사자', '서비스 종사자'의 경우 각각 58.7%, 62.4%로 남녀 간 임금 격차가 가장 적은 것으로 나타났다.

2014년에도 남성이 많이 종사하는 고숙련 직종이나 단순 노무직, 그리고 사회적 지위가 높은 직종은 남녀의 임금 격차가 가장 큰 것으로 나타나고 있다. 한편, 여성의 교육 수준이 높아짐에 따라 '전문가'의 임금 격차는 적은 편이었으며, 여성이 많이 종사하는 '판매 종사자'와 '서비스 종사자'의 남녀 임금 격차는 가장 적은 편이었다.

이러한 통계자료는 노동시장에서 남녀 간 종사하는 직종이 분리되어 있을 뿐 아니라, 이에 따르는 남녀 임금 격차가 지속되고 있음을 보여준다. 여성의 교육 수준이 높아지고 여권이 강화되고 있음에도 불구하고 왜 이처럼 노동시장에서의 여성의 지위는 변화되지 않는 것일까?

여성의 경제활동 증가율과 고용률을 높이기 위해서는 여성이 진출하는 직업 분야가 좀 더 다양해지고 임금이나 근로조건 등 성 차별 없는 양질의 일자리를 발굴하고 지원하는 것이 필요하다(안윤정·오현주, 2011: 51). 그러나 직종의 다양화와 성 차별 없는 일자리 창출은 남녀 간 직종 분리와 임금 격차를 초래하는 노동시장의 구조 자체가 변화되지 않고서는 달성되기 어렵다. 이에 덧붙여 여성이 일과 가정을 양립하려고 노력하는 과정에서 직면하는 자녀 양육과 가사노동 등의 어려움이 그대로 존재하는 한, 노동시장에서의 여성의 지위 역시 변화되지 않을 것이다.

3. 경력 단절 및 재취업 시 하향 이동

1) 여성의 경력 단절

여성들은 임신, 출산, 자녀 양육으로 인해 경력 단절을 경험할 가능성이 높으며, 이는 연령별 여성의 경제활동 참가율을 살펴보면 쉽게 드러난다. 25세 이상 여성의 경제활동 참가율을 살펴보면([그림 1-3]), 2004년 기준 여성의 경제활동 참가율은 25~29세에 63.9%로 높았다가 30~34세에 50.4%로 가장 낮아지고, 35~39세는 58.9%, 40~44세에는 65.5%로 다시 증가되는 M자형 구조를 보였다. 2014년에도 여성의 경제활동 참가율은 25~29세에 72.9%로 가장 높으며, 30~34세는 61.8%였다가 35~39세에는 55.8%로 가장 낮았으며, 40~44세에는 다시 64.8%로 증가되는 M자형 구조가 지속되고 있다.

이처럼 여성의 경제활동 참가율은 출산과 자녀를 양육하는 시기에는 가장 낮아졌다가 그 이후 다시 상승하는 M자형 곡선이 지속되고 있다. 다만, 여성의 경제활동 참가율이 가장 낮은 시기가 2004년에는 30~34세, 2014년에는 35~39세로 이동되었는데 이러한 변화는 만혼 현상에 따라 출산 시기가 35~39세로 늦추어졌기 때문인 것으로 보인다. 또한 여성의 경제활동 참가율이 가장 낮은 비율이 2004년에는 50.4%, 2014년에는 55.8%로 나타나, 지난 10년 동안 임신·출산으로 인해 경제활동 참가율이 가장 낮아지는 시기의 참가율이 5.4% 높아진 것으로 나타났다. 이는 최근 일-가정 양립 정책의 도입으로 여성의 경력 단절이 다소 완화된 것으로 볼 수 있다.

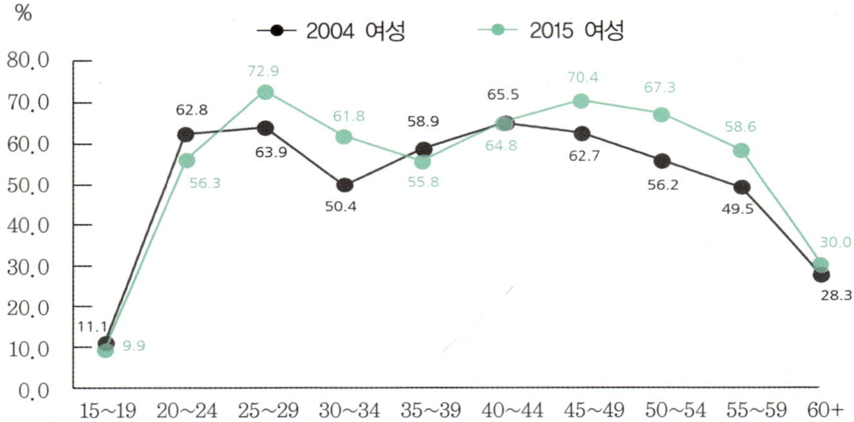

[그림 1-3] 연령별 경제활동

*출처: 통계청. 『경제활동인구조사』, 주재선·송치선·박건표(2015b: 29).

2015년을 기준으로 연령별 여성의 취업상태를 살펴볼 때(<표 1-9>), 15세~54세의 전체 기혼 여성 중 비취업 여성의 비율은 40.5%이며, 경력 단절 여성의 비율은 21.8%인 것으로 나타났다. 경력 단절 여성을 연령별로 비교해 볼 때, 30~39세의 여성의 비율이 전체 경력 단절 여성의 53.1%로 절반 이상을 차지하고 있으며, 그 다음은 40~49세 여성이 29.8%로 높았다. 15~29세는 8.6%, 50~54세는 8.5%로 경력 단절률이 가장 낮았다. 이는 경력 단절 여성의 절반 이상이 30대 여성임을 시사한다.

〈표 1-9〉 경력 단절 여성

(단위 : 천 명, %)

구분		15~54세 기혼여성 (A)	비취업 여성 (B)	경력 단절 여성 (C)			
					구성비	(C/A)×100	(B/A)×100
2011		9,866	4,081	1,900	100.0	19.3	46.6
2013		9,713	4,063	1,955	100.0	20.1	48.1
2014		9,561	3,894	1,977	100.0	20.7	40.7
2015	계	9,420	3,815	2,053	100.0	21.8	40.5
	15~29	509	276	177	8.6	34.7	54.2
	30~39	2,905	1,464	1,090	53.1	37.5	50.4
	40~49	3,943	1,372	611	29.8	15.5	34.8
	50~54	2,063	703	174	8.5	8.5	34.1

*출처: 통계청, 『지역별 고용조사』, 주재선 · 송치선 · 박건표(2015a: 61).

2) 재취업 시 하향 이동

30대 기혼 여성은 임신 및 출산, 자녀 양육의 부담으로 인해 잠시 일을 그만두는 경력 단절을 경험할 뿐 아니라, 경력 단절 후 비정규직으로 전환하는 경우도 많은 것으로 보인다.

재취업 시 여성의 노동시장에서의 종사상의 지위 변화를 알아보기 위해 이전의 일자리와 재취업 일자리의 고용 형태를 비교해 볼 때, 정규직이었던 여성이 정규직으로 재취업된 경우는 22.1%에 불과했으며, 비정규직으로 재취업된 경우는 58.6%였다. 비정규직이었던 여성이 정규직으로 재취업한 경우는 13.0%, 비정규직으로 재취업한 경우는 70.7%였다. 이러한 결과는 여성이 재취업할 때 비정규직이었던 여성은 재취업 시 다시 비정규직으로 복귀하는 경우가 대부분이고, 정규직이었으나 재취업 시 비정규직 일자리를 얻은 여성은 무려 58.6%로 나타나, 경력 단절 후 많은 여성이 재취업 시 비정규직으로 전환되는 비율이 높아지고 있음을 보여준다.

〈표 1-10〉 이전 일자리와 재취업 일자리의 종사상의 지위 변화

(단위 : 명, %)

구분		재취업 시			계	
		정규직	비정규직 (특수고용 포함)	비임금		
이전 일자리	정규직	119 (22.1)	316 (58.6)	104 (19.3)	539 (100.0)	75.7
	비정규직 (특수고용 포함)	16 (13.0)	87 (70.7)	20 (16.3)	123 (100.0)	17.3
	비임금	8 (16.0)	20 (40.0)	22 (44.0)	50 (100.0)	7.0
계		143 (20.1)	423 (59.4)	146 (20.5)	712 (100.0)	100.0

*출처: 한국여성정책연구원(2007~2014). 『여성가족패널조사』. 원자료 분석, 주재선 외 8인(2015: 196).

또한 경력 단절 이후 재취업 시 이전의 일자리와 재취업 일자리를 비교해 볼 때, 이전에 '관리자'였던 여성이 '관리자'로 재취업하는 경우는 0.0%였으며, '전문가 및 관련 종사자'로 재취업하는

경우는 25.0%, 심지어 '판매 종사자'로 종사하는 비율은 37.5%, '단순 노무 종사자'로 종사하는 경우도 25.0%로 종사하는 경우도 높은 편이었다. 이전에 '전문가 및 관련 종사자'였던 사람이 원래의 일자리로 복귀하는 경우는 65.8%였고, '사무 종사자'로 재취업하는 경우도 10.5%, '서비스 및 판매 종사자'로 재취업하는 경우도 17.6%에 달했다. 이전에 '사무 종사자'였던 사람이 원래의 일자리로 복귀하는 경우는 27.4%였고, '서비스와 판매 종사자'로 재취업하는 경우는 34.1%, 심지어 '단순 노무자'가 되는 경우는 10.7%였다. 이전에 '서비스 및 판매 종사자'였던 여성이 원래 일자리로 복귀하는 경우는 40.9~52.0%였으며, '단순 노무자'로 복귀하는 비율도 15.2~ 20.0%로 높았다. '기능원 및 관련 기능 종사자'가 원래의 일자리로 복귀하는 경우는 9.3%에 불과했으며, '서비스 및 판매 종사자'로 복귀한 경우는 43.1%였다. 한편 '장치 기계 조작 및 조립 종사자'가 원래의 일자리로 복귀하는 경우는 0.0%였으며, '서비스 및 판매 종사자'로 복귀하는 비율이 40.0%, '단순 노무 종사자'로 복귀하는 비율은 53.3%로 높았다.

'전문가 및 관련 종사자'였던 사람이 원래의 일자리로 복귀하는 경우는 65.8%로 이전 직장 복귀율이 가장 높았다. '서비스와 판매 종사자'도 이전의 일자리 복귀율이 높은 편이었다. 그러나 '관리자', '기능원 및 관련 기능 종사자'와 '장치 기계 조작 및 조립 종사자'가 원래의 일자리로 복귀하는 경우는 0.0%~9.3%로 가장 낮았으며, 거의 대부분의 여성들은 재취업 시 원래의 일자리보다 사회적 지위가 낮은 일자리로 하향 이동하는 것으로 나타났다.

〈표 1-11〉 이전 일자리와 재취업 일자리의 직업 변화

(단위 : 명, %)

구분		재취업 시: 관리자	전문가 및 관련 종사자	사무 종사자	서비스 종사자	판매 종사자	농/임/어업 숙련 종사자	기능원 및 관련 기능 종사자	장치 기계 조작 및 조립 종사자	단순 노무 종사자	계	
이전 일자리	관리자	0 (0.0)	2 (25.0)	1 (12.5)	0 (0.0)	3 (37.5)	0 (0.0)	0 (0.0)	0 (0.0)	2 (25.0)	8 (100.0)	1.1
	전문가 및 관련 종사자	1 (0.1)	75 (65.8)	12 (10.5)	6 (5.3)	14 (12.3)	0 (0.0)	2 (1.8)	1 (0.9)	3 (2.6)	114 (100.0)	16.1
	사무 종사자	0 (0.0)	60 (22.2)	74 (27.4)	42 (15.6)	50 (18.5)	6 (2.2)	3 (1.1)	6 (2.2)	29 (10.7)	270 (100.0)	38.2
	서비스 종사자	0 (0.0)	16 (15.2)	15 (14.3)	25 (23.8)	18 (17.1)	3 (2.9)	3 (2.9)	9 (8.6)	16 (15.2)	105 (100.0)	14.9
	판매 종사자	0 (0.0)	5 (6.7)	11 (14.7)	16 (21.3)	23 (30.7)	0 (0.0)	1 (1.3)	4 (5.3)	15 (20.0)	75 (100.0)	10.6
	농/임/어업 숙련 종사자	0 (0.0)	0 (0.0)	0 (0.0)	1 (100.0)	0 (0.0)	0 (0.0)	0 (0.0)	0 (0.0)	0 (0.0)	1 (100.0)	0.1
	기능원 및 관련 기능 종사자	0 (0.0)	9 (10.5)	8 (9.3)	25 (29.1)	12 (14.0)	0 (0.0)	8 (9.3)	9 (10.5)	15 (17.4)	86 (100.0)	12.2
	장치 기계 조작 및 조립 종사자	0 (0.0)	0 (0.0)	1 (6.7)	1 (6.7)	5 (33.3)	0 (0.0)	0 (0.0)	0 (0.0)	8 (53.3)	15 (100.0)	2.1
	단순 노무 종사자	0 (0.0)	1 (3.1)	3 (9.4)	3 (9.4)	4 (12.5)	4 (12.5)	0 (0.0)	3 (9.4)	12 (37.5)	32 (100.0)	4.5
계		1 (0.1)	168 (23.8)	125 (17.7)	119 (16.9)	13 (1.8)	13 (1.8)	17 (2.4)	32 (4.5)	100 (14.2)	706 (100.0)	100.0

*출처: 한국여성정책연구원(2008~2015). 『1~5차 여성가족패널조사』. 원자료 분석, 주재선 외 8인(2015: 197).

*출처: 한국여성정책연구원(2007~2014). 『여성가족패널조사』. 원자료 분석, 주재선 외 8인(2015: 197).

출산과 자녀 양육을 위해 일시적으로 직장을 쉴 경우 경쟁이 치열한 노동시장의 여건으로 인해 대다수의 여성들이 원래의 일자리로 돌아가지 못할 경우도 많을 뿐 아니라, 자녀 양육을 위해 시간 조정이 용이한 보다 자유로운 일자리와 유연한 노동 시간 제도를 선택할 가능성이 높다. 이러한 이유에서 여성들은 경력 단절 후 재취업 시 정규직에서 비정규직으로, 또는 전문직에서 사무직, 사무직에서 서비스 판매직, 서비스 판매직에서 단순 노무직으로 직종을 하향 이동하는 경향이 있다. 이러한 하향 이동 가능성은 연령별 여성의 임금의 차이를 통해 간접적으로 알 수 있다.

<표 1-12>의 여성가족패널조사(2014)에 의하면 미혼 여성의 월평균 임금은 184.3만 원인 데 비해, 기혼 여성은 147.4만 원인 것으로 나타났다. 연령별로 월평균 임금을 비교해 볼 때, '30세 이하'의 월평균 임금은 175.6만 원, '40대'는 161.6만 원, 그리고 '50대'는 143.4만 원인 것으로 나타나, 연령이 증가됨에 따라 월평균 임금이 감소되는 것으로 나타났다. 여성의 연령이 증가될수록 임금이 감소되는 현상은 경력 단절 이후 직종이 하향 이동되거나 양질의 일자리를 확보하지 못하고 비정규직화 되기 때문인 것으로 보인다.

아울러, 여성가족부(2013)의 조사에 따르면, 취업 여성의 경력 단절 경험 여부에 따른 임금 격차는 월평균 54.8만 원, 경력 단절 여성의 경력 단절 전후 임금 차이는 월평균 22.1만 원에 이르는 것으로 나타났다(공미혜 외 3인, 2015: 253). 경력 단절 경험 여부 또는 경력 단절 전후에 나타나는 여성의 임금 격차는 경력 단절이 여성에게 미치는 부정적 영향을 반영하며, 이는 경력 단

절로 인한 임금 손실과 경력 단절 이후 비정규직화의 가능성으로 인한 것으로 볼 수 있다.

〈표 1-12〉 임금 근로자 월평균 임금

(단위 : 만 원, 명)

구분	범주	월평균 임금	사례수	표준편차
학력	중졸 이하	99.4	440	49.11
	고졸	136.6	926	73.01
	전문대졸	195.6	971	110.47
	계	154.1	2,237	95.04
연령	30세 이하	175.6	756	75.86
	40대	161.6	835	108.07
	50대	143.4	487	98.25
	60세 이상	87.2	261	52.22
혼인 상태	미혼	184.3	422	75.82
	기혼	147.4	1,917	97.50

*출처: 한국여성정책연구원(2014), 『여성가족패널조사』, 원자료 분석, 주재선 외 8인(2015: 109).

4. 여성 취업의 장애 요인

여성들은 이전에 비해 교육 수준이 향상되고 노동시장에 진출하는 비율이 증가되고 있음에도 불구하고, 전문직·준전문직에서의 고용률이 다소 증가되고 있기는 하지만 여전히 저임금·단순직종이나 여성이 주를 이루는 (서비스 판매직과 사무직 등) 직종에 분리되어 있으며, 남녀 간 임금 격차는 그다지 줄어들지 않고 있다. 아울러 기혼 여성은 임신 및 출산, 자녀 양육 등으로 일과 가정을 양립하는 과정에서 어려움을 겪고 있으며, 이러한 어려움으로 인해 경력 단절 여성의 비율이 높게 나타나고 있다. 각종 통계를 통해 보고되는 노동시장에서의 남녀 간 직종 분리, 그에 따르는 남녀의 임금 격차, 그리고 경력 단절 등 노동시장에서의 성 차별적 현실은 여성의 취업에 많은 장애 요인이 존재한다는 점을 시사한다.

2015년을 기준으로 여성 자신이 느끼는 여성 취업의 장애 요인을 살펴볼 때(<표 1-13>), '육아 부담'이 73.8%로 가장 높았으며, 다음으로는 '가사 부담'이 45.4%로 높았다. 한편 '사회적 편견' 41.1%, '불평등한 근로 여건'도 35.5%로 높게 나타났다. '직업의식, 책임감 부족', '업무 능력 부족', '구인정보 부족'은 각각 10.8%, 5.1%, 5.8%인 것으로 나타났다. 여성 취업의 장애 요인은 '육아 부담'과 '가사 부담' 등 여성이 가정에서 담당해야 하는 역할에서 오는 부담이 가장 큰 장애 요인으로 작용하는 것으로 보인다. 아울러 양성평등이 보편적으로 받아들여지고 있는 오늘날에도 여성 취업에 대한 '사회적 편견'이 여성의 취업에 장애요인으로 작용한다고 생각하는 비율이 41.1%로 높았다. 여전히 여성 취업의 장애 요인 중 '불평등한 근로 여건'도 35.5%로 높았다. 한편, 여성 스스로 '직업의식, 책임감 부족, 업무 능력 부족, 구인정보 부족' 등 여성의 능력 부족을 장애 요인으로 돌리는 비율도 약 22%였다.

2015년을 기준으로 여성 취업의 장애 요인 중에서 남성이 여성의 '직업의식 책임감 부족'과 '업무 능력 부족'을 여성 취업의 장애 요인으로 보는 비율은 각각 17.7%, 8.0%로 나타났다. 이러한 요인을 장애 요인으로 보는 비율이 남성의 경우 여성 자신보다 각각 6.9%, 2.9%가 높게 나타났다. 반면 남성이 '육아 부담'과 '가사 부담'을 장애 요인으로 보는 비율은 각각 68.3%, 38.1%로 나타나, '육아 부담과 '가사 부담'을 장애 요인으로 보는 비율이 남성의 경우 여성보다 각각 5.5%, 7.3%가 낮은 것으로

〈표 1-13〉 여성 취업 장애 요인

(단위 : %)

연도	성	사회적 편견	직업의식, 책임감 부족	불평등한 근로 여건	업무 능력 부족	구인 정보 부족	육아 부담	가사 부담	기타	모름
2006	계	37.1	11.8	32.0	5.6	8.2	67.8	38.1	0.2	8.1
	여성	36.7	9.8	34.4	4.9	9.6	70.1	40.2	0.2	6.9
	남성	37.5	13.9	29.5	6.3	6.8	65.4	35.8	0.2	9.5
2009	계	40.7	13.1	32.1	6.3	8.5	70.3	43.4	0.1	7.4
	여성	39.9	10.2	33.7	5.2	9.6	72.3	46.6	0.1	6.2
	남성	41.5	16.1	30.5	75	7.4	68.2	40.1	0.1	8.6
2013	계	38.9	13.5	28.9	5.5	5.6	67.6	41.3	0.1	8.3
	여성	38.6	10.2	30.7	4.3	6.7	70.4	44.9	0.1	6.6
	남성	39.2	16.8	27.1	6.7	4.6	64.8	37.5	0.1	10.1
2015	계	41.3	14.2	33.5	6.5	4.7	71.1	1.8	0.2	6.1
	여성	41.1	10.8	35.5	5.1	5.8	73.8	45.4	0.1	4.8
	남성	41.5	17.7	31.3	8.0	3.6	68.3	38.1	0.2	7.5

주: 중복응답.

*출처: 통계청. 『사회조사』, 주재선 · 송치선 · 박건표(2015b: 46).

나타났다. 여성 취업의 장애 요인을 '육아'와 '가사 부담'으로 보는 비율이 남성의 경우 여성보다 낮았고, 여성의 '능력 부족'을 장애 요인으로 보는 비율은 남성이 여성보다 높았다.

2006년과 2015년을 비교해 볼 때([그림 1-4]), 여성 자신이 '사회적 편견'을 여성 취업의 장애 요인으로 보는 비율은 36.8%에서 41.1%로 약 4.3%의 증가를 보였다. '육아 부담'도 70.1%에서 73.8%로, '가사 부담'도 40.2%에서 45.4%로 증가된 것으로 나타났다. 지난 9년간 여성 자신이 '육아 부담'과 '가사 부담', 그리고 '사회적 편견'을 여성 취업의 장애 요인으로 보는 비율이 각각 약 3~5% 정도 증가된 것으로 나타났다. 교육 수준이 높아지고 취업률도 조금 증가되었지만 여성들은 도리어 '육아 부담, 가사 부담, 사회적 편견' 등을 여성 취업의 장애 요인으로 보는 비율이 조금 더 증가되고 있는 것으로 나타났다.

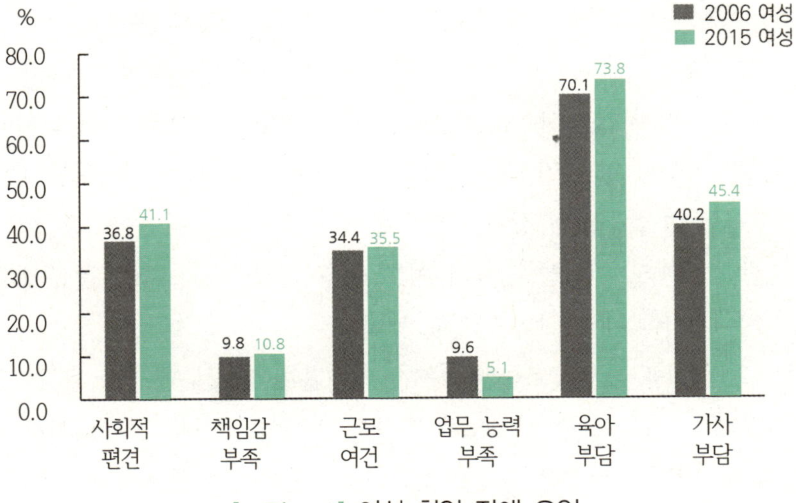

[그림 1-4] 여성 취업 장애 요인

*출처: 통계청, 『사회조사』, 주재선·송치선·박건표(2015b: 46).

Q3. 여성이 하는 가사노동은 임금노동에 어떤 영향을 주나요? 여성이 하는 일(가사노동, 임금노동)은 여성 불평등과 어떤 관계가 있나요?

1. 가사노동은 어떻게 분담되고 있나요?

1) 맞벌이 부부의 가사노동은 평등하게 분담되나요?

맞벌이 가구의 비율은 1995년에는 33.4%였으나 2011년에는 43.6%로 증가되었고, 2014년 기준 43.9%인 것으로 나타났다(통계청; 주재선·송치선·박건표, 2015a: 302). 전체 가구의 약 44%가 맞벌이 가구라는 사실은 기혼 여성의 취업이 증가되고 있으며, 기혼 여성이 일과 가정을 양립하는 과정에서 육아 및 가사노동의 부담이 여성 취업의 장애 요인으로 작용할 가능성이 높아지는 것을 의미한다. 이러한 점에서 기혼 여성이 집안일과 가족 돌봄에 쏟는 시간에 대해 살펴볼 필요가 있다.

2014년을 기준으로 맞벌이 가구와 홑벌이 가구를 비교해 볼 때(<표 1-14>), 총 가사노동 시간은 맞벌이 부인의 경우 2시간 38분, 맞벌이 남편은 28분이었고, 반면 홑벌이 부인은 4시간 13분, 홑벌이 남편은 27분인 것으로 나타났다. 이처럼 남편의 경우

홑벌이든 맞벌이든 상관없이 하루 평균 27~28분 정도 가사노동을 하는 반면, 홑벌이 부인(4시간 13분)은 맞벌이 부인(2시간 38분)보다 1시간 35분 정도 더 많이 가사노동을 하는 것으로 나타났다. 두 사람이 모두 직장 일을 하고 있음에도 불구하고 맞벌이 부인은 맞벌이 남편보다 2시간 10분이나 더 가사노동을 하고 있는 것으로 나타났다. 반면, 홑벌이 부인은 홑벌이 남편보다 3시간 46분 더 많이 가사노동을 하는 것으로 나타났다. 즉, 맞벌이 부인과 홑벌이 부인은 남편보다 절대적으로 긴 시간(2시간 10분~3시간 46분) 동안 가사노동을 하고 있는 것으로 보인다.

가사노동을 영역별로 살펴볼 때, 맞벌이 부인은 '음식준비/정리'를 위해 1시간 28분, '가족 보살피기'와 '청소 및 정리'에 각각 35분 동안 가사노동을 하는 것으로 나타났다. 홑벌이 부인의 경우에도 '음식준비 및 정리'(2시간 12분), '가족 보살피기'(1시간 47분), 그리고 '청소 및 정리'(59분)를 하는 데 가장 긴 시간을 쏟는 것으로 나타났다. 남편에 비해 홑벌이 부인과 맞벌이 부인 모두 하루에 2~3시간 이상 더 가사노동을 담당하고 있으며, 의식주를 위한 가사노동과 자녀 돌보기에 가장 많은 시간을 쏟고 있는 것으로 보인다. 전업주부뿐 아니라, 맞벌이 부인의 경우에도 집안일과 가족 보살피기의 책임을 전적으로 지고 있으며, 그 결과 맞벌이 부인의 경우 '가사 부담'과 '육아 부담'이 취업의 장애 요인으로 작용할 가능성이 높음을 알 수 있다.

뿐만 아니라 맞벌이 부인들은 가사노동의 80% 이상을 담당하고 있으며, 남편들이 가사노동을 분담한다고 하더라도 남편들은 '자녀 양육 및 교육'에 비해 '식사준비, 설거지, 빨래, 청소'같은 미룰 수 없는 일상적이고 반복적인 가사노동, 즉, 전통적으로 여성적 일(feminine tasks)로 간주되는 일에 있어서는 참여도가 더 낮은 것으로 나타났다(이순미 · 김혜경, 2008: 20).

〈표 1-14〉 맞벌이 · 홑벌이 가구별 가사 시간

(단위 : 시간 : 분)

구분		맞벌이 가구		홑벌이 가구	
		아내	남편	아내	남편
2014	소계	2 : 38	0 : 28	4 : 13	0 : 27
	음식준비 및 정리	1 : 28	0 : 08	2 : 12	0 : 06
	의류 관리	0 : 15	0 : 01	0 : 23	0 : 01
	청소 및 정리	0 : 35	0 : 09	0 : 59	0 : 08
	집 관리	0 : 00	0 : 01	0 : 01	0 : 01
	물품 구입	0 : 16	0 : 06	0 : 30	0 : 08
	가정 경영	0 : 02	0 : 01	0 : 03	0 : 01
	가족 보살피기	0 : 35	0 : 13	1 : 47	0 : 19

주: 20세 이상이며, 요일 평균 항목임.

*출처: 통계청. 『생활시간조사』. 평균 시간, 주재선 · 송치선 · 박건표(2015a: 149).

2) 자녀 연령에 따라 남성과 여성의 일하는 시간에 차이가 있을까요?

가사노동 시간과 임금노동 시간을 살펴볼 때, 남성의 경우 자녀의 연령과 상관없이 임금노동 시간과 가사노동 시간에 별 차이가 없는 것으로 나타났다. 다만 '미취학 어린 자녀'가 있는 경우 다른 가구의 남성보다 가사노동 시간이 0.4~0.5시간 정도 길었다. '미취학 어린 자녀'가 있는 경우, 여성의 가사노동 시간은 4.8시간으로 가장 길며, 임금노동 시간은 5.2시간으로 가장 짧았다. '미취학 어린 자녀'를 가진 여성은 긴 가사노동 시간으로 인해 총 노동 시간이 10시간으로 가장 오랫동안 일하는 것으로 나타났다.

이처럼 자녀 연령에 따라 남성의 임금노동과 가사노동 시간, 그리고 총 노동시간에 큰 차이가 없었으나, 여성의 경우 가사노동(3.1~4.8시간), 임금 노동(5.2~6.1시간)에 차이가 있으며, 총 노동시간(8.9~10.0시간)에도 차이가 있는 것으로 나타났다.

〈표 1-15〉 자녀 연령별 노동 시간 비교

구분	동거자녀 없음		미취학 어린 자녀		10대 자녀		20세 이상 자녀	
	남	여	남	여	남	여	남	여
임금노동	7.2	5.7	7.4	5.2	7.4	5.8	7.2	6.1
가사노동	0.7	3.2	1.1	4.8	0.6	3.9	0.6	3.1
총 노동 시간	7.9	8.9	8.5	10.0	8.0	9.7	7.8	9.2

*출처: 2004년 9월 2일부터 12일간 통계청이 시행한 '소득이 있는 일을 한 경우' 생활시간조사 자료(은기수, 2009: 157).

2. 집안일과 직장 일은 서로 영향을 미치나요?

앞에서 살펴보았지만, 대다수의 여성들은 직장에서 일을 하면서도 가정에서 자녀 양육과 가사를 전담하는 역할을 여전히 수행하고 있는 실정이다. 이러한 점에서 여성이 가정에서 하는 노동 즉, 양육노동, 돌봄노동, 그리고 가사노동은 노동시장에서의 임금노동과 밀접한 관계를 지니고 있다.

맞벌이 부인의 경우 직장생활이 가정생활에 미치는 영향력을 살펴볼 때(<표 1-16>), '일하는 시간이 너무 길어서', 또는 '일하는 시간이 불규칙해서' 가정생활에 지장을 준다는 데 대해 '매우 또는 대체로 그렇다'는 응답이 각각 30.3%, 22.2%인 것으로 나타나, 응답자의 약 30% 가량이 직장생활이 가정생활에 지장을 준다고 응답하였다. 한편, 가정생활이 직장생활에 미치는 영향력을 살펴볼 때, '자녀 양육 부담으로 인해', 그리고 '집안일이 많아서' 직장 일을 병행하는 것이 힘들다는 데 대해 '매우 또는 대체로 그렇다'는 응답은 41.6%, 29.5%로 나타나, 응답자의 30~40%는 가정에서의 역할로 인해 직장 일을 병행하는 것이 힘들다고 느끼고 있는 것으로 나타났다.

직장 일과 집안일은 서로 영향력을 미치고 있으며, 맞벌이 부인은 직장 일이 가정생활에 미치는 영향보다는, 가정생활이 직장 일에 미치는 영향으로 인해 더 힘겨워 하고 있는 것으로 보인다. 가정생활 중에서 자녀 양육과 가사노동의 부담이 크지만, 여성이 일하는 경우에도 이러한 가사노동을 거의 전담하고 있기 때문이다. 자녀 양육과 돌봄, 그리고 집안일 등의 가사노동의 부담을 줄이는 것이 일-가정 양립 스트레스를 줄일 수 있는 길이 될 것이다.

〈표 1-16〉 직장생활과 가정생활의 상호 영향력

(단위 : 명, %)

항목	매우 그렇다	대체로 그렇다	별로 그렇지 않다	전혀 그렇지 않다	계
일하는 시간이 너무 길어서 가정생활에 지장을 준다.	95 (2.3)	1,179 (28.0)	1,977 (47.0)	954 (22.7)	4,205 (100.0)
일하는 시간이 불규칙해서 가정생활에 지장을 준다.	48 (1.1)	889 (21.1)	2,178 (51.8)	1,090 (25.9)	4,205 (100.0)
자녀 양육 부담으로 인해 일을 병행하는 것이 힘들 때가 많다.	185 (6.4)	1,017 (35.2)	1,123 (38.8)	567 (19.6)	2,892 (100.0)
집안일이 많아서 직장 일을 할 때도 힘들 때가 많다.	100 (2.4)	1,139 (27.1)	1,888 (44.9)	1,078 (25.6)	4,205 (100.0)

*출처: 한국여성정책연구원(2014). 『여성가족패널조사』. 원자료 분석, 주재선 외 8인(2015: 132~133)의 도표를 종합하여 제시함.

3. 남편은 왜 가사 분담을 하지 않나요?

맞벌이 가구가 늘고 있지만, 여성들은 여전히 장시간 대부분의 가사를 도맡아 하고 있다. 왜 남편은 집안일을 하지 않는가, 남편이 가사노동을 한다면 과연 그가 하는 일은 무엇인가, 남편은 가사노동을 자신의 책임으로 보는가, 아니면 조금 도와주는 것으로 보는가, 언제 어떤 상황에서 가사노동을 하는가(Coleman, 1991: 257), 그리고 남편으로 하여금 가사노동을 하도록 만드는 요인은 무엇인가 등등 남성의 가사노동과 관련된 많은 질문이 제기된다.

1970년대 이후 지난 수십여 년간 무엇이 부인과 남편의 가사노동에 영향을 미치는지를 설명하고자 하는 많은 시도가 이루어졌고, 성 역할 태도, 상대적 권력, 가사노동에 대한 취향, 이용 가능한 시간 등이 가사노동에 많은 영향을 미치는 것으로 제시되었다(Huber & Spitze, 1983; Coleman, 1991: 251~252에 재인용). 남성과 여성 모두 직장에서 일을 할 때 직장에서 돌아온 후 가사노동에 이용 가능한 시간은 거의 비슷할 것으로 예상된다.

한편 가사노동에 대한 취향은 전형적인 성 역할을 강조하는 성 역할 규범 속에서 사회화되는 가운데 형성될 가능성이 크다. 이와 같은 성 역할 기대는 남성과 여성이 가정과 사회에서 하는 역할과 행동에 영향을 줌으로써 궁극적으로 권력의 차이를 초래한다. 이러한 점에서 성역할 이데올로기와 상대적 권력은 불가분의 관계에 있으며 함께 가사노동에 영향을 미치는 주요 요인인 것으로 보인다.

1) 성역할 이데올로기에 의한 성별 분업

우리나라는 다른 그 어느 곳보다도 성별 분리가 엄격한 사회를 유지해 왔다. 한국의 가부장제는 남성에게 친족 조직 중심의 가부장권, 공식적 대표권, 상속권을 부여하는 반면, 여성에게는 혈통계승자 출산, 살림 일으키기, 봉제사·접빈객 등의 역할을 부여함으로써 남녀의 역할과 권리를 엄격히 구분하고 여성은 남성

세계를 보완하도록 하였다(조혜정, 1992: 109~110). 한국의 가부장적 성 역할 이데올로기는 여성과 남성에게 각기 다른 성 역할을 부여할 뿐 아니라, 남성은 사랑채, 여성은 안채로 가정 내의 활동 영역까지도 구분하고 있다(조혜정, 1992: 109). 한국의 전통적인 성 역할 분리는 서구의 자본주의가 들어오면서 남성은 일터에서 경제활동을 하는 생계 부양자, 여성은 가정에서 자녀 양육과 가사노동을 전담하는 전업주부의 역할을 강조하는 자본주의적 성별 분업으로 전환되었다(조혜정, 1992: 104). 한국의 전통적인 가부장제뿐 아니라 서구 가부장제의 자본주의적 변형을 통해 만들어진 성 역할 이데올로기는 성별 분업/분리를 통해 오늘을 살아가는 한국의 여성 및 남성의 삶과 가정생활에 영향을 미치고 있다. 여성은 감성적이고 관계 지향적이며 가정에서 가사와 자녀를 돌보는 재생산 역할을 담당하고, 남성은 이성적, 도구적, 경쟁적이며 집 밖에서 생산활동을 통해 생계 부양자의 역할을 하도록 기대되고 사회화되는 과정에서 성별 분업은 더욱 강화되고 있다. 이러한 성별 분업을 통해 남성은 공적 영역에서 사회경제적으로 중요한 역할을 하는 반면, 여성은 가정이라는 사적 영역에 고립된 채 남성을 내조하고 가족을 돌보는 역할을 하는 것을 당연하게 받아들이게 되었다. 그 결과 자녀 양육과 가사노동은 전형적으로 여성의 일로 간주되며, 남성은 집안일, 특히 일상적이고 반복적인 가사노동을 하지 않는 이유로 이를 자신이 해야 하는 일이 아닌, 여성의 일로 간주하게 되었다.

2) 상대적 자원(relative resource)과 가사노동

가사노동은 힘들게 일해도 표가 나지 않으며 그 가치도 제대로 인정받지 못한다. 이처럼 가사노동은 화폐적 가치를 지니지 못할 뿐 아니라 힘들고 인정도 받지 못한다는 점에서, 하기 싫은 가사노동을 둘러싸고 남편과 부인 사이에 갈등이 일어나고 이를 둘러싼 거래와 협상이 이루어지게 된다(은기수, 2009: 150). 하기 싫은 가사노동을 누가 더 많이 하는가를 결정하는 과정에서 부부가 지닌 자원(resource)이 영향을 미친다는 블러드(Blood)와 울프(Wolfe)의 자원 이론은 설득력을 얻게 되었으며, 이를 둘러싸고 많은 학자 간 열띤 논의가 이어졌다(Blumstein & Schwartz, 1991: 261). 부부 권력이란 가정에 기여하는 상대적 자원(resource)에 따라 남편과 부인 사이에 분배되는 것으로, 가정 내에서 자원을 많이 지닐수록 권력을 많이 갖게 되며, 원치 않는 가사노동을 피하기 위해 이러한 권력을 사용한다는 '상대적 자원 이론'(Spitze, 1988)은 부부의 상대적인 자원(경제력)이 가사 분담에 영향을 미치는 요인이 될 수 있음을 시사한다(이명신, 2015: 33).

로스(Ross, 1983) 등은 부인의 소득이 높을수록 남편이 가사를 더 많이 담당한다는 연구 결과를 제시함으로써 경제적 자원 이론의 타당성을 입증했다(이명신, 2015: 33에 재인용). 미국 맞벌이 부부의 경우 남편의 소득이 10,000달러 증가 시 남편의 가사노동 시간이 21분 감소되고, 부인의 소득이 10,000달러 증가 시 부인의 가사노동 시간이 51분 감소되는 것으로 나타나, 남편과 부인의 소득은 각자의 가사노동 시간의 감소에 영향을 미치는 것으로 나타났다(Blumstein & Schwartz, 1991: 267~268). 그러나 많은 연구 결과(Rodman, 1967; Safilios-Rothschild, 1967; Lupri, 1969)를 종합해 볼 때 이러한 경제적 자원 이론은 선진국에서는 경험적 자료에 의해 지지되었지만, 그리스나 유고슬라비아 등 개발도상국에서는 지지되지 않는 것으로 나타났다(이명신, 2015: 33에 재인용). 한국 맞벌이 부부의 경우에도 부인의 경제력은 부부 모두의 가사 분담에 전혀 영향을 미치지 못하는 반면, 남편의 경제력은 남편 자신의 집안일은 감소시키는 동시에 부인의 집안일을 증가시키는 것으로 나타났다(이명신, 2002: 188). 이처럼, 일치되지 않는 다국 간 비교연구 결과를 토대로 로드먼(Rodman, 1972: 63~65)은 가부장적 가족 규범 대신, 평등적 가족 규범이 존재하는 사회에서만 경제적 자원 이론이 일반화될 수 있다고 결론을 지으며, '문화적 맥락 속의 자원 이론'을 제안했다(이명신, 2015: 34에 재인용). 로드먼(Rodman, 1967, 1972), 블룸버그(Blumberg, 1991), 콜먼(Coleman, 1991)은 상대적 자원이 가사 분담에 영향을 미치는 과정에서 성 역할 관념 등 문화적 규범이 매개 변수로 작용한다고 보았다(이명신, 2015: 34~35에 재인용).

4. 왜 불평등한 가사노동이 지속되나요? 가정과 노동시장에서의 성별 분업은 여성에게 어떤 영향을 주나요?

취업을 통해 여성이 획득한 경제력은 가사 분담을 둘러싼 남편과의 거래에서 종래의 성별화된 가사 분담을 변화시킬 수 있는 지렛대(leverage)로 작용할 것이라고 기대된다(Bird, Bird, & Scruggs, 1984; 이명신, 2002: 160에 재인용). 그러나 여성의 경제력은 이와 같은 불공평한 가사 분담을 변화시키는 데 있어 실상 제한적인 영향력밖에 발휘하지 못하는 것으로 보인다(Gillespie, 1971: 457). 이러한 이유를 블룸스타인과 슈바르츠(Blumstein & Schwartz, 1991: 261)는 여성이 남성처럼 효과적으로 자신의 자원을 활용하는 것을 가로막는, 여성의 권력에 제한을 가하는 문화적 규칙(cultural rules)을 고려하지 않았기 때문이라고 지적한다. 콜먼(Coleman, 1991: 252)도 여성이 부부관계에서 자신의 경제력을 지렛대로 사용함에 있어 이러한 영향력을 저하시키는 미시적, 거시적 수준의 절하 요인(discount factors)이 존재한다고 보았다. 거시적 수준에서 정치경제에 대한 남성지배적 위계질서, 성 역할 이데올로기, 그리고 미시적 수준에서 성역할 이데올로기, 아내의 소득에 대한 남편의 필요도, 배우자의 매력과 헌신 등 다양한 절하 요인이 작용하면서, 여성이 자신의 소득으로부터 얻을 수 있는 권력에 영향을 미친다(Coleman, 1991: 252). 이처럼 여성의 경제력을 절하시키는 요인은 여러 가지가 있을 수 있지만, 여성이 노동시장과 가정에서 담당하고 있는 노동과 연관이 있는 것으로 보인다.

샤페즈(Chafetz, 1991: 74)는 여성이 집 밖에서 무슨 일을 하던 상관없이 주로 자녀 양육 및 가사를 담당하며, 남성은 경제, 정치 등 집 밖의 역할을 우선시하도록 배정하는 성별에 기초한 노동분업(gender-based division of labor)을 바로 남성과 여성 간 권력 차이의 근원으로 보았다. 남성과 여성이 각기 다른 일을 한다는 사실 자체가 불평등을 초래하는 것은 아니지만, 성별에 따른 노동분업은 불평등한 순위와 보상과 연관되는 과정에서 불평등으로 전환된다(Chafetz, 1991: 77). 이러한 과정에서 샤페즈(Chafetz, 1991: 77)는 서로 다르지만 연관이 있는 두 권력, 즉, 자원권력과 정의권력이 작용한다고 보았으며, 이 두 권력이 함께 성별 노동분업을 통해 여성에게 어떻게 불이익과 불평등을 가져오는지 그 과정을 설명하였다. 자원권력(resource power)은 가치 있는 자원에 접근이 힘들거나 접근이 불충분한 사람에게 자원을 통제함으로써 순종을 얻어낼 수 있는 권력이며, 정의권력(definitional power)은 다른 사람에게 가치관, 규범, 판단기준, 상황적 정의를 강요할 수 있는 능력을 말한다(Chafetz, 1991: 78). 이 두 종류의 권력이 거시적 수준의 정치경제 체계를 통해, 그리고 미시적 수준의 부부 상호작용을 통해 영향을 미친다.

성별에 의거해 계급화된 사회에서 사회경제적으로 우월한 위치를 점유하고 있는 남성들은 권력과 자원을 토대로 자신에게 유리하고 자신들의 기득권을 옹호하는 사회적 정의(social definitions)를 만들어낸다(Chafetz, 1991: 85). 거시적 수준에서 남성은 자신들의 권력과 특권을 강화하고, 성별 노동분업을 지지하는 성역할 이데올로기, 성 규범, 스테레오타입 등의 사회적 정의를 만들며, 남성이 점유한 권력 및 자원과 경쟁하는 데 있어 불리한 행동과 성향을 격려하는 사회적 정의를 여성에게 부여한다(Chafetz, 1991: 86). 즉, 여성을 최우선적, 최선의 부모와 배우자로 정의함으로써 여성의 가족에 대한 의무를 그 어떤 것보다 우선시하게 만들며(Chafetz, 1991: 84), 여성으로 하여금 이러한 사회적 정의에 의해 기대되는 대로 가사와 자녀 양육을 전적으로 책임지게 만든다. 자녀 양육과 가사노동을 여성의 일로, 여성을 일차적 책임자로 정의함으로써 일하는 여성은 가사노동과 임금노동을 모두 책임지게 되고, 이러한 이중노동의 부담(double workday)은 노동시장에서의 여성의 경쟁력을 약화시킨다(Chafetz, 1991: 81). 이중노동의 부담은 여성이 보다 나은 일자리에 필요한 기술과 자격을 획득할 수 있는 기회를 제한하고, 마침내 좋은 일자리를 위해 남성과 경쟁할 수 있는 여성의 능력을 감소시킨다(Chafetz, 1991: 81).

그 결과 여성은 저임금·단순 직종, 즉 주변적 일자리에 격리되고, 남성은 고임금·숙련 직종, 즉 보다 좋은 일자리를 차지하게 되어 노동시장에서의 성별 분업이 강화된다. 이러한 성별 노동 분업으로 인해 여성은 노동시장에서 주변적 위치에 머물게 되고 남성보다 낮은 경제력을 지니게 된다. 여성은 노동시장에서 저임금 직종에 격리되거나 심지어 노동시장에서 일자리를 잃고 밀려나게 되고, 어떤 경우이건 여성은 경제력이 약화되어 거시적, 미시적 수준에서 남성이 지닌 권력에 도전하는 데 필요한 경제적 자원이 부족하게 된다(Chafetz, 1991: 81). 미시적 수준(가정 내)에서 여성은 남편에게 경제적으로 의존하게 되며, 반면 남성은 그들이 수행하기 원하지 않는 노동, 이름 하여 가사노동과 자녀 양육을 피하기 위해 그들의 우월한 경제력(자원권력)을 사용할 수 있게 된다(Chafetz, 1991: 81).

미시적 수준에서 보다 우월한 경제력을 지닌 남성은 자신의 경제력을 이용하여 가사노동을 여성에게 전담시킴으로써 가정 내에서 성별화된 가사 분담이 지속된다. 즉, 노동시장에서의 성별 분업은 가정 내에서 성별 가사 분담이 지속되게 만드는 요인이 된다. 이처럼 노동시장의 성별 분업과 가정 내 성별 가사 분담은 서로를 강화하면서 지속되는 악순환이 반복된다.

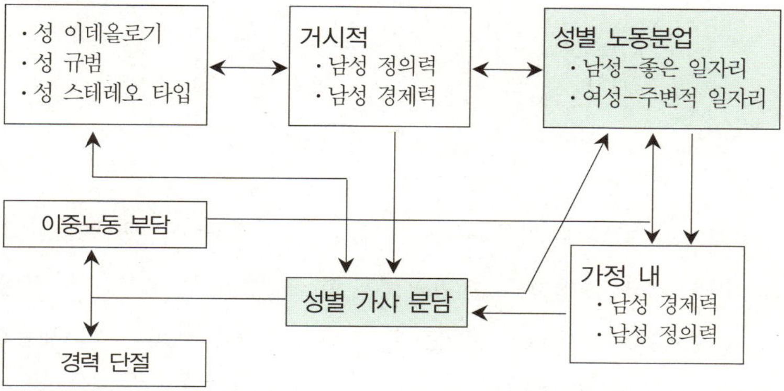

[그림 1–5] 성별 분업: 가정과 노동 시장의 여성 불평등을 지속시키는 연결 고리

*출처: Chafetz(1991: 82, 85)를 토대로 수정함.

거시적, 미시적 수준에서 남성의 경제적 권력과 정의를 내릴 수 있는 권력은 서로를 강화하면서 노동시장에서의 성별 노동분업뿐 아니라 가정 내에서 성별화된 가사 분담을 지속시키는 기제로 작용하고 있으며(Chafetz, 1991: 85~86; 이명신, 2015: 35~36에 재인용), 성별 분업은 가정과 노동시장에서 여성의 불이익과 불평등을 생산, 지속시키는 연결고리가 되고 있다. 이러한 이유에서 여성이 가정에서 불평등한 가사노동을 전담하는 한, 노동시장에서의 성별 노동분업과 여성의 이차적인(주변적) 지위는 영속될 것이다.

Q4. 직장과 가정에서 불평등을 초래하는 여성 취업의 구조적 문제는 어떻게 해결할 수 있나요?

통계청의 자료에 의하면, 최근 들어 교육 수준이 향상됨에 따라 대학 이상 졸업자(35.9%)와 고등학교 졸업자(33.9%)가 전체의 약 70%를 차지하게 되었으며 남녀 간 교육 격차는 현저하게 줄어든 것으로 나타났다. 남녀 간 교육 격차가 줄어듦에 따라 경제활동에 있어 양성평등이 이루어졌으리라고 기대할 수 있다. 대학 교육을 받은 고학력 여성들이 증가됨에 따라 전문직이나 관리직에 진출하는 여성이 증가되고 있는 것은 사실이지만, 전체적으로 볼 때 교육 격차가 감소한 것에 비례하여 경제활동 참가율은 2015년에도 22.0%의 격차를 보이고 있어 그 격차가 크게 줄어들지는 않은 것으로 나타났다. 뿐만 아니라, 남녀 모두 대학 졸업자인 경우에도 임금 격차가 64.8%였으며, 같은 교육 수준인 경우에도 남녀의 임금 격차는 여전히 60%를 웃도는 것으로 나타났다.

또한 노동시장에서의 산업별 분포를 살펴볼 때, 여성은 주로 숙박 및 음식점업, 가구 내 고용 등 저임금·단순 업종, 또는 보건업 및 사회복지사업, 교육서비스업에 주로 집중되어 있다. 직업별 분포에서도 여성은 주로 서비스·판매직, 단순 노무직, 사무 종사자 및 전문 관련직에 많이 종사하고 있는 것으로 나타났다. 고학력 여성의 증가로 전문 직종에서의 여성의 비율이 증가되고 있으나, 여전히 여성들이 종래에 많이 종사하던 단순저임금 직종, 보건 및 교육서비스, 서비스 판매직에 집중되고 있어, 노동시장에서의 성별 분리가 여전히 지속되고 있는 것으로 보인다. 이러한 산업별, 직종별 분리는 남녀의 임금 격차를 초래하며 2014년에도 63.7%에 달하는 것으로 나타났다. 노동시장에서의 격리와 격차로 나타나는 여성이 직면하는 불평등은 여러 요인에 의해 초래될 수 있으나, 여성 근로자의 능력과 태도에 대한 사회적 편견이 영향을 미치는 것으로 보인다.

뿐만 아니라 기혼 여성의 경우 여성은 일차적 자녀 양육자인 동시에 가사 전담자라는 전통적 성 역할 규범과 이데올로기는 여성에게 직장 일과 동시에 육아와 가사를 담당해야 하는 이중 부담을 부과하며 이로 인해 여성들은 일과 가정을 양립하는 어려움을 겪고 있다. 기혼 여성이 직면하는 육아 부담과 가사 부담은 시간과 에너지의 절대적 부족을 초래하며 일과 가정에서의 역할 사이에서 갈등하게 만들고 직장에서의 근무 성과에 부정적 영향을 미칠 수도 있다. 이러한 점에서 여성의 임신과 출산, 자녀 양육과 가사 부담은 여성의 경제활동을 가로막는 가장 큰 장애 요인이 되며, 일과 가정 양립을 위한 지원이 없을 경우 경력 단절을 하게 될 가능성이 높아진다. 일-가정 양립의 어려움은 경력단절로 이어지고 그 이후 재취업 시 비정규직화 또는 직종의 하향 이동을 가져오며, 결과적으로 여성을 저임금·저숙련 직종에 격리되게 하며, 그 결과 남녀 임금의 격차로 초래하는 것으로 보인다.

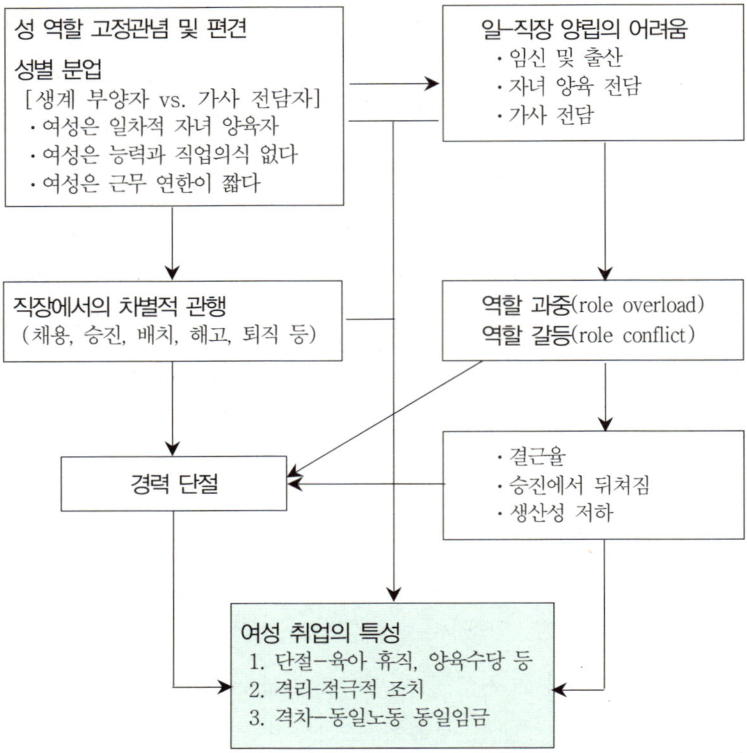

[그림 1-6] 여성 취업의 특성

경력 단절, 격리, 격차라는 여성 취업의 특성은 여성의 경제활동을 가로막는 여러 장애 요인(성 차별, 성역할 이데올로기, 성별 분업 등)으로 인해 초래된 것이며, 동시에 이러한 여성 취업의 구조적 특성은 노동시장에서의 여성의 불평등한 위치를 지속시키는 요인으로 작용한다. 이러한 점에서 여성에게 불이익과 불평등을 초래하는 여성 취업의 구조적 문제점을 해결할 수 있는 방안을 모색해야 할 필요성이 증대되고 있다.

1. 일-가정 양립 정책: 자녀 양육과 가사 분담

최근 일과 가정 양립을 위해 양육수당, 육아 휴직제도, 유연근무제도 등 자녀 양육을 위한 많은 제도 및 정책이 마련되었고 실시되고 있지만, 그 효과성과 타당성은 아직 검증되지 않은 상태이다.

일-가정 양립 지원책이 가장 잘 실시되고 있다고 알려진 스웨덴에서는 1960년 이후 맞벌이 가정이 이상적인 가정 형태가 되면서 남녀 모두 동등하게 일할 권리를 갖고 있고 가사와 육아를 동등하게 책임져야 한다는 새로운 규범이 나타나게 되었으며, 남녀평등을 가속화시키기 위한 양성평등 정책(육아 근로 시간 단축, 가사 서비스 이용에 따른 세금 공제 등)이 실시되었다(Nyberg, 2012: 83). 그러나 이러한 양성평등 정책은 노동시장과 가정에서 양성 간 격차를 좁히지 못한 것으로 드러나고 있는데, 여성은 취업을 할 수는 있지만 동시에 육아와 가사를 병행해야 한다는 조건이 따르며, 부부가 육아와 가사를 분담하지 않으면 양성평등 정책은 결국 여성의 '조건부' 취업으로 이어지기 때문이다(Nyberg,2012: 83). 아버지 즉, 남성은 육아와 가사를 전혀 부담하지 않으며 부담한다고 하더라도 매우 제한적이고, 여성은 육아와 가사를 위해 단축 시간 근로를 하지만 남성은 그렇지 않기 때문이다(Nyberg, 2012: 83, 91). 아무리 좋은 양성평등 정책이 마련되어 있어도 남성들이 육아와 가사를 분담하지 않는 한 효과를 거두기 어렵다.

뉘베르그(Nyberg, 2012: 92)는 스웨덴의 지난 50년간 양성평등 정책을 돌아보면서 육아 휴직 및 보육 지원금 등 '여성(엄마)친화적인 정책'이 여성의 고용을 촉진시키는 결과를 가져오기도 했지만, 남녀 간 불평등한 가사 분담 문제를 진지하게 다루지 않기 때문에 오히려 양성불평등을 재생산하고 있다는 주장도 있음을 지적했다(Stier & Mandel, 2003; Mandel & Semyonov, 2006; Nyberg, 2012: 84에 재인용). 뉘베르그(Nyberg, 2012: 92~96)는 여성의 무급 가사노동은 노동시장에서 남녀의 지위의 차이를 가져오는 요인이 되고 있다는 점에서, 남녀 간 불평등한 유급과 무급 노동의 분배 문제를 진지하게 다루지 않는다면 성 질서의 변화를 가져오지 못할 것이며, 양성평등의 사회로 나갈 수 없다고 결론지었다. 즉, 양성평등의 실현은 여성과 남성이 노동시장에 진입할 수 있도록 지원하는 동시에, 부부가 육아는 물론 가사도 분담할 수 있어야 가능할 것이다(Nyberg, 2012: 95~96).

이러한 스웨덴의 경험은 우리에게 시사하는 바가 크다. 일과 가정의 양립을 지원하는 여성(엄마)친화적인 정책은 여성의 고용을 촉진하거나 여성의 경력 단절을 감소시키는 것으로 보인다. 그러나 육아와 가사를 동시에 감당하기 위해 여성이 주로 육아휴직제를 사용하거나 근로 시간의 단축 또는 시간제 일자리로 전환하는 등의 일-가정 양립 지원책은 자칫하면 양육과 가사의 책임이 여성에게 있다는 기존의 인식에서 벗어나지 못하게 만드는 결과를 초래할 수도 있다(곽현주·최은영, 2015: 448~449). 즉, 맞벌이 여부와 상관없이 육아와 가사노동의 대부분이 여성의 일차적 몫으로 남아 있는 한국의 상황에서, 현재 일-가정 양립을 위해 제공되고 있는 육아 휴직제도나 근로 시간 단축제도 등은 여성의 자녀 양육을 당연한 것으로 여기게 만들고 여성의 양육노동을 도리어 강화하는 정책이 될 수도 있다. 한편, 스웨덴의 경우 육아를 위해 여성이 많이 하는 단축 시간 근로 및 시간제 근로는 여성의 유급노동 시간을 감소시킴으로써 도리어 여성의 급여를 낮추고 경쟁력을 쌓아갈 수 있는 기회를 감소시키는 결과를 초래하는 것으로 나타났다(Nyberg, 2012: 92). 이러한 점에서 일-가정 양립을 위한 여성(엄마)친화적 정책은 여성 고용을 불안정하게 만들고 노동시장에서의 불평등을 가속화시킬 가능성도 있다.

'여성(엄마)친화적인' 일-가정 양립 정책만으로 곧바로 양성평등이 실현되기는 어렵다. 이러한 여성친화적인 일-가정 양립 정책은 뉘베르그(Nyberg, 2012: 83)의 말대로 여성에게 '조건부 자유'를 줄 뿐이며, 스웨덴의 예에서 볼 수 있듯이 아무리 양성평등 정책이 잘 마련되더라도 남성과 여성 모두 양육과 가사 분담을 하지 않는 한, 그 효과성을 거두기 어렵다. 가정 내에서의 불평등한 가사 분담은 개별 가정만의 문제가 아니라 성별 분업을 연결고리로 하여 노동시장에서의 성별 분업과도 긴밀하게 연결되어 있으며, 단절, 격리, 격차를 초래하여 노동시장에서 여성의 불평등을 지속시키는 기제로 작용한다는 점에서 중요하다. 진정한 양성평등이 실현되기 위해서는 노동시장과 가정에서의 성별 분업이 변화되어야 할 것이다. 노동시장에서 여성에 대한 성 차별과 불이익을 없앨 수 있도록 사회경제 구조를 변혁하는 것은 물론, 가정에서도 불평등한 성별 가사 분담이 변화되어야 할 것이다.

무엇보다도 가정 내에서 평등한 가사 분담이 이루어지는 것이 필요하며, 이를 위한 남성들의 변화 의지와 실천이 따라야 할 것이다. 일-가정 양립 갈등으로 인한 압박감을 줄이기 위해서는 남녀가 공동으로 참여하고 분담할 수 있는 사회적 여건의 조성뿐 아니라, 이를 위한 배우자의 지지와 협조가 절대적으로 필요하다(최정숙, 2016: 17~18). 부인이 전문직에 종사하거나 부인의 성 역할 태도가 진보적인 경우, 그리고 부부관계가 동반자적이고 상호 배려하는 관계에 있을 경우 남편이 가사노동 시간을 늘린다는 연구 결과(이순미·김혜경, 2008: 21)는 동반자적이고 친밀한 부부관계, 그리고 양성평등적 태도를 증대시킴으로써 가정 내 성별 분담이 변화될 수 있는 가능성을 보여준다. 이처럼 평등한 가사 분담은 남성의 태도와 변화 의지, 그리고 행동의 변화에 달려 있는 것으로 보인다. 우리나라처럼 엄격한 성별 분리의 역사가 깊은 사회에서 남녀 간 평등한 육아와 가사 분담이 가능해지기 위해서는 양성평등 정책의 수립도 중요하지만, 남성들의 양성평등적 사고의 전환과 이를 실천으로 옮기는 행동의 변화 역시 시급하고 중요하다.

2. 적극적 조치

적극적 조치(Affirmative Action)는 소수집단이 경험하는 노동시장 불이익과 체계적인 차별을 개선하기 위해 고안된 것으로, 성차별 폐지만으로는 사회 및 문화 구조 깊이 뿌리박혀 있는 성 차별적인 관행을 바꾸기 어렵다는 인식하에 도입된 정책이다(김영옥, 1997: 149~150). 적극적 조치의 목적은 그동안 성별, 인종 등으로 인해 특정 직종에 격리되거나 소수 대표되었던 사람들에게 한시적 우대 조치를 통해 그 대표성을 증진하는 데 있다.

스웨덴에서는 노동시장의 성별 분리의 완화를 목적으로 신규 채용과 결원 충원 시 과소 대표되고 있는 성을 우선적으로 충원함으로써 각 성의 비율이 최소한 40%가 되도록 하는 남녀 고용할당제(Sex-based employment quotas)를 실시하고 있다(문유경·주재선, 2000: 87~88). 스웨덴의 적극적 조치는 차별을 당해온 여성에게 특혜를 준다기보다는, 여성과 남성의 고용수준을 같게 하는 것을 목표로 전체 근로자의 취업률을 높이고 보다 나은 일자리를 제공하여 결과적으로 전반적인 임금 수준을 향상시킨다는 고용 정책의 일환으로 실시되고 있다(문유경·주재선, 2000: 87). 한편, 미국의 적극적 우대 조치(Affirmative Action)는 1964년 시민권법 제7편(Title VII of the Civil Rights Act), 1972년 고용기회평등법(Equal Employment Opportunity Act), 1965년 행정명령 11246호를 기반으로 성, 인종, 피부색 등에 기반한 차별을 일소하기 위해 고안된 공공 정책이다(문유경·주재선, 2000: 118). 고용상의 차별을 철폐하기 위해 연방정부와 10,000달러 이상의 계약을 체결한 계약자와 관련 작업장들이 적극적 조치를 이행할 것을 규정하고 연방정부 계약 준수 감독청(The Office of Federal Contracts of Compliance: OFCC)을 설치하여 적극적 조치 시행에 대한 감독 업무를 담당하게 하며, 적극적 조치 계획을 시간표대로 이행하지 않을 경우, 자금지급을 보류하거나 계약을 취소하는 등(김영옥, 1997: 150~151) 위반 업체에 대한 강력한 처벌 조항을 가지고 있다. 이처럼 적극적 조치는 나라마다 고유의 문화와 사회철학, 경제적 상황에 따라 각기 다르게 실시되고 있다.

우리나라에서는 「남녀고용평등과 일·가정 양립 지원에 관한 법률」에 기초하여 2006년부터 시행되어왔다(제17조 3). 시행된 지 10년이 지났지만 적극적 고용 개선 조치의 효과성에 대한 평가는 상반되게 나타나고 있다. 여성계는 이를 통해 완만하지만 왜곡된 여성노동시장의 구조적 차별이 해소되어가고 있으며 향후 더욱 강화할 필요가 있다고 주장하는 반면, 경영계는 기업의 자율성에 맡겨야한다고 주장하면서 제도의 존속에 회의적 시각을 보이고 있다(이승협, 2016: 8). 적극적 고용 개선 조치 시행 이후 2006년부터 여성 근로자 및 여성 관리자의 비중이 꾸준히 증가하고 있지만, 이런 양적 비중 증가에도 불구하고 기대한 것만큼 여성 고용의 질적 변화를 가져오지 못한 것으로 평가되고 있다(이승협, 2016: 11). 그 이유로 많은 학자들은 자율성과 인센티브를 강조하는 방향으로 설계되어 있어 제도적 강제성이 확보되어 있지 않으며, 대상 기업 선정과 관련된 제도 기준의 적정성 문제, 남녀 고용 현황 자료 수집의 문제 등 제도적 효율성 문제를 들고 있다(이승협, 2016: 12). 한편, 적극적 고용 개선 조치 제도에 대한 기업 측의 관심과 수용도가 상당히 낮은 편이며 형식적으로 서식을 작성하거나 제도에 대한 불만이 높기 때문인 것으로 보인다(박선영 외, 2009; 성재민·최효미, 2015; 이승협, 2016: 13, 16에 재인용). 이러한 제도적 효율성과 운영상의 문제도 많지만, 여성 고용의 질적 변화를 가져오지 못하고 기대한 효과를 거두지 못하는 데에는 적극적 조치의 기본 방향의 설정이 다소 소극적인 데 있다고 보인다.

현재 우리나라에서는 남녀 근로자 현황을 토대로 여성 근로자의 고용률이 해당 사업이 속한 산업별 전체 직종 여성 근로자의 고용비율 평균의 70%에 미달하는 경우 그 대상으로 하고 있다(「남녀고용평등과 일·가정 양립 지원에 관한 법률 시행규칙」 별표 2). 남녀 고용 현황 및 여성 고용률을 높이기 위한 세부적 시행계획서를 자율적으로 작성하여 제출하고 있지만, 제출된 상당수의 시행계획서가 여성 고용 목표를 매우 낮게 설정하고 있거나, 형식적으로 제시하고 있는 것으로 나타났다(이승협, 2016: 19).

우리나라에서 현재 실시되고 있는 적극적 고용 개선 조치는 과소 대표된 직종에 여성의 대표성을 증대시키거나 노동시장에서의 성별 분리를 감소시키기 위한 구조적 변혁을 가져오는 것과는 거리가 멀다. 무엇보다도 여성 고용 비율(고용 목표)이 명확히 제시되어 있지 않고, 적극적 조치를 제대로 이행하지 않을 경우 이를 처벌하거나 강제할 수 있는 조항도 마련되어 있지 않다. 또한 기업의 낮은 관심과 수용도 역시 적극적 조치를 시행하는 데 부정적 요인으로 작용한다.

경쟁이 치열한 한국의 노동시장 상황에서 적극적 조치는 어떻게 시행될 수 있을 것인가? 업적 중심의 사회적 풍토 속에서 업적 또는 자격이라는 기준을 무너뜨리지 않은 채 성 차별을 시정하기 위한 노력을 어떻게 병행할 수 있을 것인가? 수많은 의문이 제기되고 있다. 이러한 과제 해결을 위한 사회·문화·경제적 분석과 심도 있는 논의가 필요하다.

3. 동일가치노동 동일임금

고용에 있어 양성평등과 남녀 간 임금 격차를 줄이고자 하는 '동일가치노동 동일임금'의 원칙은 「남녀고용평등과 일·가정 양립 지원에 관한 법률」 제8조에 명시되어 있다. 동일한 사업 내의 동일가치노동에 대해서는 동일한 임금을 지급해야한다고 명시하고 있으며(제8조 1항), 동일가치노동의 기준은 직무 수행에서 요구되는 기술, 노력, 책임 및 작업조건 등으로 하고, 사업주가 그 기준을 정할 때는 제25조에 따른 노사협의회의 근로자를 대표하는 위원의 의견을 들어야 한다(제8조 2항)고 명시하고 있다. 그러나 동일가치노동 동일임금 원칙은 '동일한 가치노동' 여부에 대해 법원의 일관된 기준이 존재하지 않을 뿐 아니라 노동부의 「남녀고용평등업무처리규정」에서도 동일한 가치노동의 의미와 판단기준, 그리고 임금 차별 유형에 관해 규정하고 있으나 현실 정합성이나 구체성이 결여되어 있다(박선영 외, 2009; 강이수 외, 2015: 421~422). '동일가치노동 동일임금' 원칙이 제대로 시행되기 위해서는 산업별, 직종별, 고용형태별 남녀 근로자의 현황을 파악할 수 있는 데이터베이스 구축, 동일 업종과 동일 업무에 대한 판단기준 수립을 위한 작업이 선행되어야 하며, 이를 위한 동일가치노동에 대한 개념의 명확화를 위한 논의가 필요하다. 이러한 작업 없이는 '동일가치노동 동일임금'은 선언적인 위치에 머물러 있게 될 것으로 보인다.

자녀 양육을 지원하고 여성의 경력 단절을 막기 위한 일-가정 양립 정책 및 육아지원제도, 성별 분리 및 격리를 해소하기 위한 적극적 조치, 임금 격차를 감소시키기 위한 동일가치노동 동일임금에 관한 법률이 모두 마련되어 있지만, 이를 시행해 나가는 과정에서 우리나라의 경제적 현실, 사회문화적 풍토 등 다양한 요인들에 대한 고려, 그리고 이러한 정책과 제도 실행에 장애가 될 수 있는 요인에 대한 면밀한 검토 및 조사가 선행되어야 할 것이다. 노동시장에서의 성 차별을 감소시킬 수 있는 다양한 정책이 마련되었다고 하여, 이를 실행에 옮길 수 있는 면밀한 준비와 타당성 검토 없이는 이러한 정책들이 그 대상인 여성의 삶에 곧바로 영향을 미치거나 기대한 변화를 가져오지는 않을 것이다.

제2장

여성, 일-육아 사이에서 파도타기_최정혜

제2장에서는 여성이 일과 육아 사이에서 파도타기를 하듯 이리저리 떠밀리며 그 사이를 헤집고 살아 나가는 이야기를 담았다. 첫째 부분에서는 육아는 과연 여성만의 책임인지를 문제 제기하였고, 둘째 부분에서는 모성 이데올로기의 허와 실에 대해 살펴보았다. 셋째 부분에서는 남성이 담당하는 육아의 실태는 어떠한지를 살펴보았고, 넷째 부분에서는 일하는 여성의 양육 스트레스 현주소를 통해 워킹맘의 양육 스트레스 실태를 알아보았다. 마지막 부분에서는 일-육아 양립의 과제와 전망에 대해 살펴보았다. 워킹맘의 어려움은 여성 혼자만의 어려움이나 책임이 아니라 가족공동체인 남편과 함께 공동으로 책임을 나누어야 됨을 다시 한 번 강조하고 싶다.

1. 육아는 과연 여성만의 책임인가?

"육아는 부모로서 행복을 느끼는 가장 중요한 사건인 동시에 일하는 여성에게 가장 큰 걸림돌이 되기도 한다."

1) 일하는 여성의 육아 부담

워킹맘에게 있어 육아는 언제나 큰 부담이다. 특히 자녀의 나이가 어릴수록 육아는 더 큰 부담으로 다가온다. 사실 육아란 부모가 자신의 분신을 양육하는 것으로서 무척 기쁜 일이다. 이렇듯 뜻 깊고 행복해야 하는 육아가 왜 이렇게 부담으로 작용하는 것일까?

최근 우리나라는 워킹맘의 비율이 기혼 전업주부의 비율을 넘어서고 있다. 우리나라 유배우 가구 중 외벌이 가구는 42.2%, 맞벌이 가구는 42.9%로 연령 계층별로 보면 40대가 50.8%로 가장 많고 다음으로 50대가 49.9%로 나타나 40대와 50대에서 맞벌이 가구 비율이 높음을 알 수 있다(통계청, 2014). 이는 맞벌이 부부 가족이 보다 보편적인 경향이 되고 있음을 의미한다. 워킹맘의 취업 증가는 자녀 교육비 및 생활비의 증가, 노후 대비 등의 경제적인 이유뿐 아니라 자아실현의 욕구에 의한 것이기도

하다. 이로 인해 워킹맘들은 가정과 일에서의 역할이 확대되고 역할 기대도 많아졌지만, 일반적으로 주부의 가정 내 역할에 대한 사회적 기대는 여전히 존재하여, 맞벌이 가정의 주부들은 자녀 양육과 관련하여 더욱 많은 부정적 스트레스를 경험하고 있다.

워킹맘은 직장 일과 가정일을 동시에 수행해야 하므로 일에서의 역할과 가정에서의 역할 수행이 서로 갈등을 일으킬 가능성이 높고, 최근 들어 젊은이들 사이에서는 '일 중심적' 가치관에서 '개인생활을 중시하는 방향'으로 가치관이 변화되고 있어 워킹맘은 일과 가족생활을 함께하는 과정에서 과거보다 더 많은 스트레스를 경험한다고 볼 수 있다.

워킹맘의 가정에서의 역할은 단연코 자녀 돌보기 부담이 가장 크다. 특히 자녀가 어릴수록 육아 부담은 더 커질 수밖에 없다. 유아는 대부분의 시간을 부모와 같이 보내면서 부모와의 상호작용을 통해 성장·발달하기 때문에 유아 발달에 큰 영향을 미치는 요인은 부모라는 인적 환경이며, 부모는 의식적 또는 무의식적인 양육을 통해 정의적·지적 특성을 유아에게 심어 주기 때문에 매우 중요한 요인이다(최정혜, 2015). 자녀의 발달에 많은 영향을 미치는 중요한 변인 중 하나는 어머니의 양육 태도로서, 자녀의 인지발달, 자기 효능감과 자아 존중감, 내면화 및 외현화 문제행동 등에 큰 영향을 미치므로 어머니의 양육 태도는 매우 중요하다.

특히 유아기는 유아가 유능한 사회 시민으로 성장하고 사회적 적응을 성공적으로 이루어가기 위한 토대를 형성하는 중요한 시기로서, 이 시기에 부모의 적극적인 양육 아래 자녀는 사회화를 위한 언어, 인지, 정서, 사회성 발달 등을 경험하기 때문에 부모의 양육은 매우 중요한데, 이러한 양육이 주로 어머니 혼자에게만 책임이 주어져 있는 것이다(조하영·박성연·2013; 권정윤·정미라·이방실, 2015). 더구나 워킹맘의 경우, 직장생활만 해도 힘든데, 이러한 육아 과업까지 전적으로 맡고 있다. 일하는 여성 증가로 맞벌이 부부가 계속 증가하고 있지만, 가사와 육아 부담은 여성 몫이라는 인식은 좀처럼 변화하지 않고 있다. 이런 현실은 통계를 통해서도 고스란히 드러난다.

통계청이 발표한 '2015 통계로 보는 여성의 삶'에 따르면 지난해 여성 10명당 5.1명이 '가정생활에서 스트레스를 느낀다'라고 답했다. 이에 비해 남성들은 3.9명만이 스트레스를 느낀다고 답해 여성이 남성보다 평균 1.2명 더 많았다.

현재 배우자가 있는 1,182만 5천 가구 중 맞벌이 가구는 518만 6천 가구(41.7%)이다([그림 2-1]). 부부 10쌍 중 4쌍 이상이 맞벌이를 하고 있지만, 집안일은 대개 여성의 몫이다. 맞벌이 여성의 가사노동 시간은 하루 평균 3시간 13분으로 나타난 데 비해 맞벌이 남성의 가사노동 시간은 41분에 불과했다. 이는 맞벌이 여성의 경우 남성과 함께 똑같이 직장생활을 하고 집으로 돌아와서, 가사노동을 평균 4.7배 이상 더 하고 있다는 의미이다.

우리나라 맞벌이 가구 비중 (단위 : %)

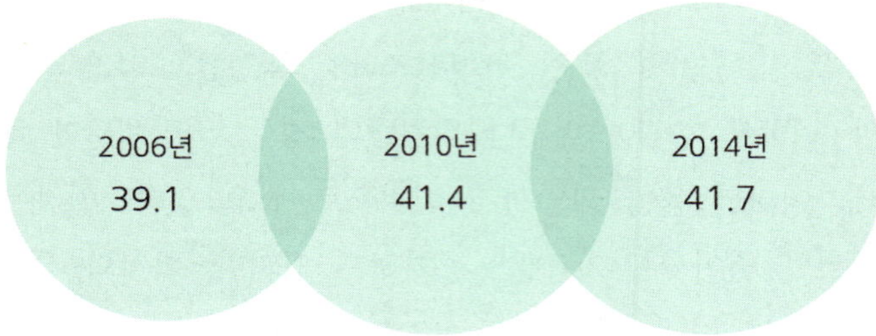

[그림 2-1] 맞벌이 가구의 현황

*출처: 현대경제연구원.

특이한 것은 아내만 취업한 여성 외벌이 가구도 아내는 하루 평균 2시간 39분이나 가사노동을 하는 데 반해 가사를 맡은 남편은 1시간 39분만 하고 있는 것으로 나타났다. 다시 말해서 아내는 회사에서 일한 뒤, 퇴근해서도 직장이 없어 살림하는 남편보다도 집안일을 더 많이 한다는 얘기이다. 이것이 우리나라에서 여성이 취업 유무를 떠나 가사노동을 주력으로 담당해야 하는 현실인 것이다. 이러한 가사노동 속에 육아가 포함되어 있음은 물론이다.

보건복지부가 2016년 2월 23일 발표한 '저출산 고령화에 대한 국민인식조사'에 따르면, 전국 성인 남녀 2천 명을 대상으로 '자녀의 양육'에 대해 면접 설문한 결과, 초등학생 이하 자녀를 둔 20~40대 맞벌이 부부의 아내는 평일엔 2.48시간, 주말엔 4.21시간을 양육에 할애했다. 반면 맞벌이 부부의 남편의 양육 참여 시간은 평일엔 0.96시간, 주말엔 2.13시간에 그쳤다. 함께 일을 하면서도 육아에 대한 역할 부담에 있어, 아내가 남편보다 평일엔 2.6배, 주말엔 2배 더 많은 시간을 육아에 쓰고 있는 셈이다.

여성이 전업주부일 경우에는 육아 참여 시간이 평일 4.21시간, 주말엔 5.02시간인 데 비해 남편은 평일 0.92시간, 주말엔 2.09 시간으로 맞벌이인 경우보다 전업주부의 남편은 더 짧은 시간 동안만 육아에 참여했으며, 그 편차가 더욱 컸다(복지부: 유니온리서치, 2015년. 12월. 저출산 고령사회위원회 민간위원 워크숍 자료).

참고자료 2-1

일도 육아도 여자 몫 → '을 중의 을' 워킹맘

여성 2명 중 1명 '가정생활 스트레스 느껴'
맞벌이 부부 가사노동: 아내 3시간 13분, 남편 41분
여성 외벌이 가정도 여성이 가사노동 더 많아

"하루 종일 정신없이 일하고 난 후 퇴근길은 또 다른 출근이에요. 직장에서는 애 엄마랍시고 회식도 안하고 집에 가기 바쁘다며 눈치 주고, 집에서는 애 엄마가 왜 이리 늦게 다니냐고 성화죠. 맞벌이를 하는데도 집안일과 육아는 기본적으로 엄마 몫이에요. '을 중의 을'이 워킹맘입니다."(워킹맘 1년차 32살 A씨)

*출처: <이데일리>, 2015.12.07

2. 모성 이데올로기의 허와 실

여성의 사회적 위치의 변화와 자녀가 있는 어머니들의 취업 증가로 인해 가정에서 부부의 성 역할 태도의 경계가 모호해지고 있는 것이 현실이다. 그럼에도 불구하고, 자녀 양육에 있어서만은 모성을 강조하는 분위기가 여전히 팽배하다. 이는 자녀 양육에 있어서의 성 역할 태도와 관련된다고 볼 수 있는데, 모성 이데올로기의 개념으로 접근하기 때문이다. 모성 이데올로기는 여성과 남성이 자녀 양육에 있어 차이가 존재한다고 믿으며 여성이 가정에서 자녀와 함께 머물 때 그들의 역할 행동 기대를 충족하는 것으로 보는 개념이다(조숙・정혜정・이주연, 2015).

모성(motherhood)은 어머니, 모성애, 어머니 구실 및 전성(sexuality)까지 포함하는 광의의 개념으로, 여성이 어머니로서 가지는 정신적, 육체적 성질 또는 본능으로 시대와 사회의 변화에 따라 얼마든지 달라질 수 있는 광범위하고 다양한 의미를 내포한다. 이데올로기는 사회적 삶에 연관된 일련의 내부적 신념이다. 따라서 모성 이데올로기란 자녀를 양육함에 있어 여성의 성 역할을 규정하는 용어로 여성과 남성이 자녀 양육에 있어 차이가 존재한다고 믿고 여성이 자녀 양육을 더 잘 수행할 수 있다고 기대하는 것이다.

모성이란 어머니의 고유한 특질이 아니라 특정한 역사적 상황에서 만들어지는 사회적, 문화적 구성물로, 그 시대의 여성들의 역할을 규정하고 통제하는 이데올로기로 간주된다(윤택림, 2001). 이에 우리 사회에 만연한 모성 이데올로기에 대한 비판적인 시각이 필요하다. 과연 어머니의 행복을 무시하고 자녀를 위해 희생하는 것이 자녀와 어머니 모두를 위한 최선의 선택인지, 또한 어머니가 직업을 가지는 것이 자녀의 정상적인 발달을 저해하는 것인지 등에 대한 비판적인 시각이 필요하다. 또한 변화하는 시대에 부합하는 모성에 대한 담론화가 요구되는 바이다.

모성 이데올로기는 아이를 낳고 기르는 것이 여성의 본질적 정체감을 이루며, 더 나아가 여성은 '모성애'라는 생물학적, 태생적 본성을 지니고 있다는 통념으로 정의된다. 또한 그 내적 요소는 친생자 관계의 본능적인 친밀감이고, 육아는 자연스러운 의무로 본다.

그런데 여성들의 경제활동이 증가하면서 여성의 정체성을 집이나 모성의 경계 밖으로까지 구축해 가면서 모성 이데올로기는 새로운 왜곡과 전환이 나타나게 되었다. 더불어 자녀 수의 감소, 교육 수준의 향상, 출산 이후의 지속적인 취업이나 재취업은 여성이 모성 이데올로기에 도전을 하도록 하였다(Lewis, 1990; Wearing, 1984). 그동안 어머니와 자녀 사이에만 형성된다고 믿었던 애착이 아버지와 다른 양육자와의 관계를 통해서도 형성되며, 어머니의 취업이 어머니들을 심리적, 경제적으로 안정되게 하고 어머니 역할 수행에도 긍정적이라는 연구 결과들이 보고되면서, 모성 이데올로기에 대한 도전이 나타나게 된 것이다.

요컨대, 모성 이데올로기는 자녀 양육 수행 시 드러나는 전통적인 성 역할 태도라고 할 수 있으며, 그 속에는 다음과 같은 개념을 포함하고 있다.

첫째, 자녀 발달에 어머니가 결정적인 역할을 하며 주된 양육자는 어머니라고 여긴다. 둘째, 적절한 양육 방식에는 자녀에게 많은 양의 시간, 에너지, 물질적 지원을 아낌없이 주는 것으로, 어머니는 반드시 자녀의 요구를 자신의 요구보다 우위에 두어야 한다. 셋째, 유급의 일과 자녀 양육은 비교의 대상이 될 수 없는데 이는 자녀가 명백하게 더 중요하기 때문이다.

참고자료 2-2

모성 이데올로기의 변천사

- 조선시대 후기 아들의 지위가 자신의 안위를 보장하던 시대에서 조선시대 어머니는 엄격하고 도덕적인 어머니였다.
- 18세기 후반 현모양처의 모성이 등장하였다.
- 1930년대 일제 치하에서는 애국심이 강한 병사의 어머니상이 등장했다.
- 1950년대 한국전쟁 이후 희생을 바탕으로 한 강인한 어머니상이 나타났다.
- 1970년대부터는 '치맛바람'이라는 말이 통용되면서 자녀의 교육이 엄마의 욕심과 비례한다는 현상이 생겨났다.
- 1990년대 치맛바람이 발전되어 로드컨설턴트(학교에서 학원으로, 다시 다른 학원으로 아이를 데려다주는 어머니)라는 개념이 생겼다.

- 2000년대에는 로드 컨설턴트가 더 발전되어 'CEO형 엄마'라는 말이 나왔다.

이런 발전을 거치면서 모성은 계속 변해 왔다.

- 현대 사회에서는 '희생적인' 엄마만을 모성으로 치부한다.
- 다양한 모성이 존재해 왔지만 우리 사회에서 받아들여지는 통념적인 모성은 본능적으로 아이에 대한 모성애를 가지는 '돌보는' 엄마이다.
- 사회는 희생적인 어머니상을 미화하고, 도덕화하고 있다. 이는 남녀의 공동양육을 억제하고 여성에게는 육아에 대한 부담을 더하도록 하는 생각이다.
- 18세기 산업사회 이후에서야 등장한 희생적인 어머니에 대한 개념을 마치 어머니라면 생물학적으로 당연히 가져야 할 것으로 강요하고, 여성의 삶의 기회를 엄마가 되는 것을 중심으로 제한하였다.

*출처: 조숙 외, 2015.

3. 여성, 남성에게 육아를 묻다

참고자료 2-3

'하루가 전쟁'인 맞벌이 부부의 육아 고민

정모(34·여) 씨는 매일 아침마다 전쟁을 치른다. 잠이 덜 깨 밥 먹기 싫다고 칭얼대는 아이에게 억지로 밥을 먹인 뒤 아이의 손을 잡고 친정으로 발길을 재촉한다. 정 씨 부부가 출근한 낮 시간 동안 아이는 친정어머니가 돌본다. 정씨는 '마음 놓고 아이를 맡길 데가 있는 것만 해도 어디냐'며 자신을 달래 보지만 마음은 여전히 무겁다.

어머니에 대한 미안함도 미안함이지만 무엇보다 일과 육아를 병행하기가 쉽지 않기 때문이다. 이런 사정도 모른 채 "둘째는 언제 낳을 거냐?"라고 묻는 사람들을 만나면 화가 치밀어 오른다. 그녀는 "둘째를 또 친정어머니에게 맡길 수도 없고, 그렇다고 회사를 그만둘 수도 없지 않느냐"라고 푸념했다.

*출처: <데일리신문>, 2015.07.15

우리나라의 맞벌이 부부가 10쌍 중에 4쌍 꼴로 급격히 증가하고 있는 가운데, 육아는 여전히 맞벌이 아내의 몫이다. 우리는 언제쯤이면 맞벌이 부부의 남편과 아내가 공동으로 균등한 양육을 담당하게 될까? 그것은 현실적으로 아득한 일인가? 최근 발표된 여성가족부 자료를 보면 맞벌이 부부의 육아공동부담은 아직도 요원한 일로 보인다.

여성가족부가 발표한 '2015년 가족실태조사' 결과 발표 자료 중에서 '12세 미만 자녀를 돌보는 분담'에 대한 자료를 보면 <표 2-1>에서 보여주는 바와 같이, 대부분의 영역에서 '대체로 아내가' 하고 있다는 응답이 압도적으로 많이 나와서 아직도 가정 내에서 남성의 육아 분담이 매우 저조한 상태임을 알 수 있다. 이를 좀 더 구체적으로 살펴보면 다음과 같다.

먼저 자녀 양육에 있어 '밥 먹는 것 도와주기'는 대체로 아내가 하는 편이다 73.3%, 부부가 똑같이 분담한다 18.2%로 나타나서 '밥 먹는 것 도와주기'에 관련된 자녀 양육은 대체로 아내가 하고, 남편은 극히 일부분만 담당하고 있음을 알 수 있다. 그리고 부부가 '공동으로 양육을 담당하는 부분'은 '함께 놀아주기' 한 가지 항목을 제외하고는 극히 저조함을 알 수 있다.

조사된 11개의 항목에서 '대부분 아내가 담당'하는 경향인 것으로 나타났으며, 남편의 분담이 비교적 있는 것으로 나타난 항목은 '함께 놀아주기'에서 남편이 12.4%, '목욕시키기'에서 10.9% 정도이고 그 외는 대부분 아내가 주로 하고 있는 것으로 나타났다. 부부가 똑같이 한다는 항목에서 비교적 높게 나타난 항목은 '함께 놀아주기'만 40.1%로 나타났을 뿐이다.

이 표에서 시사하는 것은 자녀 양육에 관련된 대부분의 일은 아내가 담당하는 업무라는 점이다. 이 조사의 대상에서 일하는 주부가 약 43% 정도라는 점을 감안하더라도 남편의 자녀 돌봄은 매우 미약한 수준임을 알 수 있다. 따라서 향후 남편의 육아 담당 비율이 높아지도록 개선되어야 할 것이다.

〈표 2-1〉 부부 간 자녀 돌봄 분담 정도

(단위 : %)

항목	대체로 남편이	부부가 똑같이	대체로 아내가	해당 없음	전체
밥 먹는 것 도와주기	3.1	18.2	73.3	5.3	100.0
옷 입는 것 도와주기	2.2	16.7	75.3	5.8	100.0
취침 준비 및 재워주기	3.9	18.6	72.0	5.5	100.0
아플 때 돌봐주기, 병원 데려가기	3.4	27.8	68.4	0.3	100.0
숙제나 공부 돌봐주기	3.4	17.0	73.1	6.5	100.0
함께 놀아주기	12.4	40.1	46.0	1.5	100.0
어린이집, 놀이방, 유치원, 학교 등에 데려다주기/데려오기	3.8	15.5	67.8	13.0	100.0
목욕시키기	10.9	23.3	61.5	4.3	100.0
교육(보육)시설 알아보기	3.0	14.7	77.6	4.7	100.0
학교나 보육시설 등의 준비물 챙기기	1.1	9.0	82.5	7.4	100.0
학교와 보육시설 등의 행사 참여, 방문, 봉사활동 등	1.5	13.6	77.0	7.9	100.0

*출처: 여성가족부(2016). 『2015 가족실태조사』.

최근 육아 스트레스와 관련된 신문기사를 보면 '육아 독박 몰라주는 남편에 산모 마음은 휑해집니다'란 기사 제목 아래 혼자 아이를 돌봐야 하는 엄마의 스트레스를 다루고 있는데, 한국의 산모 10명 중 9명은 출산 직후 우울함을 느낀다고 한다(<중앙일보>, 2015.12.10).

인구보건복지협회가 2015년 11월 10일~15일 출산을 경험한 국내 20~24세 여성 1,106명을 대상으로 조사한 결과에서도 응답자의 90.5%가 산후에 우울한 기분을 느꼈다고 답한 것으로 조사되었다. 그리고 33%는 그로 인해 자살 충동을 느껴봤고, 2%는 실제 자살을 시도해 보았다고 답한 것으로 나타났다. 출산 후 6개월은 여성에게 정서적인 문제가 자주 발생하는 시기이고 산모의 85~90%는 '산후 우울감'을 느낀다고 보고되어, 여성들의 육아 스트레스의 한 측면을 보여주고 있다. <표 2-2>는 출산 뒤 나타나는 여성들의 우울증 증상에 대해 단계별로 증상을 소개한 표이다.

〈표 2-2〉 출산 뒤 나타나는 우울증 증상

산후 우울증 단계	증상	산모 경험 백분율
산후 우울감 (1단계) (출산 후 2~4일 뒤 시작되어 5~7일에 가장 심해지며 2주가 지나면 사라짐)	· 눈물이 쉽게 난다. · 화를 잘 낸다. · 건강에 대한 걱정이 많아진다. · 집중력 장애 · 고립감 · 두통 · 불면증	85~90%

산후 우울증 단계	증상	산모 경험 백분율
산후 우울증 (2단계) (산후 우울감과 비슷하지만 우울 증상이 더 심하며 2주 이상 지속)	· 불면증 · 우울한 기분, 죄의식, 무가치한 느낌 · 의욕이 없어진다. · 아기를 잘 돌보지 못하는 것 같은 느낌 · 말하거나 쓰기가 잘 안됨 · 불안· 공황 발작 증상 · 다른 사람에 대한 분노가 많아짐	12~13%
산후 정신증 (3단계) (심각한 정신질환으로 입원치료가 필수)	· 환청 · 심한 불안 증상 · 심한 불면증 · 신이나 외부의 힘이 자신을 조종하는 느낌	0.1%

주: 멜라니 블로커-스톡스 마더스 액트(Melanie Blocker-Stokers Mothers Act): 2001년 딸을 낳은 지 3개월 만에 산후 우울증을 견디지 못하고 자살한 여성의 름을 딴 미국의 법. 국가가 산후 우울증 조기발견 · 치료를 위한 검사와 연구를 해야 한다는 내용을 담고 있다.

*출처: 대한정신건강재단(<중앙일보>, 2015.12.10. 22면).

우리나라는 전체 가구 중 40% 이상이 맞벌이를 하고 있지만, 한국 남성이 집안일을 하는 시간은 중국, 인도, 남아프리카공화국 남성보다 적다는 조사 결과가 보고되고 있다. 여성가족부와 통계청이 발표한 '2015 일-가정 양립 지표'에 따르면, 한국 여성은 하루 평균 가사노동에 227분을 쓴 반면 한국 남성은 45분만 쓴 것으로 나타났다. 이러한 결과는 OECD 회원국 평균(130분)의 3분의 1 수준이고, 조사 대상 29개국 가운데 가장 적은 것으로 나타났다. 덴마크(186분), 노르웨이(184분), 미국(161분), 스웨덴(154분) 등 맞벌이 비율이 우리보다 높은 유럽과 미국 남성들은 가사노동에 적극적으로 참여하는 것으로 나타났으며, 심지어 남녀평등 지수가 낮은 인도(52분), 중국(91분), 남아프리카공화국(92분) 남성들도 한국 남성보다 집안일을 많이 하는 것으로 보고되었다. 즉 한국 남성의 가사노동 참가율이 세계 최하위 수준임을 의미하는 것이다.

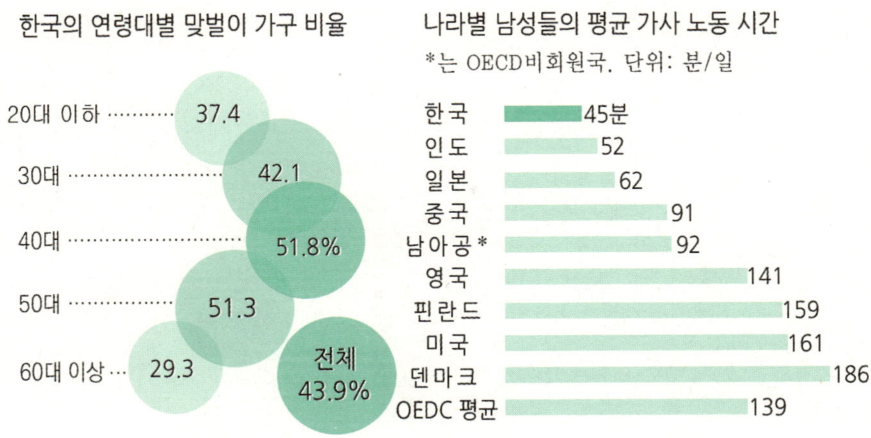

[그림 2-2] '하루 가사노동' 남편 45분, 아내 227분

*출처: <조선일보>, 2015.12.08.

한국 맞벌이 가구로만 따지면, 남성의 가사노동 시간은 하루 40분, 여성은 하루 194분으로 여성이 남성보다 거의 5배 정도의 가사노동을 하고 있다. 이는 10년 전 우리나라 자료와 비교하면, 남편이 집안일 하는 시간이 8분 늘었고, 아내는 14분 줄었지만, 여전히 아내가 집안일 하는 시간이 남편보다 평균 2시간 34분 더 많은 것으로 나타났다. 이러한 현상에 대해 여성정책연구원 분석에서 '가사를 공평하게 분담해야 한다'라고 생각하는 남편 비율은 47.5%지만, 실제로 '공평하게 분담하고 있다'라고 응답한 남편 비율은 16.4%에 불과해서, '젊은 층으로 갈수록 가사 분담에 대한 인식 변화가 나타나고 있지만, 아직은 생각 따로, 행동 따로'인 것을 알 수 있다(<조선일보>, 2015.12.08).

4. 일하는 여성의 양육 스트레스 현주소

참고자료 2-4

워킹맘의 자녀 양육 스트레스

Q. 자녀를 키우면서 힘들었던 점은?

〈사례 1〉 38세 엄마(교사), 자녀 2명

첫아이다보니 육아에 대해 잘 몰라서 시행착오를 많이 겪었고, 아이를 낳기 전에는 퇴근 후에 혼자만의 시간이나 남편과 함께 취미생활을 많이 즐겼는데, 아이를 낳은 후에는 퇴근해도 쉬지 못하고 육아를 계속해야 해서 몸과 마음이 힘들었다.

〈사례 2〉 49세 엄마(회사원), 자녀 2명

배우자의 무관심, 무신경, 함께하면서 도와주지 않는 것이 많이 힘들었다.

*출처: 2015년 11월. 경남 J시 지역 부모 인터뷰 자료.

1) 워킹맘의 양육 스트레스

최근 우리나라의 사회적 변화 가운데 하나인 여성 경제활동 인구의 증가는 맞벌이 부부의 증가 및 가족생활 주기와 가족 기능의 변화를 가져왔다. 직장을 가진 여성은 직장과 가정에서의 책임이 동시에 주어져 여러 가지 역할 수행상의 어려움을 경험하고 있다. 특히 워킹맘은 가정생활과 자녀 육아 및 직장생활에서의 과중한 역할 부담으로 많은 스트레스를 받으며, 전업주부 역시 반복적이고 일상적인 가사활동과 자녀 양육으로 인한 부담감을 경험한다.

주부의 활동은 반복적이고 일상적이며 눈에 잘 띄지 않기 때문에 많은 여성들은 그 역할에서 오는 보상이 적다고 느끼고 가사에 따른 끊임없는 육체적 노동과 자녀 양육으로 인해 자신이 원하는 일을 하지 못한다는 욕구 불만과 좌절감 등을 경험하게 된다. 이처럼 자녀 양육과 관련된 스트레스는 워킹맘이든 전업주부이든 모든 어머니에게 공통된 문제이다. 그러나 자녀 양육에 있어서 보수적인 한국적 특성과 성 역할 태도가 묻어나는 모성 이데올로기의 수용 정도에 따라 그 삶의 질이 부정적이거나 반대로 긍정적인 결과를 양산하게 되며, 그 과정에서 양육 스트레스를 덜어주는 중요한 요인으로 작용하기도 한다.

양육이란 누구나 보편적으로 수행해야 하는 역할로서 다른 중요한 생활에서 벌어지는 스트레스보다 사소하게 인식되고 있다. 그러나 자녀를 양육하는 과정에서 겪게 되는 양육 스트레스는 단편적으로는 개인에게 큰 영향을 주지 못하지만, 이것이 누적되어 만성이 될 때는 큰 스트레스의 근원으로 작용하여 부모의 심리적

복지감은 물론, 부모 자녀관계와 더 나아가 자녀의 발달에 까지 영향을 준다. 또한 양육 스트레스는 일상생활을 통해 경험하게 되는 다양한 스트레스 사건들과 분리시킬 수 없는 개념으로, 양육자의 특성과 양육 대상 및 자녀의 발달단계, 장애 유무, 양육자의 취업 유무 등에 따라 각기 다르게 경험된다.

요컨대 워킹맘의 양육 스트레스는 직장과 가정에서의 이중 역할을 수행하면서 겪는 일상적인 양육 사건에 대한 스트레스를 의미한다. 특히 아동기 자녀를 양육하는 어머니의 취업 유무에 따른 양육 스트레스는 각기 다른 양상으로 드러나며 양육 스트레스를 경험하는 정도에 있어서 큰 차이를 나타낸다. 아내는 연령층을 불문하고 가사 및 육아의 80% 이상을 담당하고 있고, 학력 향상과 취업률 증가에 따라 사회에서의 역할 비중이 커지면서 근대적 성 역할 태도를 보인다. 이에 반해 남편은 가족 체계 내에서 육아와 돌봄 등의 역할 수행을 아내의 몫으로 규정하면서 전통적인 성 역할 태도를 고수한다. 아내에게 역할 갈등을 느끼게 하고, 더 나아가 부부관계에 있어서 갈등을 불러일으키며, 부부의 결혼 만족도에도 영향을 미치는 것으로 나타난다(조숙 · 정혜정 · 이주연, 2015).

양육 스트레스는 부모 역할 수행과 관련된 스트레스로서, 부모들이 자녀를 양육하는 과정에서 겪게 되는 어려움으로 정의할 수 있다. 부모들이 일상에서 느끼는 양육 스트레스는 긴장 상태를 유지하고, 양육 스트레스가 과도할 경우에는 신체 및 건강에 좋지 않은 영향을 미치며, 자녀의 발달에도 부정적인 영향을 미친다. 김미숙 · 문혁준(2005)은 유아기 자녀 어머니의 양육 스트레스가 5점 만점에 3.69점으로 양육 스트레스가 높다고 보고한 바 있다. 또한 최정혜(2016b)의 연구에서는 유아기 자녀를 둔 부부의 양육 스트레스 연구에서 남편은 4점 만점에 평균 1.89점, 아내는 평균 2.01점으로 나타나 부부 모두 양육 스트레스가 중간보다는 낮은 수준으로 나타났다. 그러나 양육 스트레스에서 부부간 차이를 살펴보면 아내가 남편보다 양육 스트레스가 더 높게 나타나 자녀 양육에 있어 아내의 부담이 더 크기 때문에 아내의 양육 스트레스를 감소시킬 수 있는 양육 방안 모색이 필요하다고 제언하고 있다.

특히 자녀가 어릴수록 부모의 양육 스트레스가 높고, 과도한 양육 스트레스는 역기능적 양육 행동을 유발하여 유아의 발달에 부정적 영향을 미치고, 또한 양육 스트레스는 긍정적인 양육 행동을 예측하는 강력한 변인으로 보고된 바 있다(최효식 · 연은모, 2014).

어머니의 양육 스트레스 관련 변인을 보면, 자녀가 어릴수록 어머니의 양육 스트레스가 높다고 보고하였으며, 임순화와 박선희(2010)는 소득이 낮은 집단이 중간소득이나 고소득 집단보다 자녀 양육으로 인한 일상적 스트레스와 부모 역할 부담감에 의한 스트레스가 높다고 하였다. 학력이 고졸 이하인 어머니가 대졸 이상의 학력을 가진 어머니보다 양육 스트레스를 많이 느낀다고 보고하였다. 또한 임현주(2013)는 어머니의 긍정적 심리인 자아존중감이 어머니의 양육 스트레스에 미치는 영향력이 매우 크고, 경제 관련 변인 및 자아 존중감은 어머니의 양육 스트레스에 부적인 영향을 미쳐 이들 변인이 양육 스트레스 감소에 긍정적 영향을 준다고 보고하기도 하였다(최정혜, 2015, 재인용).

워킹맘의 가족 스트레스 연구에서 워킹맘이 가지는 전체 스트레스를 구분하면 부부 역할 스트레스, 가사 관련 스트레스, 부모 역할 스트레스, 자녀 역할 스트레스의 4가지로 구분할 수 있다. 이중 가사 관련 스트레스가 가장 크고, 뒤이어 부모 역할 스트레스가 큰 것으로 나타나서, 워킹맘의 자녀 양육 스트레스가 큰 비중을 차지하고 있음을 보여준다(<표 2-3>).

한편, 워킹맘은 가사와 육아를 담당하는 어머니로서의 역할에 직업인으로서의 역할이 더해지므로 더 큰 스트레스를 경험한다. 워킹맘이 전업주부보다 높은 수준의 양육 스트레스를 경험한다는 연구 결과들(정유진·전귀연, 2014; 조숙 외, 2015; 최정혜, 2016b)이 있다.

〈표 2-3〉 맞벌이 부부 남편과 아내의 가족 스트레스 정도

(N: 150쌍)

구분	남편(150)		아내(150)		paired t-test
	M	SD	M	SD	
전체 스트레스	2.74	(.67)	2.97	(.70)	3.86**
부부 역할 스트레스	2.56	(.76)	268	(.78)	1.73
가사 관련 스트레스	2.70	(.82)	3.18	(.91)	5.64***
부모 역할 스트레스	2.87	(.83)	3.18	(.84)	4.11***
자녀 역할 스트레스	2.81	(.82)	2.85	(.74)	.45

주: **p<.01, ***p<.001.

*출처: 최정혜(2005). 맞벌이부부의 가족스트레스, 대처전략 및 직업만족도-맞벌이 부부 남편과 아내의 비교-. p. 60.

어머니가 지각하는 양육 스트레스는 어머니 자신의 삶의 질을 낮출 뿐 아니라 자녀를 대하는 데 있어서 언어 및 행동에 부정적인 영향을 끼친다. 따라서 어머니의 부정적인 정서 및 태도는 자녀의 문제 행동 및 성격에도 부정적으로 영향을 미치게 되며, 또한 어머니의 양육 스트레스는 저출산에 있어서 하나의 원인으로 작용하기도 한다. 그러므로 현재 사회 문제가 되고 있는 저출산 방지를 위한 방안의 하나로서도 워킹맘의 양육 스트레스를 감소시켜야 할 것이다.

2) 워킹맘의 양육 죄책감

부모는 자녀를 양육하면서 기쁨과 즐거움, 보람을 느끼며 심리적 만족감을 느끼기도 하지만 동시에 자녀에 대한 전적인 책임과 그에 따른 경제적, 정신적, 시간적, 신체적 부담을 가진다. 또한 부모는 자녀를 양육하는 과정에서 자신의 양육 방식이나 양육 행동이 기대에 미치지 못한다고 느낄 경우 심리적인 불만족과 위축, 죄책감 등을 느낄 수 있다.

양육 죄책감이란 자녀 양육의 과정 중에 부모로서의 역할을 다하지 못한다고 느끼는 양육에 대한 양심의 가책, 후회, 수치로 정의된다. 우리나라는 워킹맘이 증가하였음에도 자녀 양육이 여전히 어머니의 역할이라는 전통적인 가치관이 남아 있어, 양육 죄책감을 이야기할 때 아버지보다는 어머니의 양육 죄책감에 대해 주로 논의된다. 이런 측면에서 워킹맘들이 느끼는 양육 죄책감은 자녀 양육이 어머니의 역할과 책임이라고 인식되는 사회 분위기 및 가정에 속한 어머니가 자녀를 전적으로 돌보지 못하거나 소홀히 대한다고 생각하는 경우에 나타날 수 있다. 또한 양육 죄책감은 실제 자신의 양육 행동이 본인이 생각하는 이상적인 양육 행동에 미치지 못한다고 인식하는 경우 유발되며, 어머니의 질 높은 양육 투자에 대한 문화적인 기대로부터 발생하기도 한다. 이러한 자녀 양육에 대한 죄책감이 최근 우리 사회에서 더욱 심화되고 있다.

현대 사회는 도시화 및 핵가족화로 인해 친족이나 이웃으로부터 받았던 양육 지원 네트워크가 과거에 비해 약화되고 워킹맘이 증가함에 따라 양육과 관련된 정책의 방향이 양육 기능의 사회화 및 공적보육화로 빠르게 변화하고 있다. 그 결과 자녀를 보육기관에 맡길 경우 자녀에게 미안함과 죄책감을 느낄 수 있다. 또한 워킹맘의 경우 가정에서 생활하는 시간 동안 자녀에게 질적으로 충분한 돌봄을 제공하지 못하거나 소홀히 대한다고 생각하게 되면 자녀 양육에 대한 죄책감을 느끼게 된다.

어머니의 양육 죄책감에 관한 많은 선행 연구들(김은영·이주연, 2014; 조숙 외, 2015)은 양육 죄책감이 부정적인 양육 행동과 높은 관련이 있음을 보고한다. 즉 양육 죄책감은 어머니의 자존감을 낮추고, 긴장감이나 잘못한 행동에 대한 후회, 양심의 가책 등을 느끼게 하여 어머니의 심리적 건강을 저해할 수 있으며, 결국 자녀에게 부정적 영향을 미친다. 따라서 긍정적 아동 발달을 위해서라도 어머니의 양육 죄책감을 경감시키는 것이 중요하다고 볼 수 있다.

참고자료 2-5

'황혼 육아' 새 풍속도('할빠'와 '할마')

맞벌이 가구가 늘어나면서 남의 손에 맡기지 않고 할머니와 할아버지가 손자를 돌보는 황혼 육아도 급증하고 있다. 엄마와 아빠에 할머니와 할아버지를 합한 '할마', '할빠'라는 신조어가 생길 정도다.

2012년 통계청 자료에 따르면 맞벌이 부부 510만 가구 중 절반가량이 조부모에게 아이를 맡기는 것으로 나타났다. 이미 자녀를 키워 장성시킨 경험이 있지만 노년층에게 손자 양육은 쉬운 일이 아니다.

손자 양육에 나섰다가 골병이 들거나 오히려 자녀와 갈등을 빚기도 한다. 외손자를 돌보고 있는 박 모(54) 씨는 "첫 손자라 처음에는 기꺼이 내가 키우마 했는데 이게 쉬운 일이 아니더라"며 "허리가 안 좋아지고 요새는 소화도 잘 되지 않는 것 같다"라고 호소했다. 이뿐 아니라 양육 방법을 두고 자녀와 불거지는 갈등 스트레스로 조부모들이 우울증에 걸리기도 한다.

*출처: 이슈메이커(ISSUE MAKER), 2015.11.08

5. 일 - 육아 양립의 과제와 전망

참고자료 2-6

일-육아 양립에서 직장을 포기한 엄마

주부 송 모 씨(38)는 6년 전 딸이 초등학교에 입학하면서 10년간 다니던 직장을 그만두었다. 워킹맘으로 살던 시절 송 씨는 친정엄마와 베이비시터의 합동 육아로 아이를 길렀으나, 직급이 올라갈수록 힘들어졌다. 송 씨는 "업무량은 갈수록 많아지는데 아이가 학교에 들어가니 엄마의 손길이 많이 필요해졌다"며 "직장과 아이 둘 중 하나는 포기할 수밖에 없는 상황에서 아이를 택한 것"이라고 말했다.

*출처: <중앙일보>, 2016.05.30

지금까지 살펴본 바와 같이, 직장 일을 하면서 육아를 전적으로 담당하고 있는 워킹맘의 현실을 개선하기 위해서는 무엇보다 남편의 육아 참여가 요구된다. 일-가정 양립 정책을 통해 일-육아 양립을 도모할 수 있을 것이므로 이 측면을 살펴보기로 하자.

먼저 워킹맘의 일-육아 양립을 위해서는 무엇보다 먼저 남성의 육아 참여 의식 개선이 필요하다. 육아 휴직하는 아빠, 근로 시간 단축하는 엄마 등 일-가정 양립은 아빠의 육아 휴직 참여와 엄마의 근로 시간 단축으로 가능할 것이다. 2015년 육아 휴직에 도전한 아빠, 단축 근무로 일도 하면서 육아도 하는 엄마가 늘면서 현 정부의 핵심 개혁 과제 24개 중 하나로 선정하여 추진 중인 '일-가정 양립'분야 제도 활용이 눈에 띄게 증가하였다.

고용노동부의 조사에 따르면 2015년 남성 육아 휴직자는 4,872명으로 전년 대비 42.4% 증가했으며, 전체 육아 휴직자 87,339명 대비 비율은 5.6%로서 전년 4.24% 대비 1.1%p 증가했다. 이는 육아 휴직 대신 일하는 시간을 단축해서 육아를 병행하면서 업무 연속성을 유지하고 소득 대체율도 높일 수 있는 육아기 근로 시간 단축자 역시 '15년 전년 대비 84.7% 증가한 2,061명이 이용한 것으로 나타났다.

[그림 2-3] 아빠의 육아참여 모습

*출처: ⓒ 최정혜.

'2015년도 남성 육아 휴직 이용 실태'를 살펴보면, 남성의 육아 분담에 대한 사회적 인식 및 문화 개선과 정책적 노력에 힘입어 최근 남성 육아 휴직자 및 비율이 꾸준히 증가했으며, 기업 규모별, 지역별, 산업별로 고루 증가했다.

기업 규모별로 보면, 전체 육아 휴직자 수는 300인 미만 중소기업 근로자 비중이 더 높은 것과 달리, 아직 중소기업보다는 근로자 수 300인 이상 대기업 중심으로 늘어나고 있다.

지역별로 보면 남성 육아 휴직자는 수도권(서울, 경기, 인천)에 절반 이상(69.1%)이 집중되어 있고, 공공기관이 많은 대전이 많은 편이나 수도권·대전 이외의 경남, 광주 등의 지역의 증가율이 높아 전국적으로 균형을 찾아가고 있다.

산업별로는 제조업, 출판·방송통신·정보서비스업, 도·소매업 종사자가 많았고, 예술·스포츠 및 여가 관련 서비스업은 증가율이 가장 높았다.

(단위 : %)

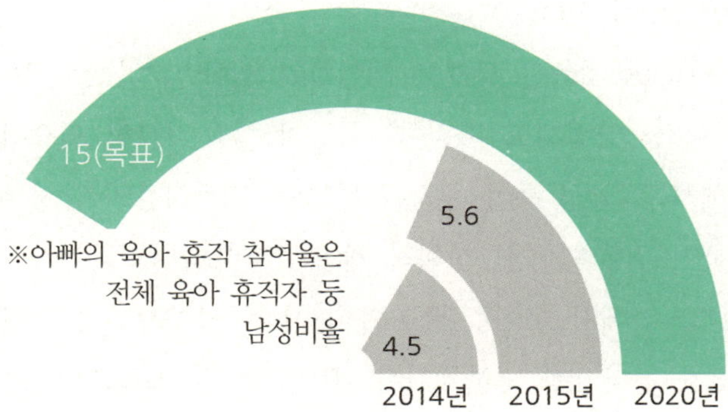

[그림 2-4] 아빠의 육아휴직 참여율

*출처: <중앙일보>, 2016.02.17.

'2015년도 육아기 근로 시간 단축 이용 실태'를 보면, 육아 휴직 대신 일하면서 육아도 할 수 있는 육아기 근로 시간 단축제도의 수요도 꾸준히 늘고 있으며, 특히 육아 휴직과 비교했을 때 상대적으로 300인 미만 중소기업 활용 근로자 비율이 높은데, 이는 육아기 근로 시간 단축 제도가 인력 공백 부담이 상대적으로 큰 중소기업에서 활용도가 높기 때문인 것으로 보인다.

위의 에피소드에서 소개된 바와 같이 일-육아 병행에서 너무 힘들면 일반적으로 워킹맘들은 일을 포기하고 자녀를 선택하게 된다. 부모로서 당연한 선택이다. 그러나 사회 전체로 보면 유능한 직장인이 직장을 포기하고 전업주부로 들어가는 것이 과연 합리적인 선택인지 하는 의문이 든다.

선진국에서는 저출산 해결을 위해 '모든 아이는 국가가 키운다'라는 사회적 합의 아래 임신, 출산, 육아 비용 대부분을 국가 사회보장 체제 내에서 해결한다. 또 아빠 육아 휴직을 의무화해서 맞벌이 가정에서 남녀 간 육아 부담을 균등히 나누게 하는 제도가 일반화되어 있다.

우리나라도 저출산 문제를 해결하기 위한 대안으로 육아 휴직 등 일-가정 양립제도 지원이 어느 때보다 절실히 필요하다. 이를 위해서는 '남성 육아 휴직 의무화'등 노동시장의 남성 중심 관행을 깨기 위한 강력한 정책적 개입이 필요하다.

<표 2-4>에서 보여주는 바와 같이, 여성가족부에서 계획하고 있는 3차 건강가정 기본계획이 예정대로 잘 시행되었으면 한다. 그래서 워킹맘들이 경력 단절이 되지 않고, 육아 스트레스를 덜 받으며 자아실현도 하고, 자녀도 잘 키울 수 있는 멋진 부모가

되는 그런 사회가 되기를 희망한다.

〈표 2-4〉 일 · 가정 양립을 위한 3차 건강가정 기본계획

일 · 가정 양립을 위한 3차 건강가정 기본계획 내용
· 아빠의 달(유급 육아 휴가) 1개월 → 3개월 확대
· 기업 내 배우자 출산 휴가 감독 강화, 적발 시 500만 원 이하 과태료
· 육아 정보 담긴 '예비아빠 수첩' 제작, 산부인과에서 배포
· 출산 휴가와 동시에 육아 휴직 자동 신청되는 자동 육아 휴직제 확대
· 육아 휴직 후 복귀 시 직장 내 관계 회복 업무변화 적응 관련 교육 프로그램 지원
· 출산 휴가 주지 않거나 부당 해고하는 기업, 최고 5년 이하 징역 또는 3,000만 원 벌금
· 매달 육아 참여 모범 아빠 공모, 예방접종 할인권 등 인센티브 지원

*출처: 여성가족부(2016).

제3장

돌봄노동의 사회화 정책과 여성_이혜숙

제3장에서는 돌봄노동의 사회화와 국가별 유형, 한국 돌봄정책의 성격, 돌봄노동과 여성 일자리 현황 등을 여성주의적 입장에서 살펴보고 전망과 과제를 제시하였다. 돌봄노동의 대상은 타인의 돌봄을 필요로 하는 사람들이며 돌봄노동은 사회구성원들의 유지와 재생산을 위해 필수적인 노동이다. 돌봄노동의 사회화 방향은 탈가족화와 제도화를 지향해야 하고 탈젠더화가 이루어져야 것으로 보았다.

1. 돌봄노동의 개념

참고자료 3-1

아버지의 갑작스런 사고로 필자를 포함한 가족들이 지난 3주간 돌아가며 간병을 했다. 간병은 눈에 띄게 하는 일은 없는데, 쉬는 시간도 없는 일이었다. 간병하는 사람은 아픈 사람을 계속 지켜보고, 가능하면 미리 불편한 상황을 방지해야 했다. 최선의 간병은 아무 일도 일어나지 않게 하는 간병이다. 그런데 아무 일도 일어나지 않으면, 아무 일도 하지 않는 것처럼 보인다. 더구나 사람이 아프면 짜증도 걱정도 불안도 많아진다. 아버지가 고통스러워하면, 나는 아무것도 할 수 없음에도, 화장실을 가는 것도, 자는 것도, 먹는 것도 제대로 할 수 없었다. 내가 간병인을 사용했다면 하는 일 없이 돈만 받는다고 생각할 수도 있는 일이었고, 내가 고용된 간병인이었다면 쉴 시간도 없이 일했다고 말할 수 있는 일이었다.

*출처: 천지선(2015).

사람은 태어나면서 죽을 때까지 돌봄의 연속선 속에서 살아간다. 아동기에는 돌봄을 받고 성인기에는 돌봄을 주다가 노인기가 되면 다시 돌봄을 받는다. 돌봄노동은 스스로 자신을 돌볼 수 없는 사람을 돌보는 행위로서 일반적으로 아동이나 노인, 환자들을 그 대상으로 하는 노동이다. 돌봄노동의 대상은 타인의 돌봄을 필요로 하는 사람들이며, 돌봄노동은 사회구성원들의 유지와 재생산을 위해 필수적인 노동이다.

이러한 돌봄노동은 오랫동안 가족에 의해 수행되었는데 남성은 생계를 위한 경제적 부양을 담당하고 여성이 가족 돌봄에서 중요한 역할을 맡았다. 여성의 모성 역할과 가족 내 성별 분업 등과 연결되어 돌봄노동은 여성에게 적합한 영역이라고 규정되어 왔으며 가족 내에서 이루어질 경우 시장 가치로 측정하기 어렵기 때문에 생산활동으로 인정받지 못했다. 그러나 인구 구조, 가족 구조, 노동시장 구조가 바뀌면서 이 같은 성별 분업에 의한 돌봄의 기반이 약화되고 있다.

급격한 산업화로 인한 노동의 유연화와 가족의 불안정성 증가, 핵가족화, 여성의 경제활동 참가의 증가는 가족 내 여성에 의해 주로 이루어지던 돌봄노동에서 긴장과 갈등을 나타나게 하였다(신경아, 2007). 또한 저출산 · 고령화 문제는 돌봄에 대한 국가의 최소 책임과 가족 의존성에서 한계를 나타내게 되었다(윤홍식 · 송다영 · 김인숙, 2011).

정부는 2000년 중반 이후 아동보육에 대한 국가 책임을 강화하는 정책을 내놓았으며 2008년 7월 노인장기요양보험제도를 도입하면서 노인돌봄에 대한 국가의 전면적 개입을 표방하였는데 이와 같은 돌봄의 사회화 정책은 여성의 돌봄부담의 해소와 관련이 있으므로 넓게 보면 여성정책의 성격을 갖는다(허라금, 2006: 117).

이 글은 이런 흐름에 대한 기존 연구의 평가 결과를 참조하면서 돌봄노동의 사회화와 국가별 유형, 한국 돌봄정책의 성격, 돌봄노동과 여성 일자리 현황 등을 여성주의적 입장에서 살펴보고 전망과 과제를 제시해 보고자 한다.

2. 돌봄노동의 사회화와 국가별 유형

1) 돌봄노동의 사회화

돌봄노동의 사회화는 가족 내에서 주로 여성이 무보수로 담당하던 돌봄노동이 공적인 영역으로 나오는 것이다. 돌봄노동의 인정과 가치화에 대한 국가의 정책은 현금급여(수당), 현물급여(서비스) 그리고 시간 지원(휴가)으로 나타난다. 현금을 주요 급여 내용으로 할 경우 아동돌봄에 대한 보상은 양육수당, 육아 휴직 급여, 출산보조금 등을 들 수 있다. 이에 비해 서비스를 급여로 할 경우 국가의 정책 내용은 보육료 지원 정책, 돌봄서비스바우처, 노인장기요양보험의 재가급여와 시설급여 등을 들 수 있다. 서비스 공급 주체는 민간이 될 수도 있고 공공기관이 될 수도 있다(류연규, 2012: 122).

돌봄노동의 사회화는 노동시장에 존재하는 여성과 그렇지 않은 여성, 돌봄을 제공하는 여성과 이용하는 여성, 그리고 계층별 여성의 존재 형태에 따라 다른 이해를 가져오는데(이숙진, 2011: 59), 이에 대한 여성들 간의 이해는 돌봄노동의 사회화에 대한 쟁점이 된다.

〈표 3-1〉 주요 대상별 급여별 돌봄 사회화 방식

대상	현금	서비스	시간
아 동	자녀 양육수당	· 보육서비스 · 산모신생아도우미서비스 (바우처) · 가사간병방문서비스 (바우처) · 아이돌보미 · 지역사회서비스(바우처)	–
노 인	기초노령임금	· 노인장기요양보험제도 · 노인돌봄서비스(바우처)	–
장애인	장애수당	· 장애인활동보조서비스 (바우처) · 장애아동재활치료서비스 (바우처)	–
임금노동자	–	–	· 산전후휴가 (여성) · 육아 휴직 (남녀)

*출처: 이숙진(2011: 58)에서 재작성함.

돌봄노동의 사회화는 돌봄의 문제에 국가가 개입하느냐의 여부와 개입의 구체적인 방식에 따라서 몇 가지 유형으로 구분되며 돌봄의 사회화 방식과 기제에 따라 정책 내용과 성과가 다르게 나타난다(장부년, 2015: 159). 무엇보다 정책의 급여 내용에 따라, 즉 돌봄의 사회화 정책 급여가 현금 형태로 지급될 때와 서비스 형태로 지급될 때 돌봄의 사회화 결과는 다르다. 돌봄의 사회화 급여가 현금으로 지급될 때에는 돌봄노동의 가치를 일정 수준의 사회적 급여를 통해 인정하고 보상하는 방식으로 돌봄의 경제적 부담은 어느 정도 사회화되겠지만 돌봄노동의 주체가 여전히 가족이 된다(류연규, 2012: 120). 돌봄노동의 주체가 가족이라는 것은 주로 여성이 돌봄노동의 주체가 된다는 의미로 (재)가족화 유형이라 할 수 있다. 이러한 돌봄의 수당화는 성별 분업을 약화시키기보다는 강화시키는 경향이 있다. 여성의 양육자로서의 역할을 중시하고 이를 소득 형태로 보존하는 정책인 가족수당(혹은 아동수당)을 초기 도입한 영국(김수정, 2002)의 사례는 자유주의적 경향하에 남성 생계 부양자 모델을 유지하는 나라다. 반면에 스웨덴은 양육수당이 여성들로 하여금 직접 돌봄을 선택하게 함으로써 성평등을 저해한다고 판단하여 보수당 집권과 더불어 1989년에 도입되었던 양육수당을 1996년 사민당의 재집권과 더불어 폐기했다(안현미, 2010: 77).

반면 돌봄의 사회화 정책 급여가 서비스 형태로 제공될 때 돌봄의 경제적 부담뿐만 아니라 돌봄노동의 정신적, 육체적 부담까지 사회화할 수 있는 정책이 되며 탈가족화 유형이 된다. 탈가족화는 가족의 복지 부담을 덜고 가족에 대한 개인의 복지 의존을 감소시키는 정도이다(류연규, 2012: 119).

돌봄의 사회화 정책 급여가 서비스인 탈가족화 유형이라 하더라도 서비스 공급주체가 무엇인가에 따라서도 돌봄의 사회화 결과가 달라진다. 돌봄의 사회화 정책은 국가가 직접 서비스를 제공하여 돌봄노동의 부담을 완화시킬 수도 있고 시장에서 제공되는 돌봄서비스의 구매 비용을 지원함으로써 돌봄노동의 부담 자체를 완화하거나 돌봄서비스 구매에 따르는 경제적 부담을 완화할 수 있다. 그러므로 돌봄의 탈가족화는 두 가지 측면에서 접근이 가능하다. 하나는 개인이 자신의 소득 수준에 따라 개별적으로 돌봄서비스를 시장에서 구매하는 방식인 돌봄의 시장화(상품화)이다. 다른 하나는 국가의 개입을 통해 제도적으로 해결하는 돌봄의 제도화 방식이다(한희선 · 임우연, 2015: 187).

2) 돌봄노동과 국가별 유형

돌봄 의무를 주로 가정에서 담당하는가 혹은 국가가 부담하는가 하는 문제는 국가별로 양상이 다르다. 탈상품화가 노동시장 참여 여부와 관계없이 사회적으로 적절한 수준의 생활을 영위할 수 있는 정도라고 한다면 탈가족화는 가족의 복지 부담을 덜고 가족에 대한 개인의 복지 의존을 감소시키는 정도라고 하겠다(류연규, 2012: 119). 여성주의자들은 탈가족화 개념을 통해 여성이 담당하는 돌봄노동을 고려하고 이에 대한 정책의 국가별 유형을 분류하였다.

(1) 세인즈베리의 유형

세인즈베리(Sainsbury)는 젠더정책체제(gender policy regime)를 통해 국가별 분류를 시도하였다. 즉 남성 생계 부양자 유형, 성 역할 분리 유형, 개별 부양자-양육자 유형으로 나누었다. 세인즈베리의 이러한 구분은 '첫째, 권리가 개인에게 있는지 가족 단위로 있는지, 즉 권리가 혼인 상태에 영향을 받는지. 둘째, 수급권이 전통적인 성별 분업에 근거하는 정도, 즉 여성이 양육자로서 사회적 권리를 갖는 것인지, 아니면 소득자로서 권리를 갖는 것인지. 셋째, 양육을 비롯한 보살핌 요구에 대하여 국가 책임의 범위는 어떻게 설정되었는지. 넷째, 여성의 유급노동에 대한 접근권은 어느 정도인지'(장지연, 2004: 190)에 따른 분류라고 할 수 있다.

〈표 3-2〉 젠더정책체제의 유형(세인즈베리)

구분	남성 생계 부양자	성 역할 분리	부양자-양육자
이 념	엄격한 성별 노동분업 남편=부양자 아내=양육자	엄격한 성별 노동분업 남편=부양자 아내=양육자	공동부담 아버지=부양자=양육자 어머니=부양자=양육자
자 격	부부 간 불평등하게 부여함	성 역할의 차이에 의해 부여함	평등하게 부여함
자격기준	생계유지원칙	가족책임	시민 거주자
복지수혜자	가장 의존자의 부양자	가족부양자로서 남성양육자로서 여성	개인별
세 금	부부합산과세 피부양자 공제	부부합산과세 피부양자 공제	분리과세 평등한 세금감면
고용과 임금 정책	남성 우선	남성 우선	양성을 목표로 함
돌봄영역	사적 책임	사적 책임	강한 국가 개입
돌봄노동	무보수	가정 내 양육자에게 비용 지불	가정의 안과 밖에서 양육자에게 비용 지불

*출처: Sainsbury(1999: 78).

남성 생계 부양자 유형에서 성별 분업은 분명하다. 결혼 상태는 여성의 사회적 권리에 중요한 영향을 미친다. 남성은 부양자로 직접적인 복지수급자격을 가지나 여성은 피부양자의 자격으로 복지 수혜의 대상이 된다. 즉 사회보장은 임금노동자의 가족부양 능력 단절에 대한 보호를 중심으로 이루어진다. 성 역할 분리 유형은 남성은 가족부양자로서 여성은 돌봄노동을 담당하는 양육자로서 혜택을 각각 받는다. 노동시장은 남성 중심으로 이루어지고 여성은 결혼 여부와 관련 없이 돌봄노동에 대해서 양육수당 등의 형태로 국가로부터 보상을 받는다. 개별 부양자-양육자 유형에서는 성 역할이 공유된다. 사회적 권리와 납세 의무가 가족이 아닌 개인 단위로 이루어지며 사회적 권리에 결혼 여부가 영향을 미치지 않는다. 자녀 양육에 들어가는 비용은 공공서비스와 수당으로 공유된다.

(2) 루이스와 오스트너의 유형

루이스와 오스트너(Lewis & Ostner, 1991)는 복지정책에 내재된 여성의 역할에 대한 가정들에 주목하고 여성을 유일한 돌봄 제공자인 어머니/주부로서 간주하는지 아니면 노동자로 간주하는지에 따라 유럽 국가들을 비교하였다. 그리하여 그들은 유럽 국가들을 남성 생계 부양자 이데올로기 강도에 따라 '강한 남성 부양자 모델', '온건한 남성부양자 모델', '약한 남성부양자 모델'이라는 세 가지 유형으로 구분하고 있다. 이 분류에 따르면 영국, 독일, 네덜란드는 여성을 의존적 존재인 어머니로서 인식했다는 점에서 '강한 남성부양 국가'에 해당되며 프랑스는 여성을 어머니인 동시에 노동자로 인식했다는 점에서 '온건한 남성부양 국가'에 속한다. 1970년대 이후의 스웨덴과 덴마크는 '약한 남성부양 국가'에 해당되는데 이들 국가는 두 명의 부양자가 이끄는 가족을 지지하기 때문에 여성을 노동자로 간주하며 노동자들이 자신의 노동에 대해 정당하게 보상을 받는 것처럼 여성들도 어머니로서 돌봄노동에 대한 보상을 받을 수 있다.

〈표 3-3〉 부양규범에 따른 복지국가 유형(루이스와 오스트너)

<table>
<tr><th>구분</th><th>강한 남성부양자</th><th>온건한 남성부양자</th><th>약한 남성부양자</th></tr>
<tr><td>여성과 돌봄노동에 대한 태도</td><td>여성은 시민으로서의 지위보다는 시민남성에 대한 의존적 존재로 규정됨</td><td>여성은 시민이자 노동자로서의 지위로 규정됨

여성의 노동참여를 고취하는 동시에 가족에 대한 강한 지원</td><td>이중부양규범의 지지에 따라 여성은 노동자이자 어머니로서의 지위를 보장받고 보상됨</td></tr>
<tr><td>해당 국가</td><td>영국, 독일,
네덜란드</td><td>프랑스</td><td>스웨덴, 덴마크</td></tr>
</table>

*출처: Lewis & Ostner(1991: 42), 여기서는 이진숙(2015: 88)에서 재인용하여 재작성함.

(3) 라이트너의 유형

사회적 돌봄정책에 초점을 맞추어 국가별 유형을 분석한 라이트너(Leitner)는 탈가족화 이외에 탈젠더화 관점에 따라 정책 결과가 달라질 수 있다고 본다. 가족화란 돌봄이 가족 내에서 혹은 가족구성원이 직접 수행하는 것을 지원하는 정책을 말한다. 가족화의 대표적 방식은 부모휴가, 양육수당 등이다. 반면 탈가족화란 돌봄이 가족 밖에서 이루어지거나 혹은 가족구성원이 아닌 사람들이 돌봄을 수행하는 것을 말한다. 보육서비스가 대표적이다. 라이트너는 아동돌봄에 대해서 가족화 방편으로 부모휴가, 탈가족화 방편으로 3세 이하 보육시설 아동비율 지표를 이용하고 노인돌봄에 대해서는 가족화 방편으로 노인돌봄에 대한 현금급여, 탈가족화 방편으로는 재가 요양서비스 이용률 지표를 이용해 국가별 유형을 분석했다. 라이트너는 아동, 노인돌봄정책을 '암묵적 가족주의', '명시적 가족주의', '탈가족주의', '선택적 가족주의' 등으로 분류했다. 또 탈젠더화 기준을 추가해 가족화 정책이 여성에게만 한정되는 경우 남녀 모두가 가족 돌봄을 할 수 있도록 유도하는 경우를 구분했다. 가족화정책을 하더라도 남녀가 공유하는 방식으로 돌봄제공자의 경제적 독립을 보장하고 일-돌봄 간 선택의 여지를 높이면 탈젠더화를 추구하는 유형으로(스웨덴), 그렇지 않으면 성별화된 가족화 유형(프랑스)으로 구분했다(Leitner, 2003).

〈표 3-4〉 복지국가 유형화와 젠더 관점(라이트너)

유형	암묵적 가족주의	명시적 가족주의	탈가족주의	선택적 가족주의
돌봄 영역	약한 가족화+ 약한 탈가족화 +성별화	강한 가족화+ 약한 탈가족화 +성별화	약한 가족화+ 강한 탈가족화 +성별화	강한 가족화+ 강한 탈가족화 +탈성별화

주: 돌봄정책유형화에 초점. 젠더관점(성별화/탈성별화)을 결합.

*출처: Leitner(2003), 송다영(2015: 425)을 참조하여 재작성함.

라이트너의 유형화는 돌봄정책 지향성에 있어 국가-시장-가족 간 역학에 젠더가 어떻게 작동되는가를 보여준 논의로서 의미가 있다(송다영, 2015: 424~425).

3. 한국 돌봄정책의 현황과 성격

한국에서의 돌봄노동에 대한 사회화 정책에 대해 여기에서는 아동돌봄과 관련된 보육정책과 노인돌봄과 관련한 노인장기요양보험정책을 중심으로 살펴본다.

1) 아동돌봄정책: 보육정책

여성들이 취업 장애 요인의 1순위로 꼽는 것이 육아 부담이다. 여성의 육아 부담을 해결하기 위한 가장 기본적인 지원 정책은 일하는 여성들이 이용할 수 있는 안전한 국·공립 보육시설이다. 1987년 「남녀고용평등법」이 제정되면서 직장 여성의 보육에 대한 법적 근거가 마련되었고 1991년 「영유아보육법」이 제정되면서 영유아 보육이 본격적으로 활성화되었다. 「영유아보육법」은 양육을 사회적으로 책임진다는 인식 아래 국가와 기업주가 취업 여성의 보육을 지원하게 하면서 보육의 사회적 분담에 대한 법적·제도적 기초를 마련하게 되었다. 이후 김영삼 정부는 보육에 대한 수요가 높아지자 '보육시설 확충 3개년 계획(1995~1997)'을 실시하였으며 이 시기 동안 보육시설은 양적으로 팽창하였다. 2000년대에 들어 '보육사업 중·장기종합발전계획(2001)'을 비롯하여 '제1차중·장기보육계획: 새싹플랜'과 그 수정판인 '아이사랑플랜',

'제1차 저출산·고령사회기본계획: 새로마지플랜(2010)'과 '제2차 저출산·고령사회기본계획: 새로마지플랜2015' 등을 연이어 발표했다(김지미, 2013: 15; 장하진·이옥·백선희, 2015: 113~125). 이러한 상황에서 한국의 보육률 수치는 1990년대 10%에 머물다 계속 증가하였고 2014년 현재 한국의 보육률은 0~2세 약 65%, 3~5세 약 90%정도까지 증가하였다(전윤정, 2015: 199~200).

〈표 3-5〉 보육정책의 변화 (1990년~2014년)

연도	0-2세 보육률	3-5세 보육률 (유치원 포함)	0-5세 교·보육 이용률 (유치원 포함)	국·공립 시설 비율	양육수당
1990	-	20.85	11.71	18.76	-
1993	-	22.50	14.54	15.25	-
1995	-	23.14	18.33	11.33	-
1997	-	24.59	24.81	7.53	-
2000	-	26.05	31.85	6.72	-
2001	-	54.52	33.00	6.50	-
2002	-	56.00	36.55	6.01	-
2003	12.4	59.14	39.99	5.50	-
2004	15.9	62.95	44.13	5.01	-
2005	18.3	67.27	48.43	5.19	-
2006	22.0	73.24	55.36	5.62	-
2007	30.7	77.60	57.74	5.67	-

연도	0–2세 보육률	3–5세 보육률 (유치원 포함)	0–5세 교·보육 이용률 (유치원 포함)	국·공립 시설 비율	양육수당
2008	36.3	79.38	59.83	5.45	–
2009	41.6	80.69	62.05	5.39	10–20만 원
2010	50.5	81.40	66.48	5.35	10–20만 원
2011	54.1	83.08	69.45	5.31	10–20만 원
2012	62.0	86.38	75.15	5.18	10–20만 원
2013	63.3	90.21	76.84	5.33	10–20만 원
2014	65.28	89.92	78.02	5.69	10–20만 원

*출처: 통계청(2015), 『장래인구추계 (0세~5세), 통계청, 『주민등록연령인구』(0세~5세)(각 년도), 보건복지부, 『2014보육통계』≫(각 년도), 어린이집 보육아동현황, 교육부, 『교육통계DB』(각 년도), 여기서는 전윤정(2015: 201)에서 재인용.

그러나 이러한 성장에도 불구하고 보육시설 수, 보육아동 수의 증가가 국가의 책임 강화를 의미하는 것은 아니었다. 추상적인 목표로 '공보육', '국가 책임보육'을 지향하고 있었지만 재원조달과 공급주체, 서비스 관리자로서 국가의 책임은 모호하며 공급은 전적으로 민간에 의존하고 있기 때문이다(전윤정, 2015: 200). 다음 그림은 설립주체별 어린이집 시설 비중의 변화를 보여주는데 국·공립 부분의 비율이 낮음을 보여주고 있다.

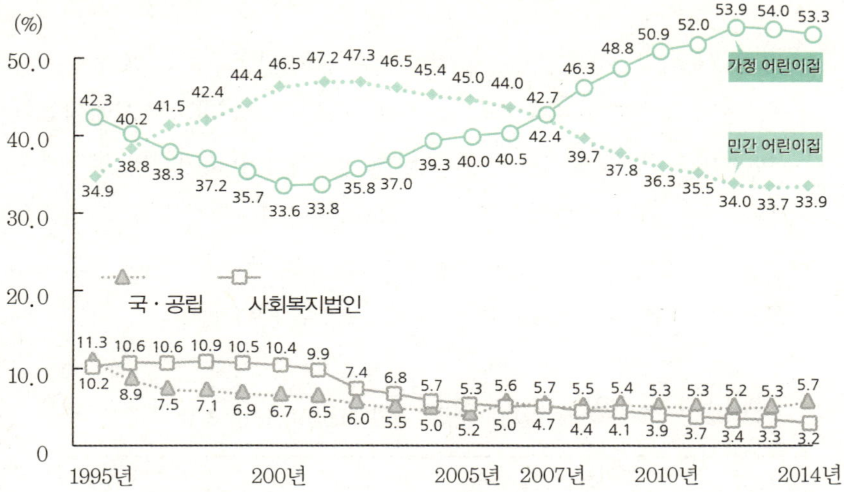

[그림 3-1] 설립주체별 어린이집 시설 비중

*출처: 통계청 · 여성가족부(2015: 6).

2015년 12월 말, 현재 자료를 보아도 전체 어린이집 수는 42,517개인데 가정시설 어린이 집이 22,074개(51.9%)로 가장 많고 이어서 민간이 14,626개(34.4%), 국·공립이 2,629개(6.2%), 사회복지법인이 1,414개(3.3%) 순으로 국·공립 비중은 6.2%에 불과하다(보건복지부, 2016: 2).

한국의 낮은 여성노동시장 참여율과 질 나쁜 보육서비스, 공보육의 미발달 등의 상황에 대해 “복지국가의 지연”(송다영, 2014)을 보여준다는 평가나, 한국 복지정책의 구조가 국가의 개입 증가와 함께 민간 의존과 비용 중심의 정책이 함께 공존하는 “트릴레마 구조”(김수정, 2015)를 보여준다는 평가에서 알 수 있듯이 한국에서 돌봄의 사회화는 아직 보편적인 체제로 정착되었다고 보기는 어렵다. 2008년 이후 보육정책은 "시장화, 개별화, 가족화 강화"(송다영, 2011: 287)의 방향으로 진행되었고 이는 소득수준별, 성별 계층화를 유발하기 때문에 보편적 보육정책의 실현에는 한계가 있다. 보육정책은 몇 차례의 법 개정이나 시설의 양적 확대와 같은 외형적 변화가 있었음에도 불구하고 "아동보육에 대한 가족의 무한 책임, 국가의 최소 개입 원칙에 있어서는 거의 변화가 없었다"(송다영, 2014: 131)라고 볼 수 있다.

〈표 3-6〉 어린이집 설치 · 운영 현황 (2015년 12월 31일 기준)

유형 / 계	국·공립 어린이집	사회복지법인 어린이집	법인·단체 등 어린이집	민간 어린이집	가정 어린이집	부모협동 어린이집	직장 어린이집
42,517	2,629	1,414	834	14,626	22,074	155	785
99.7% (비율)	6.2%	3.3%	2.0%	34.4%	51.9%	0.1%	1.8%

비고: 반올림하여 소수 첫째자리까지만 계산함.

*출처: 보건복지부(2016: 2).

2014년 12월 말 기준으로 전체 직장 어린이집 설치 의무 사업장 1,204개소 중 의무를 이행하고 있는 사업장은 75.0%(903개소)에 불과하며 25.0%(301개소)가 미이행 사업장이다(통계청 · 여성가족부, 2015: 8). 기혼 여성을 위한 일-가족 양립을 위해서는 직장 어린이집이 좀 더 많이 설치되어야 할 것이다. 비용에 대해서도 합리적 지원 관리가 필요하며 육아지원 사각지대라 할 수 있는 오후 8시 전후까지 야간돌봄 지원도 요구된다(유희정, 2015: 51~52).

한국은 보육예산의 증가와 보육대상자의 확대에도 불구하고 여전히 안심하고 맡길 데가 없다는 보육서비스에 대한 불안과 불만이 존재한다. 보육대상자의 확대와 비용 보조에 집중한 보육정책은 이제 재원 충당, 비용 집행에서 어려움을 겪고 있다. 이를 벗어나기 위해서는 "민간 중심의 공급, 비용 지원 중심의 정책을 다시 검토하고 국공립서비스 확충 등 전달체계의 공공성 확보"(김수정, 2015: 64)가 필요하다.

정부는 2013년부터 0~5세 무상보육을 위한 정책으로 보육료 또는 양육수당을 지원하는 정책을 도입했지만 여전히 여성은 믿고 맡길 시설의 부재와 야간보육의 어려움으로 경력 단절이 심화되고 있는 상황이다. 보육은 실질적으로는 여성의 사회 진출이라는 점에서, 자녀 양육을 위한 양질의 서비스 제공이라는 측면에서 여성들의 이해와 밀접히 관련되는 문제인데 이에 대한 젠더관점에서의 논의들이 충분히 진행된 것이 아니었고 이로 인해 이 정책이 여성의 사회 진출에 긍정적인 효과를 가져왔다고 보기 어렵다는 평가도 있다(이진숙・이슬기, 2013).

2009년 9월부터 시행된 양육수당은 시설서비스 중심의 보육정책 기조를 벗어나는 방식의 정책이었다, 이명박 정부에서 보육정책은 기존의 탈가족화 서비스 지원 정책에서 (재)가족화 비용 지원 정책으로 전환하였다. 즉 시설에 보육료나 운영비를 지원하던 기존 방식과 달리 부모에게 바우처로 제공하고 부모가 시설에 비용을 지불하는 방식으로 전환하였기 때문에 보육정책은 서비스 정책으로서 성격보다는 현금급여로서의 성격이 강해졌다. 양육수당은 논의 초기부터 여성계와 시민사회단체들에 의해 지속적으로 비판을 받았다(송다영, 2010). 실제로 시장에서 해소되지 못하는 보육의 욕구를 가족을 통해서 해결하려는 양육수당 정책은 "국가책임 최소화, 시장기제, 가족주의"(송다영, 2014: 136)가 결합한 합작품이라 평가되고 있으며 "첫째, 보육시설을 이용하지 않는 조건으로 지불되는 것이기 때문에 전반적 보육인프라 확충과 보육서비스 발전에 역행할 것이다. 둘째, 아동양육에 대한 경제적 보상의 방식으로 주어지면서 여성의 경제활동 참여를 저해하고 돌봄 자체가 재가족화할 위험성이 있다. 셋째, 수당의 사용이 아동양육보다는 다른 용도로 오용될 수 있다. 넷째, 계층에 따라 보육과 교육 기회에의 접근에서 차단된 아동에게 부정적인 결과를 가져올 수 있다"(송다영, 2014: 136)고 비판받고 있다

돌봄을 위한 휴가의 제도화와 유명무실한 제도 이용도 문제이다. 현재의 휴가휴직 제도는 "첫째, 휴가휴직 제도가 명목상으로는 존재하나 실질적 제도 이용은 미흡하다. 둘째, 휴가휴직 제도가 법적으로 보장된 제도임에도 불구하고 정규직 노동자조차 제대로 사용하기 어려운 현실이다. 셋째, 육아 휴직 제도에 아버지 할당제와 같은 젠더적 설계를 고려하지 않음으로서 남성은 참여하지 않는 반쪽짜리 휴가로 굳어지고 있다"(송다영, 2015: 439~441)고 평가되고 있어 아직 탈젠더화를 이루지 못하고 있다 하겠다.

2) 노인돌봄정책: 노인장기요양보험

노인돌봄에 대한 정책은 2008년 장기요양보험제도의 도입 이후 요양서비스가 확대되고 있다. 장기요양보험제도가 도입되면서 오랫동안 최저생계비 수준의 절대 빈곤층이나 저소득층 노인에게

만 제공되던 공적부조 방식에서 벗어나 노인돌봄에 대한 사회적 개입이 보편주의적 방식으로 전환될 수 있는 기초가 마련되었다. 이 제도는 65세 이상의 노인이나 65세 미만이라도 치매나 뇌혈관성 질환 등 노인성 질병을 가지고 있으며 6개월 이상 동안 혼자서 일상생활을 수행하기 어렵다고 인정되는 사람이 수급대상이 되고 있다. 장기요양급여의 종류는 크게 재가급여, 시설급여, 특별현금급여로 구분된다.

〈표 3-7〉 장기요양의 급여 종류와 급여 내용

<table>
<tr><th colspan="2">급여 종류</th><th>서비스 내용</th></tr>
<tr><td rowspan="5">재가
급여</td><td>방문요양</td><td>· 요양보호사가 가정을 방문하여 요양서비스를 제공
–신체수발: 목욕, 배설, 화장실 이용, 옷 갈아입기 등
–가사지원: 취사, 청소, 주변정돈, 장보기 등</td></tr>
<tr><td>방문목욕</td><td>· 방문목욕차량 등으로 가정을 방문하여 목욕서비스를 제공</td></tr>
<tr><td>방문간호</td><td>· 간호사 등이 의사, 한의사, 치과의사의 '방문간호지시서'에 따라 가정을 방문하여 간호서비스를 제공
–신체상태 파악, 체위변경, 상처치료, 배뇨 및 배변관리 등</td></tr>
<tr><td>주·야간
보호</td><td>· 낮 시간 동안(또는 저녁까지) 기관에서 각종 편의 제공
–식사, 목욕 등 각종 신체수발, 기능회복서비스, 여가서비스 등</td></tr>
<tr><td>단기보호</td><td>· 1회 최장 90일간 시설에서 보호(연간 180일 이용 가능)</td></tr>
</table>

<table>
<tr><th colspan="3">급여 종류</th><th>서비스 내용</th></tr>
<tr><td rowspan="2">재가
급여
(계속)</td><td rowspan="2">복지
용구</td><td>구입</td><td>· 이동변기, 목욕의자, 보행보조차, 지팡이 등</td></tr>
<tr><td>구입
대여</td><td>· 수동휠체어, 전동침대, 수동침대, 욕창예방 매트리스</td></tr>
<tr><td rowspan="2">시설
급여</td><td colspan="2">노인(전문)
요양시설</td><td>· 치매, 중풍 등 질환 노인에게 급식·요양, 기타 일상생활에 필요한 편의를 제공</td></tr>
<tr><td colspan="2">노인요양
공동생활
가정</td><td>· 치매, 중풍 등 질환 노인에게 가정과 같은 주거 여건에서 급식·요양 기타 일상생활에 필요한 편의를 제공</td></tr>
<tr><td>특별
현금
급여</td><td colspan="2">가족요양비</td><td>· 도서 · 벽지 등 장기요양기관이 현저히 부족한 지역, 천재지변이나 그 밖에 이와 유사한 사유, 신체 · 정신 또는 성격 등으로 인하여 가족 등으로부터 수발 받아야 하는 수급자에게 매월 105,000원의 현금을 제공</td></tr>
</table>

*출처: 이진숙(2015: 46).

〈표 3-8〉 노인장기요양보험 인정자 추이

(단위 : 명, %)

구 분	2011년	2012년	2013년	2014년	2015년 6월
노인인구 (65세 이상)	5,644,758	5,921,977	6,192,762	6,462,740	6,610,989
신청자	617,081	643,409	685,852	736,879	761,285
판정자 (인정자 등급 외)	478,446	495,445	535,328	585,386	606,582
인정자 (판정대비 인정율)	324,412 (67.8%)	341,788 (69.0%)	378,493 (70.7%)	424,572 (72.5%)	445,779 (73.5%)
노인인구 대비 인정율	5.7%	5.8%	6.1%	6.6%	6.7%

비고: 연도 말 기준(사망자 제외), 2015년은 6월 말 기준, 인정율=인정자/판정자.

*출처: 국민건강보험(2015: 7).

장기요양보험 인정자 수는 2011년 노인인구의 5.7%인 324,412명이었으나 2015년 6월 현재 노인 인구의 6.7%인 445,779명으로 남성이 121,678명, 여성이 324,101명이다(국민건강보험, 2015: 7).

〈표 3-9〉 노인장기요양보험 인정자 수

(단위 : 명, %)

구분	2015년 6월					
	계	1등급	2등급	3등급	4등급	5등급
인정자 (계)	445,779	36,549	70,335	173,468	149,132	16,295
일반	290,326	24,184	46,043	113,173	95,250	11,676
경감	82,144	6,359	13,516	32,848	26,748	2,673
의료급여	5,401	392	808	2,086	1,926	189
기초수급	67,908	5,614	9,968	25,361	25,208	1,757
남	121,678	10,725	18,751	49,395	38,857	3,950
여	324,101	25,824	51,584	124,073	110,275	12,345

*출처: 국민건강보험(2015: 7).

노인장기요양보험제도 도입 이후 노인돌봄서비스는 지속적으로 늘어나고 있다. 장기요양서비스 인프라 시설급여기관의 경우 2008년 1,700개소에서 2015년 6월 4,985개소로 증가하였으며 재가급여기관은 2008년 6,744개소에서 2015년 6월 12,244개소로 증가하였다(이진숙 · 권정미, 2015: 59; 국민건강보험, 2015: 9).

〈표 3-10〉 연도별 노인장기요양기관 현황(2008~2014)

(단위 : 개소, %)

연도	총계	시설 급여 기관수	재가 급여 기관수[1]	재가급여서비스 종류별						
				소계	방문 요양	방문 목욕	주야간 보호	단기 보호	방문 간호	복지 용구
2008	8,444 (100.0)	1,700 (20.1)	6,744 (79.9)	10,033 (100.0)	4,271 (42.6)	2,942 (29.3)	796 (7.9)	681 (6.8)	613 (6.1)	730 (7.3)
2009	14,556 (100.0)	2,628 (18.1)	11,928 (81.9)	19,066 (100.0)	8,433 (44.3)	6,277 (32.9)	1,106 (5.8)	1,368 (7.2)	786 (4.1)	1,086 (5.7)
2010	14,979 (100.0)	3,751 (25.0)	11,228 (75.0)	19,947 (100.0)	9,164 (45.9)	7,294 (36.6)	1,273 (6.4)	199 (1.0)	739 (3.7)	1,278 (6.4)
2011	14,918 (100.0)	4,061 (27.2)	10,857 (72.8)	19,505 (100.0)	8,709 (44.7)	7,162 (36.7)	1,321 (6.8)	234 (1.2)	692 (3.5)	1,387 (7.1)
2012	15,056 (100.0)	4,326 (28.7)	10,730 (71.3)	19,240 (100.0)	8,500 (44.2)	7,028 (36.5)	1,331 (6.9)	257 (1.3)	626 (3.3)	1,498 (7.8)
2013	15,704 (100.0)	4,648 (29.6)	11,056 (70.4)	19,732 (100.0)	8,620 (43.7)	7,146 (36.2)	1,427 (7.2)	368 (1.9)	597 (3.0)	1,574 (8.0)
2014	16,525 (100.0)	4,867 (29.5)	11,658 (70.5)	20,719 (100.0)	9,058 (43.7)	7,468 (36.1)	1,687 (8.1)	322 (1.6)	585 (2.8)	1,599 (7.7)
2015	17,229	4,985	12,244	-	-	-	-	-	-	-

비고: 1) 재가급여기관 수: 재가급여기관에서 제공하는 서비스 종류를 포함한 기관 수-예시: 1개 재가급여기관에서 방문요양, 방문목욕 2개 이상의 서비스가 가능함.
2) 2015년 재가급여서비스 종류별 현황은 미확인.

*출처: 노인장기요양보험공단, 『각 연도별 장기요양기관현황』, 여기서는 박태영・이진숙・현진희(2015: 60)에서 재인용한 자료와 국민건강보험(2015: 9)의 자료를 참조하여 재작성함.

이용자 규모를 살펴보면 2010년에는 재가이용자 266,047명이며 시설이용자가 115,274명이었다. 2014년 12월 말 재가이용자는 244,877명, 시설이용자 140,20 증가하였다(이진숙・권정미, 2015: 63). 그러나 이용자 수를 급여 형태에 따라 구분해 보면 재가급여의 이용자가 시설급여의 이용자보다 약 2.4배 정도 많다. 이는 노인장기요양보험제도의 도입 이후 시설서비스가 빠른 속도로 확장되었음에도 불구하고 아직 시설인프라가 충분하지 못하고 또한 노인 부양의 책임이 가족에게 부가되는 한국적 상황에서 필연적으로 나타나게 된 결과라고 보여진다(이진숙, 2014: 132).

〈표 3-11〉 노인장기요양보험 시설 수 및 이용자 수

(단위 : 개소, 명)

현황	2010년 12월		2011년 12월		2012년 12월		2013년 12월		2014년 12월	
	재가	시설	재가	시설	재가	시설	재가	시설	재가	시설
시설 수	11,228	3,751	10,857	4,061	10,730	4,326	11,056	4,648	11,280	4,766
이용자 수	266,047	115,274	252,763	131,590	249,204	148,736	271,881	155,868	244.877	140.208

*출처: 정경희 외(2013), 『노인장기요양보험제도 성별 영향 분석평가』, 국민건강보험공단, 『노인장기요양보험 각 연도별 통계연보』. 여기서는 이진숙·권정미(2015: 63)에서 재인용함.

2008년 노인장기요양보험제도가 도입된 이후 노인장기요양보험을 이용하고 있는 노인 수는 2008년 149,656명에서 2015년 6월 409,820으로 증가하였으며(이진숙·권정미, 2015: 63: 국민건강보험, 2015: 9), 65세 이상 노인 대비 요양보험급여 이용자 비율 역시 점차로 증가하였다. 그러나 수급자 비율은 2015년 6월 현재 전체 노인 대비 6.7%에 불과하다(국민건강보험, 2015: 7). 그러므로 실제 요양 욕구에 비해 급여의 보편성이 확보되지 못하고 있다. 이는 신체활동 중심의 엄격한 등급판정체계와 관련이 있는데, 신체활동은 정상적이지만 인지기능이 저하되어 실제로는 가

족의 돌봄이 강하게 요구되는 노인들이 서비스의 대상에서 배제되고 있기 때문이다. 또한 노인돌봄을 위한 탈가족화 정책으로 요양서비스는 확대되고 있으나 여전히 노인 부문도 민간 의존도가 높다는 문제가 있다(송다영, 2015: 437~438; 이호용, 2016).

장기요양보험제도의 경우 아직 미흡한 점이 많은데 서비스 이용 시 가족 유형에 대한 고려가 없고 서비스 이용시간이 제한되어 가족 돌봄을 대체할 수 있는 수준에 이르지 못하고 있다. 또한 노인돌봄서비스(바우처 사업)의 경우에는 저소득층의 독거노인을 주요 사업 대상으로 하고 있고 수혜 대상자의 규모도 적어 일반 노인 돌봄 여성에게 적용되는 서비스라고 보기 어려운 형편이다. 또한 기능 장애가 있는 노인을 정책 대상으로 하고 있어서 일상 돌봄이 필요한 노인 다수를 위한 돌봄 지원으로는 미흡하다고 하겠다(박옥임 · 김경신 · 이주희 외, 2015: 178~179).

노인요양서비스 확대에 있어서의 시장화, (재)가족화에서 획기적으로 경로 재편을 하려는 정책적 개입이 이루어지지 않는다면 돌봄의 사회화라는 정책 방향은 기존 보수주의적 가족주의와 시장 의존 구조로 재수렴되어 갈 가능성이 높다(송다영, 2014: 144). (재)가족화 경향이 지속된다면 가족 내에서 여성이 돌봄노동의 대부분을 맡아서 하는 경향이 지속되고 있다고 볼 수 있다. 또한 제도는 도입되었지만 가족들의 서비스의 이용 가능성이 매우 제한되어 있고 시설서비스에 대한 불신, 가족부양책임에 대한 문화 속에서 동거가족요양보호사가 나타나게 되었다. 2012년의 경우 전체 요양보호사 중 38%가 동거가족요양보호사인 것으로 조사되고 있다(이진숙, 2014: 134~135).

또한 각종 계획이나 정책이 시행되는 과정을 분석해 보면 국가의 최소 개입 원칙이 지속적으로 고수되고 있다. 따라서 국가의 최소 개입은 한편으로는 시장화, 다른 한편으로는 가족책임 기제와 결합하고 있으며 모두 국가가 시장을 통한 책임의 분산, 가족으로의 책임 전가 전략을 활용하는 공통점이 있다고 평가된다(송다영, 2014: 121).

4. 돌봄노동과 여성 일자리

참고자료 3-2

돌봄노동의 특징

1. 사람 및 살아있는 대상을 대면한다.
2. 관계 안에서 노동이 이행된다.
3. 신체적 노동과 더불어서 감정이 많이 요구된다.
4. 노동에 대한 성과가 단시간에 가시적으로 나타나지 않는다.

*출처: 성정현(2015: 263)

돌봄노동의 사회화 정책으로 인해 그동안 가족 내에서 이루어져 왔던 돌봄노동의 시장화와 제도화가 이루어졌으며 그 결과 전문인력 수도 늘고 있다. 돌봄노동 관련 전문인력은 2011년에는 250,851명이었는데 2015년 6월 현재는 총 311,594명이다.

〈표 3-12〉 돌봄노동 전문인력 현황

(단위 : 명)

구분	2011년	2012년	2013년	2014년	2015년
사회복지사	6,133	6,751	7,506	11,298	12,787
의사(촉탁포함)	1,081	1,142	1,233	1,324	1,370
간호사 (조무사 포함)	8,685	9,282	10,168	10,912	11,336
치과위생사	7	7	4	5	4
물리(작업)치료사	1,530	1,626	1,740	1,813	1,892
요양보호사	232,639	233,459	252,663	266,538	283,185
영양사	776	835	918	987	1,020
계	250,851	253,102	274,232	292,877	311,594

비고: 각 직종 내 중복 인원 제거(의사+촉탁의, 물리+작업치료사, 요양보호사1급+2급, 간호사+간호조무사).

*출처: 국민건강보험(2015: 10).

그런데 2015년 12월 말 기준 어린이집 보육교직원 현황을 보면 여성의 비율이 전체의 약 95.5%를 차지하고 있다.

〈표 3-13〉 어린이집 보육교직원 현황(2015.12.31. 현재)

(단위 : 명)

유형 / 계	국·공립 어린이집	사회복지 법인 어린이집	법인·단체 등 어린이집	민간 어린이집	가정 어린이집	부모 협동 어린이집	직장 어린이집
321,067	30,823	18,933	8,637	145,724	105,124	970	10,856
14,447 (남)	942	1,908	725	9,226	1,470	29	147
306,620 (여)	29,881	17,025	7,912	136,498	103,654	941	10,709
95.5% (여성 비율)	96.9%	89.9%	91.6%	93.7%	98.6%	97.0%	98.6%

비고: 보육교직원수: 정상운영중인 어린이집에서 임용, 출산휴가 상태인 보육교직원 수.

*출처: 보건복지부(2016: 4).

이처럼 돌봄노동은 남성보다는 여성의 몫으로 인식되어 돌봄노동이 사회화되더라도 돌봄노동을 주로 여성이 담당하는 돌봄의 여성화 성향을 보이고 있다(권수현, 2013). 현재 한국 사회에서 성인 환자, 장애인, 노인을 가장 가까이에서 직접적으로 돌보는 유급 돌봄도 주로 중장년층 여성들이 수행하고 있다. 2014년 하반기 경기도 돌봄노동 종사자의 성별 분포를 보면 종사자 18만 7천여 명 중에서 여성이 94.1%로 남성에 비해 압도적으로 많은 것으로 나타났다. 특히 간병인의 경우는 전체의 98.3%가 여성이었다(정형옥·남승연, 2015: v). 따라서 돌봄이 시장으로 사회화(상품화)된 이후에도 여전히 돌봄은 여성이 수행하는 일이라는 전통적 고정관념이 지속되고 있다(한희선·임우연, 2015: 184). 이는 돌봄노동의 탈가족화가 일어난다 하더라도 그것이 여성과 여성 사이에서 일어난다는 것을 의미한다. 돌봄노동이 일부 탈가족화 되고는 있지만 탈여성화 되지는 않고 있는 것이다(안숙영, 2012: 133). 이처럼 돌봄 사회화 방식이 사회서비스를 통해 제공되면서 여성들이 돌봄제공자로 고용되었으며 이는 지구적 차원에서 이주여성들을 통한 돌봄노동의 공급으로까지 확대되고 있다(이숙진, 2011: 66).

더구나 국내의 돌봄 분야 일자리는 저임금, 불안정 고용 등 좋지 않은 일자리로서 고착되는 경향을 보인다. 돌봄노동 서비스 부분의 임금 수준은 타 분야 일자리 수준보다 떨어지고 있다. 돌봄의 여성화와 함께 돌봄노동자의 빈곤화 현상이 나타나고 있는 것이다(송다영, 2015: 442). 이는 돌봄노동은 그것이 상품이 되어 유급노동으로 전환된다 하더라도 여전히 여성의 일로 인식되기 때문에 저임금을 피하기 어렵기 때문이다. 또한 돌봄노동 종사자는 일하면서 여러 가지 어려움을 느끼고 있다.

〈표 3-14〉 돌봄노동 종사가자 느끼는 일하면서 어려운 점 (2014년, 경기도)

(단위 : 점)

구분	아이 돌보미	노인 돌보미	산모 · 신생아 건강관리사	초등보육 전담사
일하는 시간 조정 힘들다	2.40	2.14	2.28	2.81
일위해 다니는 시간 너무 길다(출퇴근 포함)	2.22	2.24	2.14	1.77
일 중에 식사 제공되지 않아 힘들다	2.26	2.42	1.68	1.86
일하는 데 추가 비용 많이 든다.	2.21	2.28	1.80	1.81
생각보다 육체적 · 정신적으로 힘들다	2.67	2.76	2.78	2.56
돌보는 사람이나 주변사람이 규정 외 서비스 요구해 힘들다	2.06	2.58	2.38	2.05
일하는 분야의 전문적인 서비스 제공 힘들다	2.15	2.43	2.25	2.08

비고: 점수가 높을수록 어렵다고 느끼는 것임(1점-전혀 아니다, 2점-아니다, 3점-그렇다, 4점-배우 그렇다).

*출처: 정형옥 · 남승연(2015: XXV).

5. 돌봄노동의 탈가족화, 탈젠더화를 위하여

돌봄노동은 오랫동안 가족에 의해 수행되었으며 여성이 가족 돌봄에서 중요한 역할을 맡았다. 그러나 인구 구조, 가족 구조, 노동시장 구조가 바뀌면서 이 같은 성별 분업에 의한 돌봄의 기반은 약화되고 있으며 가족 내 여성에 의해 주로 이루어지던 돌봄노동에서 긴장과 갈등이 나타나고 있다. 돌봄노동의 탈가족화, 사회화가 필요해진 것인데 구체적인 방식은 국가, 시장, 가족의 역학관계 속에서 개별 국가마다 차이가 있다.

돌봄노동의 사회화와 관련해서 정책의 구체적인 방식들을 결정하는 데는 다양한 요인들이 영향을 미친다. 여성의 성 역할과 가족의 책임에 대한 이데올로기, 복지 혜택의 자격 요건이 되는 권리의 성격, 정책과정으로서 국가와 가족 간 돌봄의 책임 분화 양상, 돌봄제공자에 대한 혜택의 정도, 임금노동과 돌봄노동에 대한 접근성 등이다(유해미, 2004: 183~184). 여성주의자들은 돌봄노동의 사회화 방향은 더 이상 여성의 종속 또는 성별 분업을 지지하지 않고 남성 가장 중심의 핵가족에 특권을 부여하지 않도록 재구성되어야 한다고 본다. 또한 여성이 단순히 복지 수혜자로서뿐만 아니라 정책결정자, 서비스 제공자로서 주체적으로 고려되어야 한다. 공적 영역으로서의 여성 참여가 개별 남성에 대한 여성 의존에서 공적 영역으로의 의존이라는 단순한 차원의 이전이 아니라 보다 실질적인 참여를 통해 여성의 자립 가능성을 보장해 줄 수 있어야 한다.

돌봄노동의 사회화는 돌봄노동을 담당하는 유급 여성 일자리와 관련이 있다. 그러나 노동의 질에 대한 고려 없이 여성의 경제활동 참여나 노동자로서의 진출만을 강조하는 방식은 문제이다. 또한 '누가 돌보는가' 하는 문제는 일국적 복지공간을 넘어서서 전 지구적으로 확산되어 나가고 있으며 이는 돌봄노동이 비단 젠더문제만이 아니라 계급문제나 인종문제이기도 함을 의미한다(안숙영, 2012: 132).

이 글은 돌봄노동의 사회화 방향의 국가별 유형을 알아보고 한국에서의 아동과 노인의 돌봄에 대한 사회화 정책의 현황과 성격을 살펴보았다. 그 결과 한국의 경우 각종 계획이나 정책이 시행되는 과정을 분석해 보면 국가의 최소 개입 원칙이 지속적으로 고수되고 있음을 보여준다. 또한 국가의 최소 개입은 한편으로는 시장화, 다른 한편으로는 가족책임 기제와 결합하고 있다. 돌봄노동의 사회화 방향은 탈가족화와 제도화를 지향해야 하고 탈젠더화가 이루어져야 할 것이다. 앞으로의 과제는 다음과 같다.

첫째, 돌봄의 지원 유형은 수당보다는 서비스를 확충하고 사적 부분에서보다는 공적 부분을 확대하며 잔여적이고 선별적이기보다는 보편적인 복지를 제공해야 한다. 이렇게 함으로써 돌봄노동의 (재)가족화나 시장화가 아니라 돌봄노동의 탈가족화, 보편적 제도화가 이루어져야 한다.

둘째, 돌봄노동의 탈가족화뿐 아니라 탈젠더화가 이루어져야 한다. 즉 돌봄의 여성 전담 탈피와 남성의 돌봄 참여가 이루어져야 한다. 남녀 모두 함께 일하고 함께 돌보는 사회로의 전환이 이루어질 때 돌봄정책은 정착할 수 있다. 돌봄의 사회화 정책은 성별 분업의 틀을 바꿀 수 있어야 하며 남녀 모두 보편적 부양자-양육자 체제로의 전환이 요구된다.

셋째, 노동시장의 양극화를 고려해서 좋은 돌봄서비스 일자리를 만들어야 하고 돌봄노동자의 저임금화, 여성화, 고용불안정화와 같은 문제를 해결하기 위하여 돌봄노동이 갖고 있는 전문적 지식과 고유의 가치에 대해서 제대로 평가하여 돌봄노동 일자리의 직업적 위상을 높여야 할 것이다.

제4장

여성의 감정노동_하영미

제4장에서는 우리나라 여성 근로자의 대부분이 강도 높은 감정노동에 노출되어 있는 현실을 고려하여 여성 근로자의 감정노동 실태, 직업건강문제 및 여성 감정노동자를 보호하기 위한 방안을 살펴보고자 한다. 우리나라는 1990년대 이후 서비스업 중심의 산업 구조로 빠르게 변화되고 있는데, 서비스업에 종사하는 비정규직 여성의 비율이 세계에서 유래를 찾아보기 힘들 정도로 매우 높은 편이다. 이렇듯 서비스업종에서 여성의 비율이 높은 이유는 서비스업에서 필수적으로 요구하는 감정노동의 주요 요인인 '돌봄, 응대, 친절'과 같은 요소들이 '여성이라면 누구나 할 수 있는 일'이라고 평가되어 여성에게 서비스업이 적합한 직종으로 인식되고 있기 때문이다. 최근 기업에서 강조하고 있는 '고객 감동'은 사업주가 단순히 고객을 만족시키는 수준을 넘어선 고객 감동을 지향함으로써 여성근로자들에게 과도한 감정노동을 요구하고 있다.

1. 들어가며

'솔' 음정에 맞춘 경쾌한 목소리의 텔레마케터, "고객님, 사랑합니다. 최선을 다해 모시겠습니다"라고 말하는 백화점 직원들의 상냥한 미소는 우리 일상에서 흔히 만날 수 있는 대표적인 감정노동 근로자들의 모습이다. 2013년 포스코에너지 상무의 라면 사건, 2014년 대한항공 땅콩회항 사건, H 백화점 고객의 주차요원에 대한 폭언과 무릎사죄를 요구하는 고객의 갑질 논란 등 지난 몇 년간 일어난 일련의 사건들은 우리나라 서비스업 종사 근로자들의 감정노동 실태가 어떠한지를 세상에 알리는 계기가 되었다([그림 4-1], [그림 4-2]).

[그림 4-1] 2013년 포스코에너지 상무의 라면 사건

특히 지난 2014년 12월에 발생한 대한항공 땅콩회항 사건은 BBC·CNN·AFP 등 전 세계 언론의 조롱거리가 된 사건으로서 승무원이 VIP 고객에게 땅콩을 접시에 담지 않고 봉지째 제공했다는 이유로 이미 항공기가 활주로에 있는 상황임에도 불구하고 항공기를 탑승 게이트로 되돌리고(램프리턴), 승무원을 내리게 한 초유의 사건이었다([그림 4-2]).

[그림 4-2] 20141년 대한항공 땅콩회항 사건

서비스 경쟁력이 기업 경쟁의 핵심요소로 사업주에게 인식되면서 얼마나 우수한 서비스를 고객에게 제공하여 고객을 만족시키느냐가 서비스 경쟁력 확보의 중요한 이슈로 부각되고 있다. 따라서 기업은 고객 만족을 넘어선 고객 감동을 실현하기 위해서 고객과 직접적으로 상호작용하는 근로자들의 감정을 모니터링하고 있는데, 이를 위해서 기업은 근로 근로자의 감정표현규칙을 만들고, 감정표현규칙에 의거하여 고객에게 감정을 표현하도록 근로자들을 통제하고 있다. 오늘날 백화점, 콜센터, 마트 등 수많은 서비스업에 종사하는 근로자들이 고객들에게 보여주는 미소와 공손한 인사는 기업에서 요구하는 중요한 감정 표현규칙이라고 말할 수 있다.

2. 감정노동이란?

감정노동(emotional labor)은 미국 사회학자 혹실드(Ally R. Hochschild) 교수가 1983년 『감정노동: 노동은 우리의 감정을 어떻게 상품으로 만드는가The managed heart: Commercialization of human feeling』라는 책을 통해 처음 사용하게 되었다. 혹실드 교수는 델타항공기 승무원들이 고객의 감정을 좋게 유지하기 위해서 자신의 실제 감정을 어떻게 억제하고 조절하면서 자신의 일을 수행하는지를 묘사하면서 감정노동이란 말을 처음 사용하였다. 감정노동은 직장생활에서 인간관계를 원만하게 하기 위해 자신의 감정을 관리하고 일상생활에서 자신의 감정을 조절하는 감정관리와는 구별되는 개념이다. 즉, 감정관리 활동이 개인의 사적인 영역인 데 반해서, 감정노동은 개인의 사적인 영역에서의 감정관리 활동을 넘어서 조직과 같은 공적인 영역에서 불특정 다수의 소비자를 대상으로 관리된 감정을 판매하는 상품화된 노동력의 일부가 된다. 이렇듯 근로자가 조직의 규범에 따라 자신의 감정을 통제하고 정해진 표현규칙에 따라 자신의 감정을 표현해야 하는 현상을 '인간감정의 상품화(commercialization of human feeling)'라고 한다. 즉, 감정노동은 '직업상 고객을 대할 때 자신의 감정이 좋거나 슬프거나 화나는 상황이 있더라도 회사에서 요구하는 감정과 표현을 고객에게 보여주는 등 고객응대 업무를 수행하는 것'으로 근로자의 감정이 상품의 가치를 평가하는 주요한 요소로 작용하는 것을 말한다.

3. 우리나라 감정노동의 특징

우리나라는 1970~1980년대 제조업 중심의 고도성장기를 거쳐 1990년대 이후 서비스업 중심의 산업 구조로 변화되면서 서비스 산업이 전체 산업의 60% 이상을 차지하고 있을 정도로 서비스 산업의 비중이 빠르게 높아지고 있다. 일반적으로 서비스산업은 제조업을 제외한 거의 대부분의 업종을 포함하고 있는데, 대표적인 서비스산업으로 유통서비스(교통, 통신, 도소매 서비스업), 생산자서비스(은행, 보험, 부동산, 회계, 법률서비스 등), 사회서비스(병의원, 교육, 복지, 우편, 기타 사회서비스), 개인서비스(호텔, 식음료, 세탁, 이·미용, 오락, 기타 개인서비스)로 크게 분류하고 있다(최병두, 2001: 172). 대부분의 서비스업에서 감정노동을 요구하고 있지만, 특히 사회서비스와 개인서비스업에 감정노동이 집중되어 있는 편이다.

서비스업의 팽창은 노동력 구조에도 큰 영향을 미쳤는데, 우리나라의 서비스업에 종사하는 감정노동자의 경우'비정규직'의 비율이 현저히 높은 편이며, 외국에서 유례를 찾아볼 수 없을 정도로 여성의 비율이 높다. 서비스업종에서 여성의 비율이 높은 이유는 서비스업에서 거의 필수적으로 요구하는 것이 감정노동인데 이러한 감정노동은 여성의 성 역할에서 자연스럽게 습득된 자질로 보기 때문이다. 즉, 감정노동의 주요한 요인인 돌봄, 응대, 친절과 같은 요소들은 여성이라면 누구나 내재된 자질이라고 평가받기 때문에 남성적 자질로 대표되는 숙련과 기술보다 감정노동을 낮게 평가한다. 또한 감정노동은 '여자라면 누구나 할 수 있는 일', '여자가 더 잘할 수 있는 일'이라는 여성에게 적합한 직종으로 인식되고 있어서 노동시장에서 감정노동은 저평가되고 있다(박홍주, 2006). 임금과 승진을 결정하는 주요 요인은 숙련도와 기술인데, 친절함·미소·배려 등의 감정을 가지고 행하는 감정노동은 숙련도 혹은 기술과는 무관하다고 저평가되어서 감정노동자들의 노동은 저임금으로 이어지게 된다. 결국 여성이 집중되어 있는 감정노동 업종에서 임금이 낮은 이유는 여성들의 감정노동을 여성의 내재된 성향으로 보기 때문에 노동시장에서 노동능력으로 인식되지 않기 때문이다.

최근 기업에서 강조하고 있는 '고객 감동', '감성경영'은 사업주가 단순히 고객을 만족시키는 수준을 넘어선 고객 감동을 지향함으로써 근로자들에게 과도한 감정노동을 요구하고 있다. 기업은 근로자가 어떤 감정을 어떻게 표현해야 하는지에 대해서 감정표현규칙을 개발하여 근로자에게 강요하고 있는데, 감정표현규칙에 따라 근로자는 긍정적인 감정을 표현하거나 부정적 혹은 중립적인 감정은 억제하도록 교육받고 있다. 예를 들면, 콜센터 근로자의 경우 고객과 전화가 연결되는 순간부터 상담사는 밝고 경쾌한 목소리로 인사말을 전하고, 계절별로 인사말을 준비하여 고객과의 첫인상을 좋게 만들기 위해서 노력해야 한다(김경희, 2011).

사업장에서는 근로자들의 감정노동 상황을 관리하기 위해서 사업장 특성에 맞게 다양한 감정노동자 모니터링 제도를 운영하고 있는데, 서비스업종에서 대표적으로 운영되는 감정노동자 통제수단이 미스터리 쇼퍼(mystery shopper) 제도이다. 미스터리 쇼퍼에 의한 모니터링은 직원의 친절도, 서비스, 상품지식 등에 대한 평가 및 고객 만족도를 수시로 파악한다. 실제 대부분의 근로자들은 고객을 향한 과도한 감정노동도 힘들지만, 조직차원의 서비스 품질관리 제도인 미스터리 쇼퍼와 같은 모니터링 제도가 때로는 더욱 감정노동 근로자들을 힘들게 한다고 호소하고 있다(<표 4-1>).

〈표 4-1〉 L 백화점 판매직 모니터링 평가지표와 항목

항목	지표	세부항목	배점(평가)
1. 바른 자세로 고객 맞이하기 (택 1개 조사)	· 대기자세 · 선, 후 고객 응대태도 및 친절성	· 3가지 항목 (일대일 대응) · 4가지 항목 (복수고객응대)	· 100점~60점 · 100점~40점
2. 고객과 눈 마주치면 인사하기	· 인사시점 및 인사말 (택 1개 조사)	· 5가지 항목 (일대일 대응) · 3가지 항목 (복수고객응대)	· 100점~60점 · 100점~60점
3. 친절하게 안내하기	· 친절한 안내 · 정확한 안내	· 4가지 항목 (일대일 대응) · 3가지 항목 (복수고객응대)	· 100점~60점 · 100점~60점
4. 언행 예절	· 응대 어투, 호칭/경어 사용	· 5가지 항목	· 100점~60점
5. 고객응대	· 상품탐색 배려 · Selling 화법 제공	· 4가지 항목 · 5가지 항목	· 100점~60점 · 100점~60점
6. 교환 환불 문의 및 처리	· 교환, 환불 문의 · 교환, 환불	· 4가지 항목 · 5가지 항목	· 100점~60점 · 100점~60점
7. 배웅 인사	· 인사말과 친절성	· 4가지 항목	· 100점~60점
8. 체감만족도 (의사소통)	· 고객의사소통	· 1가지	· 100점~60점
9. 체감만족도 (진정성)	· 진정성 여부	· 1가지	· 100점~60점
10. 체감만족도 (재방문)	· 재방문 의향	· 1가지	· 100점~60점

주1: 1) L 백화점 전화응대 모니터링(평가)는 크게 3가지 항목이며, ① 최초 응대 10점(벨소리 2회 이상), ② 응대태도 60점(공손하며 친절한 말투 20점, 고객의 눈높이를 맞춘 설명 20점, 편안한 분위기 연출 20점), ③ 마무리 응대 15점(상황에 맞는 통화 종료, 연결 시 정확한 안내)으로 되어 있다.
2) 한편, C 백화점 평가지표는 기본 서비스 평가(70%, 23가지 기본 항목 및 가감 9가지 항목)와 감성 서비스 평가(30%, 4가지 항목)으로 구분된다.

*출처: 한국노동사회연구소(2014). 『한국사회 감정노동 실태와 개선방향 연구』.

4. 감정노동의 현황

우리나라에서 감정노동에 종사하는 근로자의 정확한 숫자는 알려져 있지 않다. 이렇듯 감정노동 종사자의 비율을 정확하게 파악하지 못하는 이유 중 하나는 '고객을 어느 정도 응대해야 감정노동에 종사한다고 말할 수 있는가'에 대한 사회적 합의가 이뤄져 있지 않기 때문이다. 예를 들면, 근로 시간의 대부분을 평이한 고객을 직접 상대하는 업무에 종사하는 근로자를 감정노동 종사자로 볼 것인가 혹은 화가 난 고객을 1시간 상대하는 관리자를 감정노동에 종사하는 근로자로 볼 것인가 하는 부분에 대한 전문가들의 의견이 서로 다르기 때문이다. 감정노동 근로자들의 건강증진과 삶의 질 향상을 위해서는 감정노동 근로자의 규모에 대한 파악과 감정노동 종사자의 범위에 대한 명확한 기준 정립이 선행되어야 한다.

2013년 고용노동부 산하 안전보건공단에서 발표한 '감정노동 근로자의 건강관리방안 연구'에 의하면 우리나라 전체 임금 근로자 1770만 명 중 거의 절반에 가까운 43.5%(740만 명)의 근로자들이 '현재 근무시간의 절반 이상을 고객을 직접 상대하고 있는 감정노동자'로 분류되고 있다. 여기에 근무시간의 1/4 이상을 화가 난 고객이나 환자를 다루는 근로자까지 합친다면 그 숫자는

100만 명 정도 더 늘어나 834만 명까지 추정되고 있어서 상당히 많은 숫자의 근로자가 감정노동을 수행한다는 것을 알 수 있다.

일반적으로 감정노동자로 분류되는 대표적인 직종을 꼽자면 '판매 종사자'와 '서비스 종사자'로 볼 수 있다. 판매 종사자는 백화점과 할인마트의 판매원, 보험영업원, 여행사 가이드, 레크리에이션 강사 등이 포함된다. 서비스 종사자의 대표적인 예로 콜센터 직원, 금융서비스 종사자, 항공기 승무원, 간호사, 음식서비스업 관리자 등 매우 다양한 직종에서 근무하는 사람들이 감정노동자에 포함된다. 그러나 판매 종사자와 서비스 종사자 이외에 음식점을 운영하는 음식점 및 주점업 종사자, 택시나 버스운송업에 종사하는 운송업 종사자, 보육교사 등과 같은 교육 서비스업 종사자들도 노동 과정에서 감정적인 부담감과 자신의 감정을 통제하거나 억제하게 되기 때문에 다양한 업종에 종사하는 근로자들이 감정노동에 종사한다고 볼 수 있다.

2015년 한국고용정보원에서 발표한 자료에 따르면 감정노동을 수행하는 상위 직업과 불쾌하거나 화난 사람을 상대하는 일이 많은 직업에 텔레마케터가 1위를 차지하는 것으로 나타났다([그림 4-3], [그림 4-4]). 특히 텔레마케터는 언어폭력과 성희롱 발언 등으로 인해 다양한 감정노동을 경험하는 것으로 잘 알려졌다. 예를 들면, 1명의 고객으로부터 욕설과 막말이 섞인 수십 통의 전화를 받아도 "고객님, 사랑합니다"로 전화를 받아야 하고, 먼저 전화를 끊지 못하고 끝까지 친절하게 응대해야 하며, 고객의 항의전화에 텔레마케터가 "고객님의 마음을 상하게 해드렸다면 정말 죄송합니다"라고 말했지만 사과하는 태도가 맘에 들지 않는다면서 수십 통 전화를 하면서 막말을 퍼붓는 경우 등 텔레마케터의 감정노동 일화는 수없이 많다.

1 RANK 텔레마케터(전화통신판매원)
2 RANK 호텔관리자
3 RANK 네일아티스트

순위	직업	순위	직업
4 RANK	중독치료사	13 RANK	검표원
5 RANK	창업컨설턴트	14 RANK	치과위생사
6 RANK	주유원	15 RANK	고객상담원
7 RANK	항공사발권사무원	16 RANK	의료코디네이터
8 RANK	노점 및 이동판매원	17 RANK	바텐더(조주사)
9 RANK	취업알선원	18 RANK	해양경찰관
10 RANK	커리어코치	19 RANK	자동차부품기술영업원
11 RANK	신용추심원	20 RANK	법무사
12 RANK	상점판매원	21 RANK	건설견적원(적산원)

[그림 4-3] 감정노동 수행 상위 직업

*출처: 한국고용정보원(2015).

불쾌하거나 화난 사람 상대하는 일이 많은 직업은?

RANK	직업
1	텔레마케터
2	경찰관
3	보건위생 및 환경검사원
4	항공기객실승무원
5	항공권발권사무원
6	인명구조원
7	경찰관리자
8	상점판매원
9	검표원
10	선박객실승무원, 경호원

[그림 4-4] 불쾌하거나 화난 사람을 상대하는 일이 많은 직업

*출처: 한국고용정보원(2015).

5. 감정노동과 건강의 관계

여성의 경제활동 참여가 늘어나고 있지만 여성이 속한 일터의 대부분은 서비스업, 판매업에 집중되어있는 편이다. 이러한 서비스업과 판매업에 종사하는 여성은 제조업에 종사하는 남성보다 덜 유해한 환경에서 작업을 수행한다고 평가받으며 건강 문제도 소홀히 대접받고 있다. 서비스업과 판매업에 종사하는 여성 근로자들은 단순 반복 작업으로 인해 다양한 근골격계 질환에 시달림에도 불구하고 제조업 남성 근로자의 중량물 취급과 관련된 요통만큼 큰 관심을 받지 못하는 실정이다. 특히 여성의 상당수가 서비스업 혹은 판매업에 종사하고 있으며, 이들 여성 근로자의 대부분이 강도 높은 감정노동에 노출되어 있는 현실을 고려할 때 여성 근로자의 건강 문제에 대한 관심이 필요하다.

감정노동은 서비스산업의 성장과 함께 현대 사회에서 새롭게 주목받는 노동의 한 형태로 빠르게 부각되고 있는 직업적 유해인자 중의 하나이다. 감정노동 근로자들은 감정노동에 종사하면서 정서적 부조화(emotional dissonance)를 자주 경험하게 되는데, 정서적 부조화는 내적 정서와 기업이 요구하는 감정표현규칙 사이에 충돌이 발생할 때 일어난다. 이러한 정서적 부조화에 만성적으로 노출될 경우 과도한 직무스트레스로 인한 낮은 직무만족,

높은 직무소진, 높은 이직을 경험하게 되고, 우울, 불안, 공황장애 등 다양한 신체적·정신적 건강 장애가 나타날 수 있다.

감정노동 근로자들에게 나타날 수 있는 대표적인 정신건강 장애로 우울, 불안과 공황장애가 있다. 전국서비스산업노동조합연맹이 서비스업 종사자 3,096명을 대상으로 감정노동 실태를 조사한 결과 26.6%가 심리상담·정신과 치료 필요한 우울증세를 겪는 것으로 나타났다. 이는 2015년 질병관리본부의 발표 자료에서 우리나라 전체 성인의 6.6%가 우울증을 앓고 있는 것에 비하면 감정노동자의 우울증 비율은 4배 정도 높다는 것을 알 수 있다. 이렇듯 감정노동 근로자들에게 우울, 불안과 같은 정신적 건강 장애가 나타나는 이유는 감정노동 근로자들이 고객과의 갈등이 발생할 때 고객의 요구가 부당함에도 불구하고 기업의 감정표현 규칙에 따라 자신의 내적 감정을 억제하도록 요구받음으로 인해서 분노와 불안과 같은 부정적 정서를 경험하고 이것이 장기적으로 반복되었을 경우 높은 수준의 우울을 경험하게 되기 때문이다.

감정노동 근로자들은 과도한 직무스트레스와 작업장 내 폭력 등의 문제에 자주 노출될 수 있다. 과도한 직무스트레스는 불면증, 생리불순, 소화불량, 만성두통과 같은 다양한 신체증상을 유발할 수 있고, 심혈관계의 과부하로 인해 고혈압과 심장질환 유병율이 높은 것으로 잘 알려져 있다. 직무스트레스는 심혈관질환을 일으키는 방아쇠 역할을 하며, 동맥경화를 유발하는 위험 요인으로 작용한다. 즉, 스트레스 상황에 처할 경우 신체는 아드레날린과 코티졸이라는 스트레스 호르몬이 분비되고, 이들 호르몬의 증가는 혈압과 콜레스테롤을 높임으로써 심혈관 건강에 악영향을 미친다.

6. 감정노동자를 보호하기 위한 방안

최근 기업의 감정노동자 인권보호에 대한 노력이 늘어나는 추세이다. 예를 들면 '블랙컨슈머 대응 매뉴얼(C 아울렛)', '사원 존중 고객 만족 매뉴얼(L 마트)', '감정노동자 보호 매뉴얼(L 백화점)', '금융회사 감정노동자 보호법 시행' 등 고객과 근로자를 보호하기 위한 각종 매뉴얼과 법령들이 개발되고 있다. 또한, 감정노동자들을 위한 다양한 힐링 프로그램(스트레칭, 힐링요가, 아로마요법, 손마사지, 원예요법 등), 회사 내 동호회 활동 지원, 상담센터(혹은 L 백화점 힐링센터), 휴식시간과 휴식공간 마련, 자유로운 의사소통 창구 등을 자체적으로 운영하고 있는 사업장도 있다. 하지만 대부분 이런 프로그램들은 기업의 여건이 좋은 대규모 사업장 근로자들에게 제공되고 있어서 중소 규모 사업장에서는 혜택을 받기가 어려운 실정이므로, 여건이 열악한 중소 규모 사업장에 종사하는 근로자들의 감정노동 실태와 감정관리에 대한 관심이 필요하다.

감정노동 종사자를 보호하기 위해서 사회 각계각층에서 다양한 노력들이 이어지고 있지만 필요한 방안으로는 다음과 같다. 첫째, 내 친구 내 이웃일 수 있는 감정노동 종사자를 보호하기 위해서 '행복하고 건강한 직장문화 구축과 사회구현'에 대한 인식 개선이 선행되어야 한다. 둘째, 감정노동 종사자를 보호하기 위해서 기업주, 소비자, 근로자가 함께 협력하고 노력해야 한다. 먼저 기업주는 감정노동자를 보호하고 이들의 근로조건을 향상시키기 위한 인식 개선과 노력이 필요하며, 소비자들은 감정노동자를 배려하고 존중하는 소비자 문화가 개선되어야 한다. 또한 근로자는 스스로 감정노동으로부터 자신을 보호하기 위한 지식과 기술을 습득하는 노력을 기울여야 한다. 셋째, 정부, 안전보건공단, 전문가 단체는 감정노동 종사자들을 보호하기 위한 다양한 제도적 장치와 연구, 실현 가능하고 실질적인 정책을 마련해야 한다. 2016년 7월 「산업재해 보상보험법 시행령」 별표3 '업무상 질병에 대한 구체적인 인정기준'에 감정노동 업무 중에 발생한 사건 또는 스트레스로 인해 발생한 적응장애 또는 우울병을 인정 기준에 추가한 것은 고무적인 현상이라고 볼 수 있다.

[읽을거리]

- 1. 앨리 러셀 혹실드(2009). 『감정노동: 노동은 우리의 감정을 어떻게 상품으로 만드는가』. 이매진 컨텍스트.

[볼거리]

- 1. 영화 카트(cart, 2004) : 대형마트에서 일하는 비정규직 감정노동자들의 이야기
- 2. 영화 핸드폰(2009) : 대형유통업체에서 감정노동에 시달리는 관리자의 심리를 잘 묘사

제 2 부

직장과 여성

제5장

성 역할 고정관념이 깨져야 유리천장이 깨진다_부수현

제5장에서는 실재하는 여성의 진로장벽 및 유리천장에 대해 살펴본다. 이는 비록 가시적으로 드러나는 것은 아닐지라도, 사회적 규범과 암묵적 압력의 형태로 여성의 진로를 제한하는 데 결정적인 역할을 한다. 여기서 중요한 것은 사회화 과정을 거쳐 성 역할 고정관념이 성 역할 정체성으로, 그리고 개인의 가치관으로서 내재화된다는 데 있다. 따라서 사회 전반에 걸친 교육과 학습이 중요하며, 일과 가정에 대한 전통적인, 즉 전근대적인 인식과 고정관념부터 바꿔야 할 필요가 있다. 특히 여성의 진로장벽이 여성에게만 국한된 문제가 아니라, 저출산 및 고령화의 문제를 안고 있는 우리 시대의 중요한 문제라는 점도 간과하지 말아야 할 것이다.

1. 들어가며

유리천장(glass ceiling)이란 '여성과 소수민족 출신자들의 고위직 승진을 막는 조직 내의 보이지 않는 장벽'을 말한다. 이 개념의 핵심적인 의미는 '겉으로 드러나지 않지만 결코 깨뜨릴 수 없는 것'이며, 대표적으로 적용되는 사례는 '남성에 뒤떨어지지 않은 역량과 자격을 갖춘 여성이 사회 또는 조직 내에서 암묵적으로 용인되는 관행이나 고정관념(즉, 여성에 대한 부정적인 신념과 인식)으로 인해 차별적인 대우를 받는 상황'이다. 두산백과에 따르면, 유리천장이라는 용어는 1979년 미국의 경제주간지 <월스트리트저널>에서 여성 승진의 어려움을 다룬 기사에 처음 등장하였고, 1986년 동일한 잡지에 실린 다른 기사를 통해 재등장하면서 널리 알려졌다. 이를 계기로 1991년 미국 정부는 성 차별을 해소하고 여성들의 사회 진출을 제도적으로 독려하기 위해 유리천장위원회(The Federal Glass Ceiling Commission)를 만든 바 있다. 최근에는 여성뿐만 아니라 소수민족 출신자들이나 종교적 특성을 가진 사람들에게 주어지는 사회적 제약 상황에까지 확대하여 사용하고 있다.

이러한 유리천장이 경제활동 영역 안에서 벌어지는 차별적 사회현상을 설명하는 경제적 용어이자 사회적 용어라면, 진로장벽

(career barriers)은 유리천장에 대응하는 학술적으로 널리 통용되는 개념이다. 구체적으로, 진로장벽이란 '직업선택 또는 진로목표를 실현하는 것을 방해하는 내적 요인 및 외적 요인'을 말한다(손은령, 2002). 초기에는 한 개인이 직업 및 직장에 적응하는 데 어려움을 불러일으키는 다양한 요인들을 통틀어서 '방해 조건(thwarting condition)'으로 제안되었다. 이후, 많은 연구자들이 비슷한 방해 요인들을 '장벽(barriers)'으로 개념화하였고(Fitzgerald et al., 1995; Luzzo, 1997; Swanson & Tokar, 1991), 이에 관한 연구 결과가 축적되어감에 따라 진로장벽이라는 개념으로 통합되어 왔다(유성경 · 김은석, 2015). 개념적 차원에서, 이러한 진로장벽은 외적으로 드러나는 혹은 환경적으로 주어지는 실질적 방해 요인들뿐만 아니라, 한 개인이 지각하는(perceived) 또는 직접적으로 드러나지 않은 잠재적 요인들까지 포괄하는 개념이다. 또한 한 개인이 가지고 있는 혹은 스스로 통제할 수 있는 개인적 요인(예: 외국어 능력, 학업성적, 성격특성 등)들 뿐만 아니라, 그 개인이 소속되어 있는 사회나 문화적 맥락에 의한 요인(예: 사회규범, 고정관념 및 차별)들까지 통괄하는 개념이기도 하다.

여기서 중요한 것은 유리천장이나 진로장벽이 경제활동 영역에 진입하는 데 발생하는 제약을 의미하는 것이 아니라, 경제활동 영역 안에서 적응하거나 더 나은 위치(예: 고위직)로 승진하는 데 발생하는 차별적 제약을 의미한다는 것이다. 실례로, 최근에 이르러 여성의 사회 진출은 전 세계적으로 일반화되어 있다. 종교적 혹은 사회문화적 특수성에 의해 여성에게 매우 심한 사회적 제약이 주어지는 나라들도 여전히 존재하지만, 대부분의 나라들에서 여성의 사회 진출은 보편화되어 있을 뿐만 아니라, 그 과정에서의 성차도 크지 않다(OECD, 2012). 그럼에도 불구하고, 문제는 사회경제적 지위의 높은 수준(예: CEO, 고위관료, 정치인 등)에서 여전히 대부분의 국가에 성차가 발생한다는 점이다. 여전히 대부분의 국가에서 여성 CEO는 상대적으로 드물며, 여성이 고위관료나 정치인으로 활동하는 것 역시 제한적이다. 우리나라 역시 마찬가지이다. 오늘날 우리 사회에서 여성이 경제활동에 참여하는 것은 매우 일반적인 것이지만, 여전히 여성은 사회경제적 지위에서 약자의 위치에 처해 있고(Eckes, 1994), 여전히 여성이 일을 통해 자아를 실현하고 사회 및 조직을 이끌어나가는 것에 대한 보이지 않는 제약과 장벽이 존재한다(Luzzo, 1995).

이러한 문제를 해결하기가 쉽지 않은 이유는 매우 다양한 요인들이 매우 복잡하게 상호작용하여 문제를 일으키고 있기 때문이다. 구체적으로, 한 개인이 직업적 혹은 사회적 높은 위치에 오르는 데는 그 사람이 가지고 있는 고유한 특성이나 성향, 능력이나 역량 그리고 주변조건이나 자원, 더 나아가 사회문화적 맥락이나 규범 등과 같은 다양한 요인들이 상호작용하여 영향을 미친다(Glick & Fiske, 1997). 또한 일반적으로 더 높은 사회경제적 지위에 오르는 사람들은 상대적으로 극히 적은 소수이며, 이들이 그 지위를 획득하는 과정 및 수단이 합법적이거나 공정한 규칙에 따른 것인지의 여부 역시 다른 사회적 문제를 불러일으키기도 한다(Brockner et al., 2007). 즉, 성별뿐만 아니라 사회경제적 조건이나 인종 혹은 민족적 특성, 심지어 종교적 특성도 높은 사회경제적 지위를 획득하는 데 차별적으로 작용할 수 있다. 그럼에도 불구하고, 우리가 여성에게 주어지는 유리천장 혹은 진로장벽의 문제에 특별히 주목해야 하는 이유는 다음과 같다.

첫째, 성별에 따른 차이와 차별은 구분되어야 한다. 지금까지 수많은 연구들이 성차에 대해서 다루어 왔고, 생리적 및 심리적 성차가 뚜렷하게 나타나는 증거들도 지속적으로 제기되고 있지만, 대개의 경우 성차보다 개인차가 더 크다. 특히, 주목해야 하는 것은 특성의 차이가 결과의 차별로 연결되는 것이 논리적 비약일 뿐만 아니라, 사회적으로도 공정하지 않은 처사임을 모두가 인식하고 있음에도 불구하고, 이러한 연결이 자동적으로 연상된다는 점이다(Correll et al., 2002). 예를 들면, 여성이 더 정서적인 성향을 보인다고 해서, 집단을 위한 의사결정에서 유약할 것으로 판단하거나, 심지어 그럴 가능성이 있기 때문에 여성에게 집단의 리더를 맡기지 못하도록 하는 것이 바로 그것이다.

둘째, 일-중심적 사고에서 일-가정 양립적 사고로 하루빨리 전환되어야 할 필요가 있다. 우리 사회의 많은 사람들이 경제활동의 영역에서 발생하는 일을 판단할 때, 일-중심적인 사고에 갇혀 있다. 예를 들면 생산성을 중시하는 논리, 직무와 기능, 역할과 책임을 강조하는 가치관 등이 이에 해당한다. 이러한 일-중심적 사고가 문제가 되는 이유는 여성에게 '출산과 육아로 인한 업무적 손실'의 멍에를 씌우기 때문이다. 실례로, 취업정보 전문서비스 업체인 사람인에서 조사한 결과, 우리나라 대부분의 기업 인사담당자들이 직원을 채용할 때 성별을 고려한다고 보고하였는데, 여성의 제한점으로 가장 많이 언급하는 것이 '출산과 육아로 인한 업무 손실'이었다. 이러한 사고는 직업장면에서 여성에게 차별적 제한으로 작용될 뿐만 아니라, 남성을 출산과 육아(가정)로부터 분리시키는 결과를 가져오는 것이기도 하다(김난주·권태희, 2009; Guest, 2002). 특히, 최근에 더욱 극심해지고 있는 저출산-고령화 사회의 문제를 고려할 때, 일-중심적 사고는 근본적인 해결책을 제시하기 어려울 뿐만 아니라, 어려운 사회·경제적 환경을 더욱 악화시키는 결과를 가져올 뿐이다.

셋째, 여성에 대한 유리천장과 진로장벽의 문제는 어느 한 사람 혹은 어느 한 집단만의 문제가 아니라, 우리 사회 전반적인 맥락, 규범, 그리고 문화에 관련되어 있다(유성경·김은석, 2015). 특히 이러한 사회적 특성은 가시적으로 드러나는 것이 아니라 암묵적으로 작용하는 것이기 때문에 그 실체를 파악하고 문제를 해결하는 데 많은 어려움을 불러일으킨다. 따라서 직업장면에서 여성이 겪는 문제는 단지 여성만의 문제가 아니라 우리 사회 전체의 문제이며, 보이지 않은 실체를 명확하게 규정하고 그것이 작동하는 원리나 과정에 대해 심층적인 접근이 필요한 문제이다. 이러한 관점에서, 본 장에서는 먼저 다양한 기관들에서 발표한 통계자료를 통해 우리 사회에 실재하는 유리천장에 대해 접근해 보려고 한다.

2. 우리 사회에 실재하는 유리천장

1) 경제활동 영역에서의 성차

<표 5-1>에 요약한 바와 같이, 통계청 조사 자료에 따르면, 2015년 10월에 비해 2016년 10월에는 전체적으로 경제활동 참가율과 취업률이 소폭 증가하였지만 실업률도 소폭 상승하는 역설적인 결과를 보였다. 전반적으로, 조사기간 동안 남성의 경제활동 참가율과 취업률은 70%를 넘어서지만, 여성의 경우에는 50%에 그치고 있다. [그림 5-1]은 이를 가시적으로 표현한 것이다. 덧붙여, 2015년 이전에도 이와 유사한 추세를 보여 왔다.

〈표 5-1〉 2015~2016년 성별 경제활동 참가율 및 취업률 비교

성별	시기	인구 (천명)	경제활동 (천명)	경제활동 참가율(%)	취업률 (%)	실업률 (%)
남	2015. 10	21,136	15,609	73.9	71.5	3.2
	2016. 10	21,332	15,827	74.2	71.7	3.4
여	2015. 10	22,014	11,529	52.4	50.8	3.0
	2016. 10	22,180	11,672	52.6	50.9	3.3

*출처: 통계청(2016).

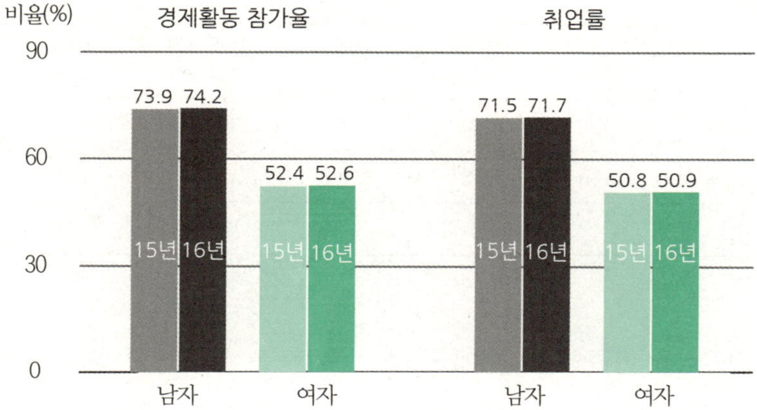

[그림 5-1] 2015~2016년 성별 경제활동 참가율 및 취업률 비교
*출처: 통계청(2016).

반면, 실업률의 경우에는 남성과 여성 모두 3%대이며, 그 차이는 상대적으로 크지 않다. 이를 종합해 보면, 취업을 하고 싶지만 일자리를 구하지 못한 사람들의 비율은 남녀 차이가 없으나, 경제활동 참여율이나 취업률은 남자가 여자보다 20% 이상 높다. 바꿔 말하면, 남성은 25% 정도가 경제활동에 참여하지 않는 반면, 여성의 경우는 46%가 경제활동에 참여하지 않는다는 것을 의미한다. 이는 여전히 우리 사회에서 남성이 경제활동의 주역이며, 여성이 보조적인 위치에 있다는 점을 시사한다.

세부적으로, <표 5-2>의 고용노동부에서 발표한 2015년 근로형태를 살펴보면, 남성의 경우 정규직 비율이 73.6%이고 비정규직 비율은 26.4%에 지나지 않는다. 반면, 여성의 경우에는 정규직 비율이 59.0%에 그치고 비정규직 비율은 41.0%에 달한다.

〈표 5-2〉 성별에 따른 근로형태 비교

성별	임금근로자 (천 명)	정규직 (천 명)	비율 (%)	비정규직 (천 명)	비율 (%)
남	11,008	8,102	73.6	2,906	26.4
여	8,619	5,081	59.0	3,538	41.0
계	19,627	13,183	67.2	6,444	32.8

*출처: 고용노동부(2015).

정규직을 기준으로 볼 때, 남성이 61.5%를 차지하는 반면, 비정규직의 경우에는 여성이 54.9%를 차지한다. 이는 성별에 따른 불균형이 명확하게 드러나는 사례라고 할 수 있다. 이러한 결과는 [그림 5-2]에 가시적으로 표현하였다.

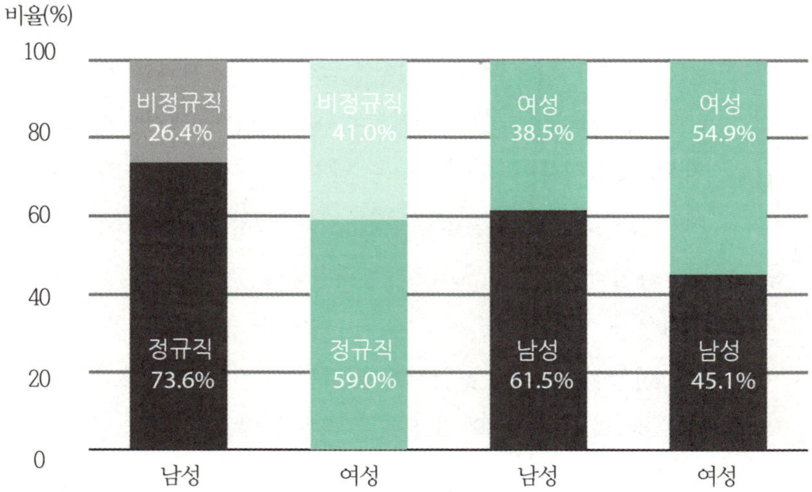

[그림 5-2] 성별에 따른 근로형태 비교

*출처: 고용노동부(2015).

더 나아가 사업장 규모에 따른 근로자 수, 평균 근속년수, 월급여 등을 구체적으로 살펴보면 경제활동 영역에서의 성차가 더욱 명확하게 드러난다. <표 5-3>은 고용노동부가 발표한 2015년 자료를 재정리한 것이다. 먼저, 사업장 규모별 근로자의 성별을 살펴보면, 5~9인 사업장의 경우, 남성이 57.8%이고 여성이 42.2%이다. 그러나 보다 큰 규모의 사업장의 경우에는 대략적으로, 남성의 비율이 60% 이상인 것에 반해, 여성의 비율은 30%에 그치고 있다. 특히, 500인 이상 대기업의 경우에는 남성의 비율이

〈표 5-3〉 사업장 규모에 따른 성별 근로자수, 평균근속, 월급여, 평균연령 비교

사업장 규모	성별	근로자수	비율 (%)	평균근속 (년)	월급여 (원)	평균연령
5 ~ 9인	남	967,706	57.8	5.2	2,582,989	43.8
	여	705,527	42.2	3.6	1,776,564	39.8
10 ~ 29인	남	1,483,194	61.7	5.5	2,871,414	43.3
	여	921,123	38.3	3.9	1,932,506	40.7
30 ~ 99인	남	1,490,893	65.0	6.4	3,036,649	41.5
	여	801,934	35.0	4.6	2,061,221	41.7
100 ~ 299인	남	1,009,995	66.6	7.6	3,262,399	41.0
	여	506,687	33.4	4.7	2,197,781	39.7
300 ~ 499인	남	265,775	63.9	9.1	3,674,121	39.9
	여	150,119	36.1	5.4	2,423,593	35.5
500인 이상	남	949,176	70.8	11.7	4,495,228	40.0
	여	391,561	29.2	7.2	3,078,602	33.7

*출처: 고용노동부(2015).

무려 70.8%에 달하는 반면, 여성은 29.2%에 지나지 않는다. 사업장의 규모와 성비의 불균형이 일관적인 패턴을 보이는 것은 아니지만, 전반적인 차원에서 사업장의 규모가 커질수록 성비의 불균형이 심화되는 경향이 있는 것은 사실이다. 이에 대한 자료는 [그림 5-3]에 가시적으로 표현하였다.

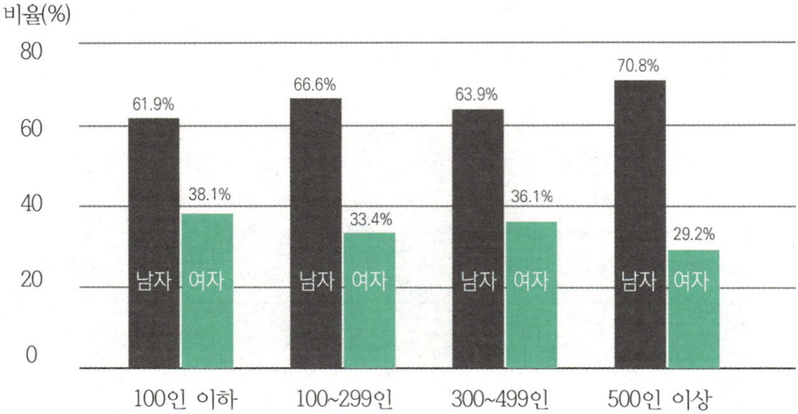

[그림 5-3] 사업장 규모에 따른 성별 근무자수 비율

*출처: 고용노동부(2015).

다음으로, 사업장 규모에 따른 월급여의 성차를 살펴보면 경제활동 영역에서 성별-불균형 문제가 더 심각한 것을 알 수 있다. 전반적으로, 모든 규모의 사업장에서 남성이 여성에 비해 높은 월급여를 받는 것으로 나타났다. 먼저, 100인 이하 사업장의 평균을 기준으로 보면, 남성은 283만 원을 받지만 여성은 192만 원밖에 받지 못하는 것으로 나타났다. 이것은 평균적으로 남성이 여성보다 평균 90만 원을 더 받는다는 것을 의미한다. 더 나아가

100~299인 사업장의 경우, 남성은 326만 원을 받는 반면, 여성은 219만 원을 받는다. 또한 300~499인 사업장의 경우에도 남성은 367만 원을 받지만, 여성은 242만 원밖에 받지 못한다. 이러한 차이는 500인 이상 사업장에서 더 커진다. 이 경우, 남성은 449만 원을 받지만 여성은 이보다 140만 원 적은 307만 원을 받는 것으로 나타났다. 정리해 보면, 소규모 영세 사업장의 경우 성별에 따른 월급여 차이가 100만 원 미만이지만, 사업장의 규모가 커질수록 이 차이가 증가하여, 결국 그 차이가 140만 원 이상으로 벌어지는 것을 알 수 있다. 이에 대한 결과는 [그림 5-4]에 정리하여 제시하였다.

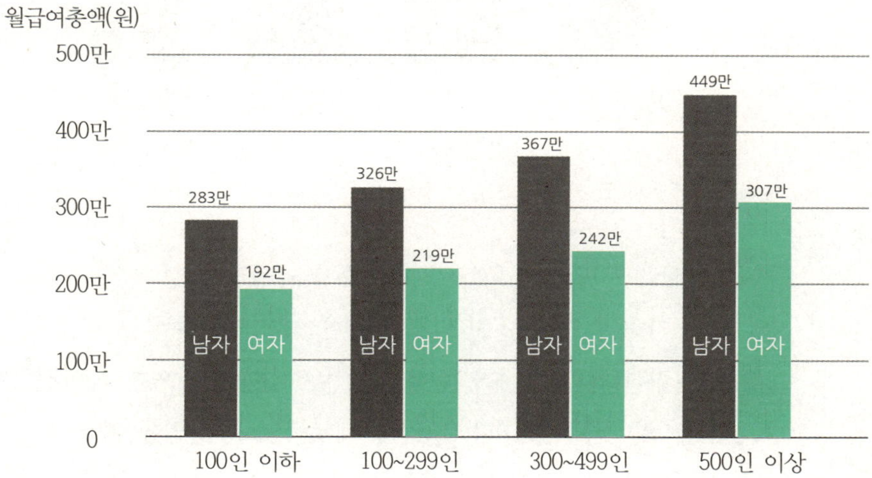

[그림 5-4] 사업장 규모에 따른 성별 월급여 총액

*출처: 고용노동부(2015).

그렇다면, 이러한 임금 격차가 발생하는 이유는 무엇인가? 기본적으로 정규직과 비정규직에 따른 임금의 차이에 기인하는 것일 수도 있지만, 실제로 더 중요한 문제는 근속년수의 차이에서 찾아볼 수 있다. 사업장 규모에 따른 근속년수의 성차는 [그림 5-5]에 요약하여 정리하였다.

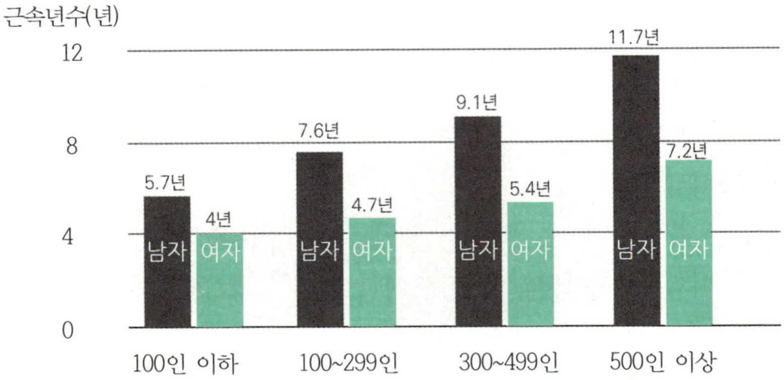

[그림 5-5] 사업장 규모에 따른 성별 근무년수

*출처: 고용노동부(2015).

기본적으로, 사업장의 규모가 커질수록 남성과 여성 모두 근속년수가 증가하는 경향을 보인다. 이것은 대기업일수록 안정적인 고용이 이뤄질 뿐만 아니라, 근로자들의 직무만족도 또한 높아진다는 것을 의미하는 것이다. 그러나 세부적으로, 성별에 따른 차이를 살펴보면 간과하기 힘든 문제현상이 드러난다. 먼저 100인 이하 규모의 사업장의 경우, 남성의 근속년수 평균은 5.7년이고, 여성의 근속년수 평균은 4년으로 대략 1.7년의 차이를 보인다. 100~299인 규모의 사업장에서는 근속년수 평균의 차이가 2.9년,

300~499인 규모의 사업장에서는 근속년수의 성차가 3.7년으로 점점 늘어난다. 마지막으로, 500인 이상의 대기업의 경우에는 남성 근속년수 평균이 11.7년에 달하는 데 반해, 여성의 근속년수 평균은 7.2년에 그친다. 결과적으로 대기업에서 근속년수 성차는 4.5년에 달하는 것으로 나타났다.

이를 종합하여 보면, 전반적으로 남성의 근속년수에 비해 여성의 근속년수가 짧다는 것이 명확하게 드러나며, 이러한 경향은 사업장의 규모가 커질수록 더욱 명확하게 나타난다. 더 나아가, 이는 앞서 살펴봤던 성별에 따른 월급여의 차이를 설명하는 단서가 된다. 일반적으로 높은 직급으로 승진할수록 근속년수가 늘어날 뿐만 아니라, 월급여 역시 증가하기 때문이다.

2) 경제활동 영역에서 성차의 의미

조사 결과에 따르면 경제활동에 참여하는 남성의 비율이 여성에 비해 높으며, 이러한 경향은 취업률에서 동일하게 나타난다. 이는 여전히 남성이 경제활동의 주체로서의 역할을 하는 반면, 여성은 보조적 지위에 머무르고 있다는 것을 의미한다. 더 심각한 문제는 성별에 따른 고용의 차이 및 보수의 차이에서 찾아볼 수 있다. 구체적으로, 남성과 여성 모두 정규직 비율이 높지만, 남성의 비율이 7:3(정규직:비정규직) 수준을 보이는 반면, 여성은 6:4의 비율을 보인다. 특히, 주목해야 하는 것은 전체 정규직 인원에서 남성의 비율이 60%가 넘는 반면, 비정규직의 경우에는 여성의 비율이 55% 가까이 된다. 또한 사업장 규모에 따라서 전체 근로자 중에 여성이 차지하는 비율이 점차 낮아지는 경향을 보이며, 여성들이 평균적으로 더 적은 월급여를 받고, 더 적은 근속년수를 보이는 것으로 나타났다.

간략하게 정리하자면, 경제활동 영역에서 여성은 상대적으로 남성에 비해 더 낮은 지위에 있는 것으로 볼 수 있다. 구체적으로, 정규직에서 차지하는 비율이 낮으며, 더 적은 보수를 받고 더 짧게 근속한다. 이를 토대로, 여성의 경우 남성보다 정규직으로 취업하기 어려울 뿐만 아니라, 장기적으로 근속하거나 고위관리직으로 승진하기가 더 어렵다는 것을 단정 지을 수는 없다. 하지만 반대로, 경제활동 영역에서 남성과 여성이 동등하다는 결론 역시 내리기 어렵다. 이러한 관점에서 다음과 같은 의문을 가져본다. '과연 이러한 차이가 남성과 여성의 직무역량이나 조건(예: 학력이나 경력 등)에서 본질적인 차이 때문일까?' 이에 대한 직접적이고 실증적인 해답을 내놓기는 어렵겠지만, 다음과 같은 자료를 통해서 간접적으로 논의해 볼 수는 있을 것이다.

3) 성별에 따른 기본역량 차이

성별에 따른 직무역량의 차이를 정확하게 비교하거나 종합적으로 평가할 수 있는 지표는 찾아보기 어렵다. 그럼에도 불구하고, 다음과 같은 몇 가지 자료들은 성별에 따른 역량 차이를 가늠해 볼 수 있는 기준이 될 수 있다. 먼저, 대학수학능력시험은 고도로 표준화되어 있는 점수일 뿐만 아니라, 업무에 필요한 기본적인 능력을 간접적으로 보여줄 수 있는 좋은 지표라고 할 수 있다. 이러한 관점에서, 한국교육과정평가원이 발간한 2016학년도 대학수학능력시험성적을 세부적으로 살펴보려고 한다. 이에 관한 결과는 [그림 5-6]에 요약하여 정리하였다. 전반적으로, 수학 B를 제외한 나머지 모든 영역에서, 여학생들이 남학생들보다 높은 점수를 받았다. 국어 A의 경우는 여학생이 평균 2.6점이 높았고, 국어 B의 경우에는 평균 5.4점이 높았다. 또한 영어 역시 여학생이 평균 2.8점이 높았으며, 수학 A에서도 평균 1.4점이 높았다. 유일하게 수학 B에서만 남학생의 성적이 더 높았는데, 그 차이는 평균 0.5점에 불과하다. 이러한 차이가 통계적으로 얼마나 유의한지는 그다지 중요한 문제가 아니다. 오히려 평균적인 의미에서 남학생과 여학생의 차이는 그리 크지 않다고 보는 것이 더 타당하며, 대부분의 과목에서 여학생이 남학생보다 높은 성적을 받는 것이 분명한 사실이라는 점이 더 중요한 의미를 갖는다.

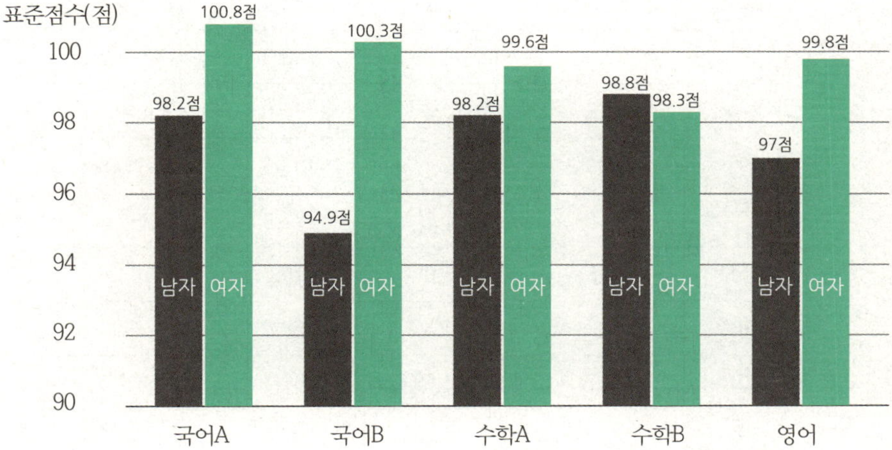

[그림 5-6] 2016 대학수학능력시험 표준점수 성차

*출처: 한국교육과정평가원(2016).

이러한 결과를 반영하듯, 통계청에서 발표한 대학진학률을 살펴보면 최근 여학생들의 약진이 두드러지게 나타난다. 이에 관한 결과는 <표 5-4>에 요약하여 제시하였다. 구체적으로, 2005년의 경우에는 남성의 대학진학률이 83.3%였고, 여성의 대학진학률은 그에 못 미치는 80.8%였으며, 그 차이는 2.5%였다. 이후 매년 남성의 대학진학률이 조금 더 높은 경향을 보였으나, 2009년에 이르러, 여성의 대학진학률이 82.4%으로 남성의 진학률 81.6%를 앞지르게 되었다. 이후 2015년에 이르기까지 매년 여성이 남

〈표 5-4〉 **연도별 대학진학률의 성별 비교**

연도	전체(%)	여성(%)	남성(%)	차이(남-여)
2005	82.1	80.8	83.3	2.5
2006	82.1	81.1	82.9	1.8
2007	82.8	82.2	83.3	1.1
2008	83.8	83.5	84.0	0.5
2009	81.9	82.4	81.6	−0.8
2010	79.0	80.5	77.6	−2.9
2011	72.5	75.0	70.2	−4.8
2012	71.3	74.3	68.6	−5.7
2013	70.7	74.5	67.4	−7.1
2014	70.9	74.6	67.6	−7.0
2015	70.8	74.6	67.3	−7.4

*출처: 한국교육과정평가원(2016).

성에 비해 더 높은 대학진학률을 보여 왔을 뿐만 아니라, 그 격차가 점차 벌어지기 시작하였다. 구체적으로, 2010년에는 여성의 진학률이 남성에 비해 2.9% 높았으나, 2011년에 4.8%, 2012년에 5.7%로 조금씩 격차가 벌어졌으며, 2013년에는 여성의 진학률이 남성에 비해 7.1%나 높았고, 최종적으로 2015년에는 7.4%로 그 격차가 더 커지는 경향을 보였다.

다른 한편으로, 2009년 이전까지는 성별에 관계없이 80% 이상이 대학에 진학하는 비율을 보였으나, 2010년 남학생의 진학률이 77.6%로 떨어진 이후, 점차 대학진학률이 감소하여 2015년 남학생의 진학률은 67.3%로 떨어졌다. 여학생의 진학률 역시, 2011년부터 80% 미만의 진학률을 보였으나, 남성에 비해 상대적으로 높은 진학률을 유지하여, 2014년과 2015년에 74.6%의 진학률을 유지하였다. 이를 종합하여 보면, 성별에 관계없이 2008년 남성 84.0%, 여성 83.5%의 진학률로 정점을 보인 이후 매년 감소세를 보여 왔다. 특히, 남성의 진학률이 급격하게 감소하는 경향을 보인 반면, 여성의 경우에는 비교적 완만한 감소를 보였다. 또한 2013년 진학률을 기준으로 여성의 경우 74%의 진학률, 남성의 경우 67%의 진학률로 안정화 단계에 접어든 것으로 보인다.

따라서 [그림 5-7]과 같은 대학진학률의 성비 역전 현상은 여성의 진학률이 높아졌기 때문이라기보다 남학생의 진학률이 더 급격하게 떨어졌기 때문이라고 볼 수 있다. 이는 남성의 대학진학률이 높았던 과거 세대와 다른 세대가 출현하고 있는 현상을 반영하는 결과라고 할 수 있다.

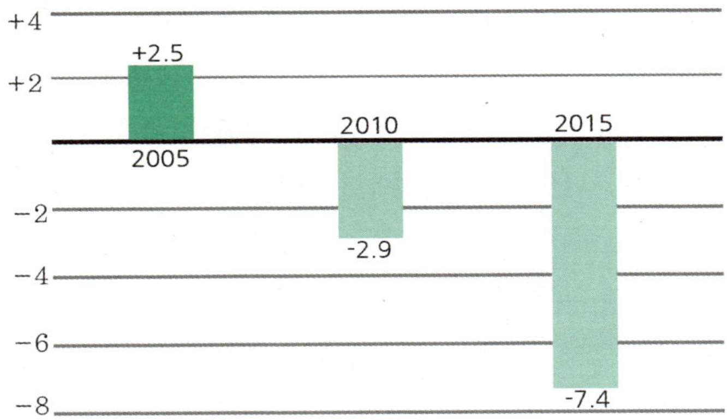

[그림 5-7] 대학진학률의 성비 변화

*출처: 한국교육과정평가원(2016).

마지막으로, 청년층의 취업이 기본적인 조건으로 간주되는 TOEIC 시험 응시 비율과 점수를 살펴보면, 뚜렷한 성차를 다시 한 번 확인할 수 있다. TOEIC 주관사인 YBM에 따르면, 2016년 11월 27일에 실시한 TOEIC 시험 응시한 인원 중에 남성은 47.76%였고, 여성은 52.24%였다. 중요한 것은 평균성적인데, 남성의 평균점수가 674.74인 반면, 여성의 평균점수는 687.15로 남자의 점수보다 높았다. 이에 대한 내용은 [그림 5-8]에 요약하여 제시하였다.

실제로, 직무역량에 있어서 수능성적, 대학진학률, 그리고 토익성적이 얼마나 영향을 미치는지에 대해서 명확하게 주장할 수 있는 바가 없다. 또한 이러한 결과를 토대로 여성이 남성에 비해 직무역량이나 자질을 더 잘 갖추고 있다는 주장 역시 타당하지 않다. 그럼에도 불구하고, 이러한 결과들을 토대로 추론해 볼 수

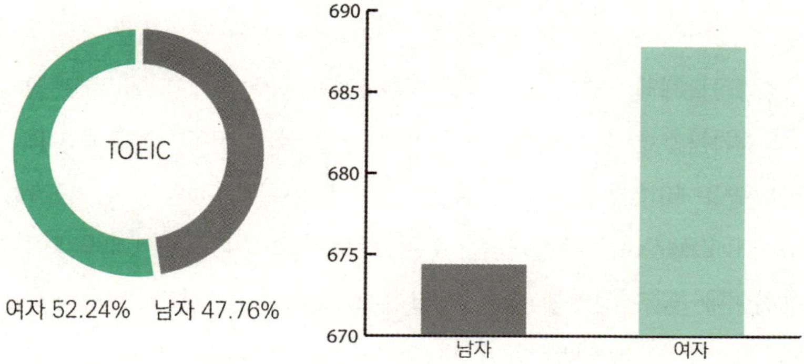

[그림 5-8] 성별 토익 응시비율 및 점수

*출처: YBM.

있는 사실 하나는 여성이 남성에 비해 더 낮은 능력을 가지고 있는 것은 아니라는 점이다. 구체적으로, 박동건 외(2005)의 연구에 따르면 정서적 경험(긍정/부정)이 과업수행 및 맥락수행에 미치는 영향에서 성별의 조절효과를 알아본 결과, 오직 맥락수행의 하위요소인 협력행동에 대해서만 정서적 경험과 성별 간의 상호작용이 유의하게 나타났다. 하지만 정서적 경험이 과업수행과 맥락수행의 하위요소인 조직헌신에 미치는 영향에서 성별의 조절효과는 나타나지 않았다. 즉, 정서적 경험(긍정/부정)이 과업수행과 조직헌신에 미치는 영향에서 성별에 따른 차이가 나타나지 않았다.

이렇듯 수능점수, 대학진학률, 토익점수와 같은 지표들은 여성들의 역량이 남성과 다를 바 없으며, 오히려 남성의 역량을 앞지른다고 해석할 수 있다. 하지만 이러한 여성의 높은 역량이 경제활동 참여로 이어지는 경우는 높지 않는 것으로 나타났다. 세계

성 격차 보고서 The Global Gender Gap Report(2015)는 전 세계 주요 국가들의 교육과 경제활동 참여율에 대한 남녀평등 지수를 종합하여 제시하였는데, 교육과 경제활동 참여율에 있어 가장 높은 수치를 보이는 나라는 미국이었다. 미국의 경우, 교육에 대한 남녀평등 지수가 100%에 달하며, 이에 따른 경제활동 참여율에 있어서도 약 80%라는 높은 수치를 보이고 있다. 즉, 교육과 경제참여에 있는 성별에 따른 차별이 없는 것이다. 반면, 교육과 경제활동 참여율에 대한 남녀평등 지수가 가장 낮은 나라는 인도다.

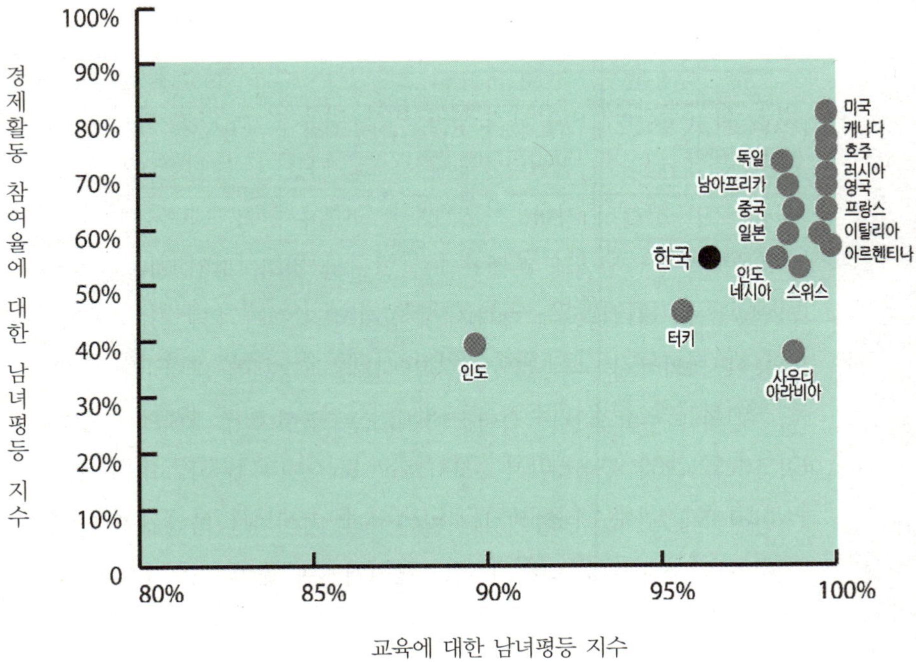

[그림 5-9] 교육과 경제활동 참여율에 대한 남녀평등 지수

*출처: The Global Gender Gap Report 2015.

인도의 경우, 90%의 비율로 교육에 대한 성 차별은 높지 않지만, 여성의 경제활동 참여율은 40%에 불과하다. 한국의 경우, 교육에 있어서는 비교적 높은 남녀평등 지수(약 95%)를 보이고 있으나, 그에 반해 경제활동 참여율에 대해서는 비교적 낮은 수치(약 55%)를 보이고 있다. 종합하여 볼 때, 이러한 수치는 대부분의 선진국들이 높은 교육 대비 경제활동 참여율을 보이는 데 반해, 한국의 여성들은 교육 수준만큼 경제활동에 참여하지 못하는 것을 의미한다.

4) 진로장벽의 원인: 사회적 역할과 인식

앞서 살펴본 바와 같이, 직무역량이나 능력의 측면에서 뚜렷한 성차는 보이지 않는다. 그럼에도 불구하고, 경제활동 영역에서 지위나 대우가 남성에 비해 여성이 낮다는 것은 명확하게 나타난다. 그렇다면 이러한 차이는 어디에서 기인되는 것인가? 이러한 질문의 단초는 성별에 따른 사회적 역할과 인식의 차이에서 찾아볼 수 있다.

통계청은 2016년에 '여성이 취업을 준비하는 데 있어서 어떤 제약이 있는지'에 대한 인식을 조사하였다. 이에 관한 결과는 <표 5-5>에 간략하게 요약하여 제시하였다. 구체적으로, 성별에 관계없이 가장 높은 비율로 선택한 제약은 '육아 부담(남성 44,4%, 여성 50.5%)'이었다. 또한 남녀 모두 두 번째로 높은 비율로 선택한 제약점은 사회적 편견 및 관행(남성 22.6%, 여성 20.4%)이었다. 종합적으로, 여성의 취업준비에 있어서 제약으로 언급된 요인들을 정리해 보면, 첫째 육아 및 가사 부담(일·가정

역할 갈등), 둘째 사회적 편견과 불평등(성 역할 고정관념 및 성 차별), 그리고 역량 및 자질 요인으로 구분해 볼 수 있다. 흥미로운 점은 남녀 모두 여성의 역량이나 자질이 부족해서 취업준비에 제약이 있다고 응답한 비율은 그리 높지 않다는 점이다. 다만, 여성의 직업의식 및 책임감 부족을 살펴보면, 남성이 6.3%로 다소 높은 비율을 보였다는 점은 주목할 필요가 있다. 왜냐하면, 이 요인은 여성의 역량에 대한 평가 및 인식으로 볼 수도 있지만 성 역할 고정관념이나 성 차별이 암묵적인 평가로 드러난 것일 수도 있기 때문이다.

〈표 5-5〉 여성의 취업준비 제약점

주요 내용	남	여
육아 부담	44.4	50.5
가사 부담	5.3	6.6
사회적 편견 및 관행	22.6	20.4
불평등한 근로 여건	10.0	11.6
직업의식 및 책임감 부족	6.3	2.9
여성 능력 부족	2.63	1.7
구인정보 부족	1.1	1.5
모르겠다	7.7	4.8
기타	0.1	0.0

*출처: 통계청(2016).

[그림 5-10]은 여성의 취업준비에서의 제약으로 언급된 요인의 비율을 성별로 비교하여 본 것이다. 세부적으로, 일·가정 갈등 요인의 경우에는 남성(49.7%)보다 여성(57.1%)가 더 높은 비율로 선택하였으나, 개인 역량 요인의 경우에는 여성(6.1%)보다 남성(9.9%)이 더 높은 비율로 선택하였다. 흥미로운 점은 사회적 편견과 차별 요인의 경우에는 남녀의 선택비율이 32%대로 비슷하였다는 점이다. 즉, 남성이 생각하는 것보다 여성들은 일·가정 갈등을 더 중요하게 인식하고, 여성이 생각하는 것보다 남성들은 여성의 능력이 부족하다고 생각하는 경향이 있다. 하지만 남녀 모두 비슷한 수준으로 경제활동 영역에서 성별에 따른 고정관념이나 편견, 그리고 차별(불평등)이 존재한다는 것을 인식하고 있었다.

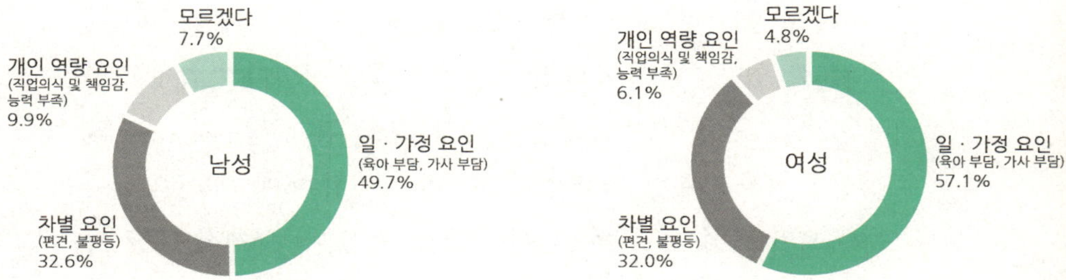

[그림 5-10] 남자와 여자가 각각 생각하는 여성의 취업준비 제약점

*출처: 통계청(2016).

이와 유사한 맥락에서, 취업정보 전문서비스 업체인 사람인에서는 매우 흥미로운 조사 결과를 발표하였다. 구체적으로, 국내 상장 기업 407개사 인사담당자를 대상으로 신입사원을 채용할 때 성별을 고려하는지 여부를 조사하였을 때, 대다수의 기업이

성별을 고려한다고 응답하였다. 더 나아가, 성별을 왜 고려하는지에 대한 조사도 진행하였는데, 그 결과는 <표 5-6>에 간략하게 요약하여 정리하였다.

〈표 5-6〉 채용 시 성별의 고려여부 이유

항목	주요 내용
성 역할 고정관념	· 성별에 따라 더 적합한 직무가 있다(78.5%) · 성별에 따라 우수한 역량이 다르다 (18.2%)
차별	· 야근 등 업무강도에 대한 부담이 덜하다 (16.1%) · 유연한 조직문화를 만드는 데 도움이 된다(6.6%)
역차별	· 직장 내 성별 불균형을 막기 위해서 (7.4%)

*출처: 사람인.

조사에 응한 인사담당자들이 언급한 요인은 크게 세 가지로 묶어 볼 수 있다. 첫 번째 요인은 성 역할 고정관념이 현실에 반영된 것이다. 구체적으로 '성별에 따라 더 적합한 직무가 있다'와 '성별에 따라 우수한 역량이 다르다'라는 것이 이에 해당한다. 두 번째 요인은 성 차별적 요인이라고 볼 수 있다. 구체적으로 '(남성이) 야근 등 업무강도에 대한 부담이 덜하다'와 '(남성이) 유연한 조직문화를 만드는 데 도움이 된다'가 이에 해당한다. 마지막 요인 역차별 요인으로 '직장 내 성별 불균형을 막기 위해서'가 이에 해당한다. 중복 응답한 결과이기 때문에, 무엇을 가장 중요한 원인으로 꼽았는지는 파악하기 어렵지만, 대부분의 인사담당자들이 성 역할 고정관념을 가지고 있는 것으로 나타났으며, 이러한 고정관념이 성 차별적 사고 및 판단으로 연결될 가능성도 높다.

5) 요약정리

전체적인 내용을 간략하게 요약하면 남성에 비해 여성들의 경제활동 참가율 및 취업률은 여전히 낮은 것으로 나타났다. 하지만 실업률에서 성차가 거의 없다는 점에 주목할 필요가 있다. 또한 취업자들의 근로 형태를 세부적으로 살펴보면, 남성의 정규직 비율에 비하여, 여성의 정규직 비율은 낮았을 뿐만 아니라, 정규직 내에서도 여성보다 남성의 비율이 높았다. 더 나아가, 작은 규모의 사업장에서 보이는 성비 차이보다 대기업에서 보이는 성비의 차이가 더 커지며, 월급여 총액이나 근속년수에서도 뚜렷한 성차가 나타났다. 이러한 취업 현황을 종합하여 보면, 여성은 남성에 비해 더 적은 월급을 받고, 더 짧은 근속년수를 보이며, 비정규직으로 일할 가능성이 높다. 물론, 이러한 차이가 성별에 따른 것이라고 단정 지을 수는 없지만, 경제활동 영역에서 남성에 비해 여성의 더 낮은 지위를 가지고 있을 뿐만 아니라, 더 높은 지위로 승진하는 데 있어서 여성이 더 불리하다는 것을 추론해 볼 수 있다.

그렇다면, 여성이 남성에 비해 낮은 역량을 가지고 있는 것인가? 이를 직접적으로 검증할 수 있는 지표는 찾아보기 어렵지만, 대안적으로, 대학수학능력시험 결과와 진학률, 영어성적 등을 비교해 봤을 때, 양성 간의 뚜렷한 차이는 보기 어려웠다. 오히려 일부 영역에서는 여성(여학생)이 남성(남학생)에 비해 더 높은 성과를 보인다. 덧붙여, 성별에 따라 특히 여성에게서 두드러지게 보이는 정서경험이 과업수행에서 뚜렷한 차이가 나타나지 않는다는 연구 결과(박동건 외, 2005)를 참고하여 볼 때도, 남성과 여성의 역량에서 성별에 따른 차이가 존재한다는 결론은 내리기가 쉽지 않다. 그럼에도 불구하고, 우리나라 기업의 인사담당자 대부분이 성별을 중요하게 고려하는 것으로 나타났다. 그 이유로는 여성의 직업의식과 업무에 대한 책임감이 부족하다는 것을 들었다. 이는 성 역할 고정관념에 해당하는 것으로, 이것이 여성의 유리천장 및 진로장벽을 만드는 주 요인이다. 덧붙여, 결혼, 출산, 육아 등의 문제로 경력 단절을 경험하는 여성의 비율이 매우 높을 뿐만 아니라, 바로 이러한 사회적 상황이 여성의 취업 및 승진에 불리한 요인으로 작용하기도 한다.

3. 심리학적 관점에서 바라본 유리천장과 진로장벽

여성의 유리천장 혹은 진로장벽은 사회문화적 차원에서 작용하는 것이며, 사회구조적 차원의 문제 혹은 사회경제적 지위갈등 문제로 볼 수 있다. 그럼에도 불구하고, 이러한 차별적 제약의 기저에는 심리적인 요인이 숨어 있으며, 이에 대해서 체계적으로 접근하지 않고서는 여성의 진로문제를 해결하기 어렵다.

구체적으로, 여성의 유리천장 혹은 진로장벽은 여성이 경제활동 영역에 진입하는 것을 가로막는 것이 아니다. 실례로, 오늘날 여성의 경제활동 참여는 매우 일반적인 현상이 되었으며, 여성의 직무역량이나 능력이 남성에 미치지 못하는 것은 아니다. 오히려, 여성들의 학력과 능력이 남성들에 비해 평균적으로 높아지는 현상도 보이고 있다(한국교육과정평가원, 2016). 그럼에도 불구하고, 여전히 여성들이 더 좋은 일자리(예: 정규직, 고소득 전문직 등)를 상대적으로 얻기 어렵다는 점, 그리고 동일한 직무를 수행하고 비슷한 성과를 내고 있음에도 불구하고, 여성들에게 승진의 기회가 적게 주어지거나 중요한 임무 및 직무에서 배제되는 경향이 나타난다는 점이 유리천장의 실체이다(Kassin et al., 2011). 이는 여성의 경력 단절 문제와 매우 밀접하게 관련되어 있다. 앞에서 살펴본 바와 같이, 여성들에게 결혼・출산・육아는 필수적으로 수행해야 하는 역할로 인식되고 있으며, 이는 여성들에게 일과 가정 중에 하나를 선택하도록 강요하는 결과를 가져온다(Bezt, 2006). 바로 이것이 여성들에게 차별적으로 작용하는 유리천장의 주 원인이 된다. 다른 한편으로, 성별 또는 성 역할 고정관념 및 사회화도 여성들이 특정한 분야(특히, 남성적 직무나 고소득 전문직)로 진출하는 것을 방해할 수 있다(O'Leary, 1974). 실례로, 교사나 간호사 등은 여성다운 직무로 인식되는 반면, 건축가나 의사는 남성적인 직무로 인식되는 것이 일반적이다. 더 심각한 문제는 이러한 사회적 인식을 여성이 내재화하고, 이러한 규범 혹은 기대에 맞춰서 진로를 계획하거나 더 낮은 진로포부를 갖는다는 데 있다(Gottfredson, 2005). 즉, 여성 스스로가 주변의 중요한 타인들이 자신에게 기대하는 혹은 사회에서 일반적으로 기대하는 진로를 더 선호하거나, 그렇게 선택된 진로조차 최고위직까지 승진하는 목표를 계획하기가 쉽지 않다는 것이다. 이에 관한 간단한 예로, 교육에서 성차가 전혀 없는 21세기에도 '현모양처'를 자신의 이상적인 역할 모델로 삼는 여성들을 흔히 볼 수 있다는 것을 들 수 있다.

1) 젠더 고정관념은 무엇이며, 어떤 영향을 미치는가?

성(sex)이 생물학적으로 결정되는 것인 데 반해, 남성성(masculinity)과 여성성(femininity)은 사회문화에 의해 형성 및 결정되는 것이며, 한 개인의 의지와 관계없이, 사회화과정을 통해 그 개인의 사고와 행동에 영향을 미친다(Whitley & Kite, 2009). 여기서 중요한 것은 성별에 따른 유형화 혹은 전형성이 사회문화적으로 규정된다는 데 있다. 젠더 고정관념은 바로 이것을 대표하는 개념이다.

선행 연구에 따르면, 젠더 고정관념(gender stereotype)은 신체적 특징뿐만 아니라, 성격특성, 행동 그리고 직업과 관련된 유형화까지 포괄하는 넓은 개념이다(Deaux & Lewis, 1984). 먼저, 신체적 특징은 가장 기본적인 요소이다. 예를 들어, 짧은 머리는 남성의 특성이고, 치마를 입는 것은 여성의 특성이다. 세부적으로 턱선, 눈의 크기, 얼굴 생김새, 걸음걸이 등도 이에 해당한다. 여기서 중요한 것은 사람들이 이러한 특징을 지각하는 순간 자동적으로 젠더에 전형화된 사고와 판단을 내린다는 것이다(Berry & McArthur, 1986). 예를 들어, 긴 머리에 꽃무늬 팬츠를 입은 사람의 뒷모습을 보면, 대부분의 사람들이 '여성'으로 지각할 뿐만 아니라, 그 사람의 성격이나 행동양식, 그리고 직업과 같은 것들까지 자동적으로 연상된다. 만약, 긴 머리에 꽃무늬 팬츠를 입은 사람이 남자였다면, 그 사람의 직업이 미용사일 때, 건축가나 배관공일 때보다 더 쉽게 이해될 뿐만 아니라 더 적합한 반응을 보일 수 있다. 반대로 짧은 머리에 흙투성이 워커를 신고 있는 여자를 볼 때, 그 사람의 직업이 국립공원 여행가이드일 때, 유치원 교사나 간호사일 때보다 더 호의적으로 평가하고, 친절한 반응을 보일 수 있다. 따라서 젠더 고정관념을 구성하는 다양한 요소들, 예를 들어, 신체적 특징, 성격, 행동양식 및 직업 등이 서로 독립적인 것이지만 매우 밀접하게 상호작용하여 전형적인 사고와 반응을 이끌어내는 것으로 볼 수 있다(Deaux & Lewis, 1984). 물론, 젠더 고정관념의 일부는 사실적인 정보를 축약하고 있는 것이다. 실제로, 대부분의 경우, 여성의 헤어스타일이 남성에 비해 길며, 하이힐을 많이 신고, 화려한 무늬 혹은 색상의 옷을 더 선호하는 것 역시 여성이다. 더 나아가, 남성보다 여성이 더 높은 친화성(communion)을 보이며, 더 뛰어난 의사소통 능력과 기술을 가지고 있고, 주변 사람들과 교제하는 데 여성들이 더 많은 시간을 활용하는 것 역시 사실을 반영하고 있다(Schaffer, 1981). 그럼에도 불구하고 다음의 문제점을 간과하지 말아야 한다.

여성이 여성스러움을 타고나고 남성이 남자답게 태어나는 것인가? 선행 연구들에 따르면, 젠더 고정관념 혹은 성 역할 고정관념의 일차적인 원인 혹은 근원은 사회문화적인 여건이다(Meyers-Levy & Sternthal, 1993). 실례로, 생의 초기(2~3세 무렵)에서부터 성별에 따른 성격특성, 흥미, 행동 등을 학습할 뿐만 아니라, 성별에 따라 유형화 및 전형화된 직업인식을 갖춘다(Getty & Cann, 1981). 구체적으로, 친화성은 다른 사람과의 관계를 중시하는 성향을 의미하며, 여성의 대표적인 특성으로 학습되는 것이다. 이러한 친화성은 '온화한', '따뜻한' 등과 매우 밀접한 관계를 가지고 있는 것으로 인식되며(Rudman & Glick, 2012), 여자아이들이 반드시 갖춰야 하는 덕목으로 훈육되어간다. 반면, 남성의 대표적인 특성은 주도성(agency)으로 대인관계에 있어서 자신의 관심을 중시하는 것을 의미한다. 이러한 주도성은 '자신감 있는', '경쟁적인' 등과 밀접한 관계를 가지고 있는 것으로 인식되며, 남자아이들이 이러한 특성을 갖추는 것이 자연스럽게 장려된다. 특히, 어린아이들조차도 간호사나 미용사는 여성에게 어울리는 직업이고, 의사나 목수는 남성에게 어울리는 직업이라는 인식을 갖춘다는 점에 주목할 필요가 있다.

〈표 5-7〉 젠더 고정관념에 포함되는 성격특성 구분

항목	내용
자신감 있는, 탐욕스러운, 경쟁적인	변덕스러운, 온화한, 다정한, 따뜻한
활동적인, 유능한, 시끄러운, 으스대는	신경이 과민한, 감성적인, 수다스러운
용감한, 창의적인, 강한	동정적인, 참을성 있는, 얌전한

*출처: Matlin(2012).

아이들은 자신의 내면에서 원하는 것과 관계없이, 생의 초기에서부터 부모 또는 양육자와의 상호작용을 통하여, 혹은 유치원이나 학교에서 이루어지는 다양한 교육과정을 통하여, 자신의 성별에 따라 적합한 특성과 행동양식을 배워나가며, 이후 이러한 성 역할 고정관념을 점차 내면화시키게 된다(Bem, 1975). 간략하게 요약하자면, 남성은 감정표현을 절제해야 하고, 성공을 위해 경쟁을 당연하게 여겨야 하며, 승진과 성공을 상징하는 물질적 소유물을 갖춰야 하는 것으로 배운다. 가정 내에서도 공급자의 역할을 수행해야 하고, 자신과 가족의 생계를 책임져야 옳은 것으로 인식한다. 반면에 여성은 감정적이고, 온정적이며, 경쟁보다는 친화적인 특성을 갖추어야 하며, 자신의 목표를 이루기 위해 투쟁적인 것보다 타인에게 양보하거나 타인을 배려하는 것을 먼저 배운다. 가정 내에서 여성은 소비자의 역할을 수행해야 하고, 화목한 가정을 위해 헌신해야 옳은 것으로 인식한다(안상수 외, 2007). 더욱 심각한 문제는 이러한 성 역할 사회화가 아동기 및 청소년기에만 이뤄지는 것이 아니라, 성인기에도 지속적으로 이루어지는 것이라는 데 있다. 특히, 경제활동의 영역, 즉 직장 안에서도 성 역할 사회화는 지속된다. 예를 들어, 성별에 따른 직무 및 직군을 구분하는 것, 성별에 따른 보수 및 직급의 차이, 근속년수나 복지 혜택에서의 차이, 심지어 팀 회식이나 야유회를 갔을 때 성별에 따라 서로 다른 역할을 맡는 것까지, 모두 성 역할 사회화이다.

2) 성 역할 사회화가 일과 진로에 대한 기대 및 선택에 미치는 영향

성 역할 고정관념은 일과 진로에 대한 기대 및 선택에 영향을 미친다(Gottfredson & Lapan, 1997). 여기서 중요한 것은 성 역할 고정관념으로 인해, 여성이 직업장면에서 적응과 승진이 어렵다는 것만 아니라, 일과 진로에 대한 기대 및 선택과 같은 초기에서부터 차별적인 영향을 미친다는 점이다. 예를 들어, 여자아이들은 성 역할 모델에 적합한 간호사, 교사, 혹은 미용사의 직업을 선망하게 될 가능성이 높을 뿐만 아니라, 그러한 진로를 계획할 때에도 직업적 성공보다 관계적 성공을 꿈꾸게 될 가능성이 높기 때문에, 여자아이들이 진로포부가 남자아이들의 진로포부보다 낮을 수 있다. 이에 대한 근거는 다음과 같은 네 가지 연구들로 정리해 볼 수 있다.

첫째, 여학생들의 '수학 기피' 현상은 성 역할 고정관념으로 나타나는 것이며, 이것은 진로선택에 있어서 '결정적인 필터' 역할을 한다(Betz & Hackett 1981). 왜냐하면, 수학 기피 현상은 과학이나 공학 분야의 진로를 선택하거나 계획하는 데 있어서 제약을 만들어내기 때문이다. 더 나아가, 이러한 제약이 문제가 되는 이유는 일반적으로, 수학을 필요로 하는 직업의 보수와 사회적 지위가 더 높기 때문이다. 이와 유사하게, 공간지각 능력의 결핍도 진로선택에 제약을 만들어낸다. 예를 들어, '여성은 운전이나 주차를 잘하지 못한다.' 혹은 '여성은 길을 잘 찾지 못하며, 방향감각이 낮다.' 등과 같은 고정관념 및 편견이 우리 사회에서 널리 통용되고 있다. 이것은 남성들뿐만 아니라, 여성 스스로도 강력한 신념으로 가질 수 있으며(안상수, 2015), 결과적으로 이와 관련된 전문 직종에 대한 진출을 가로막는 장벽이 된다.

둘째, 성 역할 고정관념으로 인해, 여성들은 성공에 대해 더 낮은 기대감을 가질 뿐만 아니라, 비전통적인 진로에 대한 낮은 자기 효능감을 갖게 된다. 가장 대표적인 예로, 남자 대학생들은 자신의 능력을 보통의 남자들보다 높게 평가하는 반면, 여자 대학생들은 자신의 능력을 보통의 여자들보다 낮게 평가하는 경향을 들 수 있다(Swanson & Lease, 1990). 특히, 여성들은 남성적인 직무(예: 기계, 조립, 설계 등), 비교・경쟁적인 성향을 가진 직무, 분명한 피드백이 주어지지 않는 업무영역에서 남성들에 비해 더 낮은 자기 효능감을 갖는 것으로 나타났다(Betz, 1994). 더 나아가, 비전통적인 진로분야(예: 전투기 조종사, 크레인 기사 등)에서 여성들이 역할 모델로 삼을 수 있는 대상이 상대적으로 적기 때문에, 남성에 비해 비전통적인 분야에 대한 진로도전이 적을 뿐만 아니라, 해당 진로에서의 성공수준 혹은 포부수준도 더 낮게 설정되는 경향을 보인다. 실례로, 지도교수가 여성일 경우, 여성 대학원생들이 진로에 대해 더 확신적이고, 더 높은 성공을 추구하는 경향을 보인다는 것을 들 수 있다.

셋째, 성 역할 고정관념은 여성으로 하여금 관계적 특성에 더 초점을 두게 한다. 관계적 특성은 관계를 유지하거나 개선하기 위하여 타인에게 보다 초점을 두고 그들을 배려하거나 지지하는 방향의 사고와 행동을 하게 한다(Eysenck, 2002). 물론, 이러한 관계적 초점이 특정 분야의 직무에서 더 높은 성과 및 성공을 가져다 줄 수도 있지만, 일반적인 직무성과에서 더 중요하게 다뤄지는 것은 독립성 혹은 주도성이다. 이러한 특성은 타인과의 관계에서 자신의 관심이나 업무적 중요성에 초점을 두도록 하며, 결과적으로 자신의 역량을 개발하거나 기술을 성장시키는 데 집중하도록 한다(양은주·한종철, 1999). 특히, 비전통적인 진로를 설계하거나 불확실한 진로를 선택할 때, 독립성과 주도성은 매우 중요한 요인이 된다. 예를 들어, 독립적이며, 자기주도적인 성향을 가진 사람은 주변의 기대나 사회적 요구와 관계없이, 자신이 원하거나 자신에게 적합하다고 스스로 판단한 진로를 선택하고 추진하는 데 어려움이 없다. 반면, 이러한 독립성과 주도성이 부족한 사람들의 경우에는 가족이나 주변에서 기대하는 진로에 순응하는 경향을 보이며, 불확실하고 모험적인 진로보다 안정적이고 뚜렷하게 결과가 보장되는 진로를 소극적으로 선택할 가능성이 높다(Hackett, 1985).

마지막으로, 성 역할 고정관념은 직업과 가정에서의 역할 갈등을 여성에게만 부과한다. 기본적으로, 가정주부와 어머니로서의 역할은 여성에 주어지는 전통적인 임무이며, 이것은 여성의 진로 선택과 적응, 그리고 모든 측면에서의 성취에 부정적인 영향을 미치는 요소로 작용해 왔다(Betz, 2006). 최근에 이르러, 여성의 사회 진출이 일반화되었고, 일과 가정을 양립하는 것은 개인적으로 중요한 과제일 뿐만 아니라, 저출산 및 고령화의 문제를 안고 있는 우리나라의 매우 중요한 사회적 과제로 대두되고 있다. 선행 연구에 따르면, 일과 가정에서의 다중역할을 수행하는 문제는 일반적으로 연령이 높아질수록 더 커지는데, 결혼과 출산, 그리고 자녀 양육이 집중되는 30~39세 여성 집단에서 이러한 요인이 매우 중대한 장벽으로 작용하고 있다(김미영, 2005; 최정원 2005). 더 나아가, 진로를 설계하고 선택하는 단계, 즉 사회 진입을 앞둔 시기의 여성에게도 역할 갈등은 진로선택의 폭이나 질을 제한하는 장벽으로 작용한다(김은석 · 유성경, 2013).

3) 성 역할과 갈등, 그리고 가치관이 진로장벽에 미치는 영향

성 역할 정체감이란 '사회에서 성별에 대한 바람직한 행동이라고 고정관념화된 기준을 개인이 내면화시킨 정도'를 말한다(Bem, 1975). 즉, 개인이 자신을 얼마나 남성적 혹은 여성적 특성을 가졌다고 인식하는가의 수준을 의미하며, 일반적으로, 남성성, 여성성, 양성성, 그리고 미분화 유형으로 구분한다. 만약 여성이 여성성을 높게 인식하거나 남성이 남성성을 높게 인식한다면, 이는 전통적 일치 모형에 해당하며, 성별에 관계없이 양성적인 특성을 높게 인식할 경우에는 양성성 모형에 해당한다. 또한 성별에 관계없이 남성적인 특성을 높게 인식하거나 추구하는 경우에는 남성성 모형으로 분류한다. 선행 연구들에 따르면, 이러한 성 역할 정체감은 학업이나 전공선택 과정, 진로결정의 질, 자존감, 효능감 및 직업과 삶의 적응에 매우 포괄적으로 영향을 미치는 것으로 밝혀졌다(Cohen, 1981; Marx & Stapel, 2006).

벰(Bem)의 성 역할 척도(BSRI)를 정진경(1990)이 한국형으로 제작한 성 역할 검사에 따르면, 남성성의 경우에는 믿음직스럽다, 과묵하다, 남성적이다, 강하다, 자신감이 있다, 털털하다, 박력이 있다, 독립적이다, 씩씩하다, 야심적이다, 근엄하다, 대범하다, 지도력이 있다 등이 포함되는 반면, 여성성의 경우에는 섬세하다, 어질다, 친절하다, 온화하다, 부드럽다, 상냥하다, 감정이 풍부하다, 깔끔하다, 따듯하다, 인정이 많다, 다정다감하다, 유순하다, 민감하다, 순종적이다, 꼼꼼하다, 얌전하다 등이 포함된다. 이러한 성 역할은 성별에 따른 전통적인 진로(예: 남성-건축가 vs. 여성-교사)에 더 적합한 반면, 비전통적인 진로에 대한 선택이나 설계에는 부정적인 영향을 미친다. 특히, 여성의 경우에 이러한 제약을 더 심하게 받게 되는데 그 이유는 일반적으로 남성성이 독립적이고 주도적으로 자신의 진로를 선택하고 추진하는 것을 바람직하게 받아들이는 반면, 여성의 경우에는 전통적인 관점이나 기대에 부합하는 진로에서 벗어나는 것을 매우 부정적으로 인식하기 때문이다(Lent et al., 1994). 이러한 성 역할 정체감이 진로 및 직업장면에 미치는 부정적인 영향은 다음과 같은 두 가지 시기로 구분하여 살펴볼 필요가 있다. 첫 번째 시기는 진로를 설계하고 선택하는 과정에 해당하는 청소년기 및 성인 초기이고, 두 번째 시기는 결혼, 출산, 육아 및 가사가 맞물려 있어 경력단절이나 진로전환을 경험하게 되는 성인 전기이다.

(1) 성 역할 정체감이 진로설계 및 선택에 미치는 영향

성 역할 사회화는 여성들에게 더 낮은 자기 효능감과 자존감을 갖도록 하는 부정적인 영향을 미칠 뿐만 아니라(Lent et al., 2000), 이를 통해서 형성된 성 역할 정체감은 청소년기 여학생들에게 자기이해에 대한 부족을 일으키고, 학업이나 직업적 성공에 대한 자신감을 낮추는 결과를 가져올 수 있다(김양희 · 유성경, 2009). 더 나아가 대학생이 된 여성들 역시, 여성 취업에 대한 고정관념으로부터 자유롭기 어려우며, 주변의 의미 있는 타인들로부터 높은 진로포부를 갖는 것에 대한 불인정을 수용해야 하고, 이로 인해 결과적으로 직업준비 측면에서 남학생들에 비해 부족하게 될 수 있다(Swanson et al., 1996). 또한 사회 진출을 시도하는 성인 초기 여성들의 경우에도 학력이 높고 연령이 높을수록 자존감이 낮아지고, 역할 갈등과 진로제약을 더 높게 지각하는 것으로 나타났다(홍지선 · 계은경, 2016). 이러한 부정적인 영향을 모두 종합해 보면, 여성들의 사회 진출을 저해하는 진로장벽이 된다. 특히, 여성의 경우, 진로 및 직업적인 측면에서 다른 사람들에 비해서 더 잘해야만 인정을 받을 수 있다는 점이 문제이다. 이는 남성들의 경우, 조금 못 미치는 결과를 보이더라도 더 많은 격려와 지원이 주어지는 것과 대비하여 볼 때 그 심각성이 높다고 할 수 있다.

손은령(2001)은 여대생에게 적합한 진로장벽 척도를 제안하였는데, 그중에서도 성 차별적인 요인, 다중역할로 인한 갈등, 그리고 여성 취업에 대한 고정관념에 주목할 필요가 있다. 먼저 성 차별적인 요인을 구성하는 대표적인 개념으로는 '배우자(애인)의 직장이 바뀌어서 내 직장이나 직무를 바꾸어야 한다.', '배우자(애인)가 내 진로목표보다 자녀 양육을 우선순위에 두어야 한다고 생각한다.'와 같이 여성이 종속적인 혹은 수동적인 진로위치를 가지는 것이 포함되고, '내가 여성이기 때문에 취업, 승진, 보수 등에서 불이익을 당한다.', '직장분위기(상사 및 직장동료)가 여성의 능력에 대해 편견을 갖고 있다.'와 같이 직접적인 성 차별에 관련된 개념들도 이에 해당한다. 다음으로, 다중역할로 인한 갈등 역시 여성에게만 주어지는 장벽이 되는데, '나의 가사책임과 직장에서의 직무책임을 조화롭게 하기가 힘들다.', '나의 모든 역할(부모, 배우자, 직업인 등)을 잘해 나가야 한다는 것이 큰 부담이다.' 등이 이에 해당한다. 마지막으로, 여성 취업에 대한 고정관념도 진로장벽의 한 요인으로서 작용하는데, '내 직업선택을 주변사람(부모, 친구, 친지 등)이 인정하지 않는다.', '내가 원하는 직업이 나의 성에는 적합하지 않다는 사회적 통념 때문에 자신감을 잃는다.'가 이에 해당한다.

이를 종합하여 보면, 우리 사회의 성인 초기(취업준비기) 여성들에게 주어지는 진로장벽의 근원은 성 역할 고정관념과 사회화 과정을 통해 자연스럽게 형성되는 성 역할 정체감에 있다. 가장 기본적인 제한은 성별에 따른 진로 및 직업의 유형화에 있으며, 여성들에게 이러한 틀에서 벗어나는 진로에 도전하는 것은 심한 사회적 압력으로 작용한다. 하지만 더 심각한 문제는 진로 및 직업의 측면에서 여성들에게 사회적으로 낮은 포부와 기대를 갖도록 한다는 점이다. 특히, 취업을 준비하는 과정에서 중요한 것은 직업적 성취를 갖기 위해 부단히 노력하게 하고, 이를 주변에서 격려하거나 지원해 주는 것이다. 그러나 여성의 경우에는 특별히 뛰어난 경우에만 사회적 승인을 받을 가능성이 높을 뿐만 아니라, 그러한 계획이나 포부를 갖는 것에서부터 부정적인 평가를 받게 된다는 점이 문제의 핵심이라고 할 수 있다.

(2) 일-가족 다중역할 갈등과 경력 단절

일-가족 다중역할 갈등이란 일과 가족 영역에서 오는 역할 압력에서 발생하는 역할 간 갈등의 한 형태로, 어느 정도 상호양립할 수 없는 갈등을 말한다(최윤정 외, 2009). 특히 주목해야 하는 것은 한 역할의 질이 다른 한쪽 역할의 질에 영향을 미친다는 것이며, 더 나아가 심리적 행복, 직업만족도, 조직헌신, 삶의 만족에 영향을 미칠 뿐만 아니라(최윤정 외, 2009), 부정적 정서, 생산성 및 가족 적응에도 영향을 미친다는 것이다(이화용 외, 2012).

칼슨(Carlson)과 동료들(1998)에 따르면, 일-가족 갈등은 방향과 내용의 조합으로 유형을 구분할 수 있다. 먼저, 갈등의 방향은 일에서의 역할 압력으로 인해 가족에서 갈등이 유발되는 일-가족 갈등과 이와 반대로 가족에서의 역할 압력으로 인해 일에서 갈등이 유발되는 가족-일 갈등으로 구분된다. 다음으로 갈등을 일으키는 역할 압력의 내용은 시간을 기반으로 하는 것과 긴장을 기반으로 하는 것 그리고 행동을 기반으로 하는 것으로 구분할 수 있다. 이에 대한 내용은 <표 5-8>과 <표 5-9>에 간략하게 요약하여 정리하였다.

〈표 5-8〉 일-가족 갈등의 방향과 내용

내용	방향	
	일-가족	가족-일
시간	시간을 기반으로 하는 일-가족 갈등	시간을 기반으로 하는 가족-일 갈등
긴장	긴장을 기반으로 하는 일-가족 갈등	긴장을 기반으로 하는 가족-일 갈등
행동	행동을 기반으로 하는 일-가족 갈등	행동을 기반으로 하는 가족-일 갈등

*출처: 최윤정 · 김계현(2009).

일-가족 갈등이 최근에 들어 중요하게 부각되는 이유는 경제활동에 참여하는 여성들의 경력 단절에 직접적인 영향을 미치기 때문이다. 실제로, 결혼, 출산, 자녀 양육 등이 여성의 직업생활 지속성을 낮추는 주요한 변인이다(김유경, 2013; 오은진 · 이한나, 2013). 이러한 역할 갈등은 가정에서의 역할 압박이 실제로 발생하는 기혼 여성뿐만 아니라, 앞으로 결혼생활이 기대되는 여성, 특히 여학생들에게서도 나타난다. 물론, 이러한 역할 갈등으로 인한 진로장벽은 연령이 높아질수록 더 커지며, 특히 결혼, 출산, 양육이 집중되는 30~39세 여성 집단에게서 매우 뚜렷한 장벽으로 작용한다(김미영, 2005). 여기서 무엇보다 중요한 것은 이러한 역할 갈등이 여성에게 더욱 치명적으로 작용한다는 점이다. 구체적으로, 일과 가족은 성인의 삶에서 가장 중요한 두 가지 영역이며, 현대 사회에서는 성별에 관계없이 두 가지 영역에서 적절한 역할을 해야 하는 압력이 작용하고 있음에도 불구하고(Guest, 2002), 여전히 여성에게 가족에서의 역할이 더욱 강조되는 반면, 남성에게 일에서의 역할이 강조되고 있다는 것이 문제이다.

〈표 5-9〉 주요 갈등의 핵심적인 개념

내용	갈등 방향	핵심 개념
시간 기반	일-가족	· 내 직업은 내가 원하는 것 이상으로 가족과 함께하는 활동을 하지 못하도록 한다. · 내 직업을 위해 써야 할 시간 때문에 가정의 책임과 활동에 충분히 참여하지 못한다.
	가족-일	· 가정의 책임(예: 육아, 가사 등)에 사용하는 시간은 자주 업무 책임에 방해를 준다. · 나는 가족과 함께 보내는 시간의 양 때문에 업무활동을 놓칠 수밖에 없다.
긴장 기반	일-가족	· 퇴근 후 나는 기진맥진해서 가족활동 및 책임에 참여할 수가 없다. · 직장 일로 퇴근 후 매우 힘들고 지쳐 가족에게 헌신하기 어렵다.
	가족-일	· 집에서의 스트레스 때문에 직장에서 나는 자주 가족 문제에 열중한다. · 나는 가정의 책임(예: 육아, 가사 등)으로부터 스트레스를 받기 때문에 내일에 집중하는 것이 어렵다.

더 나아가, 일과 가족에서의 역할이 언제나 부정적인 갈등만을 일으키는 것은 아니다. 둘 중 어느 한쪽에서 적절한 참여와 성공이 다른 한쪽에서도 긍정적인 효과를 가져올 수 있다. 구체적으로, 일-가족 향상(enhancement), 촉진(facilitation), 비옥화(enrichment), 그리고 긍정전이(positive spillover) 등이 일-가족에서 긍정적인 상호작용을 다루는 개념이다. 이러한 긍정적인 선순환 효과를 기대하기 위해서는 기본적으로 일과 가족의 균형(balance) 혹은 일-가정 양립(reconciliation)이 이루어져야 한다. 실제로, 국내에서 조사된 결과에 따르면, 일과 가족 역할에 모두 참여하는 기혼 직장 여성이 가족의 역할만을 담당하고 있는 전업주부 여성에 비하

여 높은 만족감과 심리적 안녕감을 보고하기도 하였다(김난주·권태희, 2009). 따라서 일-가족이 언제나 갈등을 일으키고 부정적인 결과를 가져오는 것이 아니라, 일과 가족이 적절하게 균형을 이루거나 상보적으로 양립시킬 수 있는 경우에는 개인과 사회 그리고 국가적 차원에서도 더 나은 결과를 가져다 줄 수도 있다(Greenhaus & Powell, 2006).

(3) 생애 역할 중요도와 여성의 진로결정

앞서 논의한 바를 간략하게 정리해 보면, 성 역할 고정관념이 사회화를 통해서 성 역할 정체감을 갖게 되고, 이는 여성의 진로 장벽 및 경력 단절의 직접적인 원인으로 작용한다. 여기에 덧붙여서, 성 역할은 자신의 생애 역할(예: 직업, 결혼, 부모, 가사 등)에 있어서 무엇을 더 우선순위에 둘 것인지에 관한 가치관을 형성시킬 수 있으며, 이렇게 형성된 가치관을 생애 역할 중요도(Life Role Salience)라고 한다(Amatea et al., 1986). 생애 역할 중요도는 자신이 우선순위로 두는 역할을 수행하기 위한 노력을 더 하게 할 뿐만 아니라, 이러한 노력을 전 생애 걸쳐서 지속시키기 때문에, 여성의 진로선택 및 결정에 중요한 영향을 미칠 수 있다. 아마티(Amatea)와 동료들(1986)에 따르면, 생애 역할 중요도는 직업 역할, 부모 역할, 결혼 역할, 그리고 가사 역할에 대한 중요도로 구분할 수 있으며, 각 역할에 대한 보상가치와 헌신하려는 정도로 세분화시킬 수 있다. 이에 관한 구체적인 내용은 <표 5-10>에 요약하여 정리하였다.

〈표 5-10〉 생애역할 중요도 척도

구분		측정 문항
직업 역할	보상 가치	· 중요한 무언인가를 성취할 수 있는 직업/일을 갖는다는 것은 나에게 중요하다. · 나의 직업/일에서 성공한다는 것을 느끼는 것은 중요하다.
	헌신	· 나는 일하기를 원하지만 요구가 많은 직업을 갖는 것은 원하지 않는다(역). · 나는 어떤 직업에 몰두하고 있는 것에 가치를 두고 커리어를 개발하기 위해 시간과 노력을 투자할 것을 기대한다.
부모 역할	보상 가치	· 만약 내가 결코 아이를 갖지 않는다면 내 인생은 공허할 것이다. · 비록 부모가 되는 것이 많은 희생을 요구한다 할지라도, 아이들에 대한 사랑과 즐거움은 가치가 있다.
	헌신	· 아이들을 낳고 그들을 돌보는 책임이 있는 것보다 오히려 나 자신을 위해서 시간을 갖는 것이 나에게 중요하다(역). · 나는 아이들을 양육하는 데 상당한 양의 시간과 노력을 투자할 것을 기대한다..
결혼 역할	보상 가치	· 내가 사랑하는 사람과 결혼하는 것은 그 밖의 다른 것보다 더 중요하다. · 나는 결혼이 내가 관계되어 있는 그 어떤 것보다도 더욱 현실적인 개인적 만족을 줄 것이라고 기대한다.
	헌신	· 나는 내 배우자와 함께 있거나 무엇을 함께하는 데 시간을 많이 투자할 것으로 생각하지 않는다(역). · 현실적으로 내가 결혼 관계에 엮인다는 것은 내 삶의 다른 영역에서의 기껍지 않은 희생을 포함한다(역).
가사 역할	보상 가치	· 편안하고 매력적인 가정을 갖는다는 것은 나에게 매우 중요하다. · 훌륭한 가정을 갖는다는 것은 내가 매우 헌신해야 한다는 것을 의미한다.
	헌신	· 나는 가정을 돌보고 멋지게 만들기 위해서 매우 노력할 것이다. · 나는 가사를 꾸려가는 대부분의 일상적인 노력을 다른 사람에게 이양하기를 기대한다(역).

*출처: Amatea et al.(1986).

여기서 고려해 보아야 하는 문제는 생애 역할 중요도가 비록 성 역할에 기반 하여 형성되는 것일지라도, 자신의 전 생애에 걸친 보상가치와 헌신의지를 담고 있는 것이기에 충분히 존중되어야 한다는 점이다. 예를 들어, 어떤 여성이 직업 역할이 아니라, 부모 역할 혹은 결혼 역할에 더 높은 가치를 두고, 더 헌신하려고 한다고 해서, 그 여성이 잘못된 가치관을 가지고 있다고 압박할 수는 없다는 것이다. 보다 바람직한 것은 어떤 여성이 부모, 결혼 및 가사 역할의 가치관을 가지고 있을지라도, 그 여성이 직업장면에 적절히 참여할 수 있도록 해야 하며, 이러한 경제활동의 참여가 부모, 결혼 및 가사 역할의 보상가치와 헌신에 긍정적으로 작용할 수 있는 선순환 체계를 갖추도록 하는 것이다.

4. 나가며

경제활동의 영역에서, 여성이 마주하는 유리천장은 실재한다. 비록 그것이 가시적으로 드러나지 않는 것일지라도, 또한 실제적이고 폭력적인 압력을 행사하는 것이 아닐지라도, 정치·경제·사회 전반적인 부분에서 유리천장은 여성에게 차별적인 영향을 미친다. 이러한 문제를 해결하기 위해, 법과 제도를 정비하고 사회구조를 변화시키는 등의 다양한 노력이 지속되어야 하겠지만, 무엇보다도 사회 전반에서 통용되고 있는 암묵적인 규범과 이러한 규범에 영향을 미치는 잘못된 인식 및 고정관념을 먼저 변화시켜야 할 필요가 있다. 왜냐하면, 사회 전반에 걸쳐 단단하게 형성되어 있는 유리천장의 실질적인 구성요소가 바로 성 역할 고정관념이기 때문이다(Whitley & Kite, 2009).

고정관념은 어떤 대상이나 집단에 관련된 속성, 특징, 성향 및 정보가 축약되어 있는 것을 말한다. 성 역할 고정관념은 생물학적인 성별이 아닌, 사회문화적으로 형성되는 젠더에 관련된 정보들이 축약되어 있는 것이다. 이러한 성 역할 고정관념은 성별에 따른 유형화 혹은 전형화를 이룰 뿐만 아니라, 단순히 성별에 따른 특징을 구분하는 것을 넘어서서 차별화된 사고와 판단 그리고 행동에 이르기까지 매우 포괄적인 영향을 미친다(Berry & McArthur,

1986). 구체적으로, 각 성별에 전형적인 특성을 가지고 있거나 드러낼 경우에는 사회적으로 쉽게 수용되고 지지되는 반면, 각 성별의 전형적인 특성과 일치되지 않은 성향이나 행동을 보일 경우에는 종종 사회적으로 거부되는 결과를 보인다. 이는 양성 모두에게 바람직하지 않은 결과를 가져올 뿐만 아니라, 성 전형화에 일치되는 방식으로만 사회화가 이루어지도록 한다는 점에서 주목할 필요가 있다(Deaux & Lewis, 1984). 즉, 남자아이는 남성성을 갖추도록 사회화되며, 여자아이는 여성성을 보이도록 양육되어간다. 만약, 남자아이가 여성성을 보이거나 여자아이가 남성성을 보인다면, 사회적으로 수용되기 어렵다. 이러한 성 역할 사회화는 생의 초기 가정 안에서부터 시작되며, 이후 학교와 직장 안에서도 지속하여 반복된다.

문제는 이러한 성 역할 고정관념 및 사회화가 성별에 따른 차별적인 대우를 유발한다는 점이다. 특히, 여성의 진로에 있어서, 성 역할 고정관념은 직업장면에서 적응에만 부정적인 영향을 미치는 것이 아니라, 더 좋은 일자리 혹은 전문직 그리고 남성적인 직업군으로의 진입을 가로막을 뿐만 아니라 고위관리직으로의 승진을 어렵게 만드는 문제를 불러일으킨다. 심지어, 성 역할 사회화과정을 통해, 여성 스스로가 자신의 명확한 진로계획을 갖추지 못하도록 할 수 있으며, 남성에 비해 더 낮은 진로포부를 갖도록 할 수 있다(Gottfredson, 2005). 이에 관한 대표적인 사례는 여학생들의 '수학 포기' 현상이나 더 낮은 자기 효능감 및 성취감을 보이는 현상에서 찾아볼 수 있다. 구체적으로, 남성들의 경우에는 독립성과 주도성이 강조됨으로써 직무 및 직업장면에서 성취

중심의 사고와 행동을 지속하도록 하지만, 여성들의 경우에는 관계적인 측면에 초점을 둔 사고 및 행동을 하도록 하여, 특정한 영역 외의 일반적인 직무 및 직업장면에서 부정적인 결과를 이끌어낼 수 있다. 특히, 여성의 경우, 직무에서 뛰어난 능력을 보이지 않을 경우, 사회적으로 승인받기 어려울 뿐만 아니라, 성별에 전형화되지 않은(즉, 비전통적인) 진로에 도전하거나 그 안에서 성취를 이뤄내는 것에 대해 사회적 지원을 받기가 어렵다.

다른 한편으로, 일-가족 역할 갈등 역시 여성의 진로에 부정적인 영향을 미칠 수 있다. 기본적으로, 일과 가정에서의 서로 다른 역할을 조화롭게 수행하는 것은 양성 모두에게 중요한 과제이다(Guest, 2002). 하지만 성 역할 고정관념 및 사회화를 통해, 여성에게 가정에서의 역할이 더 강조되는 반면, 남성에게는 일에서의 역할이 강조되는 것이 일반적이다. 이 역시 성 역할 및 성 정체감에 따른 결과라고 볼 수 있으며, 이러한 갈등은 여성의 경력을 단절시키는 데 있어서 중요한 요인으로 작용하고 있다(김유경, 2013). 여기서 중요한 것은 일과 가정에서의 서로 다른 역할이 언제나 갈등을 일으키는 것이 아니라는 점이다. 일과 가족 사이에서 적절한 균형을 잡을 수 있는 사회적 규범이나 제도체계가 잘 갖춰진다면, 혹은 일과 가족을 양립시키는 것을 지원할 수 있는 환경적 여건이 만들어진다면, 일-가족 향상, 촉진, 비옥화 및 긍정전이와 같은 선순환 효과를 기대할 수도 있다(김난주·권태희, 2009).

결론적으로, 성 역할 고정관념은 사회문화적 맥락 안에서 작용하는 것이며, 이러한 규범적 토대 안에서 자라나는 모든 아이들에게 성 역할은 사회화된다. 이것은 차후에 한 개인의 성 정체감을 형성시키며, 그 사람의 전 생애에 걸친 중요한 역할(직업, 부모, 결혼, 가사 등)에 대한 가치관을 갖도록 한다. 문제는 이러한 고정관념, 정체감 그리고 가치관이 진로영역에서 성별에 따른 차별적인 영향을 미친다는 점이다. 특히, 여성의 경우, 전형적인 혹은 전통적인 진로를 선택하게 하고, 더 낮은 진로포부를 갖게 하며, 더 부족한 진로준비 활동을 이끌어낸다. 심지어, 여성이 경제활동 영역에 진입하였다고 할지라도, 그 안에서의 성공이나 승진을 기대하기보다 가족이나 부모의 역할에 더 초점을 둔 사고와 행동을 하게 할 수 있다. 더 심각한 문제는 외부에서 그러한 압력이 주어지기도 하지만 여성 스스로가 사회적 승인이나 안정을 추구하기 위해 성 역할에 전형화된 사고와 행동을 할 수 있다는 점이다. 간단한 예를 들어, 만약 모든 여성이 직업장면에서 더 큰 성공에 더 높은 가치를 두는 것이 아니라면, 그들에게 직무에 집중하고 성취를 위해 더 노력하는 것이 바람직하다는 주장은 무의미하다. 바로 이점이 여성의 유리천장 및 진로장벽 문제를 더욱 복잡하게 만들어내는 주 요인이다. 그럼에도 불구하고, 다음과 같은 세 가지 제언은 해 볼 수 있다.

첫째, 성 역할 고정관념이 편견과 차별로 이어질 수 있는 점에 대한 지속적인 교육이 필요하다. 특히, 과제수행과 성취, 그리고 이를 통해 자신의 효능감과 진로적성 등을 확인할 수 있는 학교장면에서의 교육이 매우 중요하다. 구체적으로, 여학생들이 성 역할 고정관념에 따라 수학을 포기하거나 기피하는 현상을 방지하고, 집단을 이끌어가거나 관리하는 역할에서 성 차별이 발생하지 않도록 하는 것 등에서부터 시작해 볼 수 있다. 특히, 여학생에게 더 높은 진로포부를 갖게 하고, 더 다양한 진로를 탐색할 수 있도록 하는 역할 모델을 더 많이 제시해 줄 필요가 있다. 왜냐하면, 단 하나의 역할 모델이 존재하는 것만으로도 여학생들이 자신의 진로에 대해 더 높은 확신을 가지게 되며, 이를 통해 더 많은 노력과 준비를 하게 만들 수 있기 때문이다.

둘째, 일과 가정에서의 적절한 균형을 이룰 수 있도록 하는 사회적 규범과 제도 및 시스템을 정착시키는 것도 중요하다. 일과 가정에서 서로 다른 역할을 충실하게 수행해야 하는 것은 양성 모두에게 중요한 일이지만, 여성에게 일과 가정에서 더 많은 압력과 제약이 주어지고 있다. 특히, 이 문제는 우리 사회가 처한 저출산·고령화 문제와 직결되어 있는 것이기에 그 중요성이 더하다고 할 수 있다. 또한 일-가족 양립의 문제에도 성 역할 사회화와 정체감이 근원이라고 할 수 있다. 핵심은 가정에서의 중심적인 역할이 여성에게 전형화되어 있는 것이며, 반대로 일에서의 중심적인 역할이 주로 남성에게 기대되고 주어진다는 점이다.

셋째, 성 역할 고정관념으로 인한 직장 내 차별적 대우를 규제하거나 방지할 수 있는 사회적 규범을 재형성시킬 필요가 있다. 가장 기본적인 출발선은 성별에 전형화된 역할 기대와 요구를 방지하는 것이다. 바로 이것이 신입사원을 채용할 때 성별을 고려하는 주 원인이자, 직무를 할당하거나 성과를 평가할 때 여성에게 유리천장으로 작용하는 핵심적인 요인이기 때문이다.

제6장

여성 진로에 관한 연구 동향

_양난미

제6장에서는 여성 진로에 관한 연구 동향을 자세히 들여다보았다. 최근 3년간 우리나라에서 여성 진로를 주제로 진행된 연구들을 살펴보고 이를 통해 오늘날 우리나라 여성들이 경험하는 진로문제가 무엇이며 이를 학문적으로는 어떻게 설명하고 있는지 알아보고자 하였다.

1. 들어가며

최근 여성 진로에 대한 관심이 높아지고 있다. 이는 진로에 대한 대부분의 이론이 중류 이상의 백인 남성에 대한 연구에 기반을 두고 개발되었고 이러한 한계점을 보완하기 위해 여성에 대한 이론을 추가하고 있기 때문이다(Sharf, 2014). 남성과 여성은 생물학적 차이와 후천적인 학습 및 사회문화적 환경 차이, 그리고 이들의 상호작용에 따라 남녀 차이가 생겨나게 된다. 따라서 남성과는 다른 여성이 경험하는 삶의 맥락을 잘 설명할 수 있는 여성 진로에 관한 이론의 개발이 필요하다.

여성 진로에 대한 관심이 높아진 또 다른 이유는 여성의 사회적 역할이 확대되고 직업세계에서 여성의 역할 역시 확대되었기 때문이다. 특히, 우리나라에서도 1997년 구제금융 사태 이후에 여성의 인력활용과 경력개발에 대한 관심이 높아지고 안정적인 경제성장을 위해서는 여성의 인적자원을 개발할 필요성이 제기되고 있다. 이러한 필요성을 반영하여 여성의 권익 향상과 경제활동 참여 확대 정책 등의 사회제도적 측면의 변화가 우리 사회 내에서도 이루어지고 있다(홍지선 · 계은경, 2016).

하지만 여전히 우리나라 여성의 경제활동 참여율은 저조하고, 특히 전문직이나 숙련직에서 여성비율은 매우 낮은 실정이다(김양희·유성경, 2009). 실제로 여성경제활동 참가율은 남성보다 약 20% 낮은 53.7%(2016년 기준)이고, 월평균 임금은 남성의 64% 수준이다(임윤희, 2017). 영국의 경제주간지 '이코노미스트'가 세계 여성의 날에 발표한 '유리천장지수'도 한국은 25.0점으로 경제협력개발기구(OECD) 국가 가운데 최하위였다(전명훈, 2016. 재인용). 유리천장지수는 남녀의 경제활동 참여 비율, 고등교육 이수율, 고위직 여성비율, 남녀 육아 휴직 비율 등의 차이를 종합해 산출하는데 한국은 전 영역에서 낮은 점수를 보였다. 즉, 진로와 관련 다양한 영역에서 아직까지 우리나라 여성은 남성에 비해 낮은 수준을 보이고 있다.

이러한 결과들은 우리가 여성 진로문제에 관심을 가지고 탐색해야 할 필요성을 잘 보여준다. 즉, 이제까지의 진로이론들이 남성 중심적으로 발달되었기에 여성의 생애주기별 사건들과 심리적인 변화를 반영하여 이해하는 것이 필요하다. 구체적으로 우리나라 여성들이 경험하는 삶의 맥락이 무엇이며 이 맥락 안에서 어떤 과정을 통해 진로발달과 진로선택이 이루어지는지에 관한 경험적 연구를 살펴보는 것은 여성의 삶을 이해하고 개인으로서 여성이 보다 행복한 직업선택을 할 수 있도록 도울 뿐만 아니라 국가경제 측면에서도 도움이 될 수 있다. 따라서 제6장에서는 최근 3년간 이루어진 여성 진로에 관한 주요한 연구 결과들을 주제별로 살펴보고 이를 통해 여성 진로 연구의 학문적 성과를 확인하는 동시에 실천적 함의를 찾아보고자 한다.

2. 여성 진로의 특수성

여성 진로의 특수성을 이해하기 위해서 다음 몇 가지 연구 결과를 소개하고자 한다. 먼저, 기즈버스·헤프너·존스턴(Gysbers, Heppner, Johnston, 1998)은 아동기의 성 역할 사회화, 청소년기의 학교환경 그리고 직장을 중요한 성별 맥락으로 설명하고 이러한 성별 맥락에 따른 여성이 경험하는 구체적 결과로 수학 기피, 성공에 대한 낮은 기대감, 비전통인 진로에 대한 낮은 자기 효능감, 관계적 초점과 역할 갈등을 꼽았다. 첫째, 성 역할 고정관념에 기인한 것으로 여성의 직업적 성취에 가장 큰 제한을 주는 것이 수학 기피이다. 여성은 수학을 포기함으로써 전반적인 학업적 성취, 진로선택, 결과적으로 직업선택에도 제한을 갖게 된다. 즉, 수학을 포기함으로써 자연계나 공학계로 진학하기 어렵고 그 결과 여성 과학자나 공학자와 같은 진로를 선택할 수 있는 가능성을 포기하게 된다는 것이다. 둘째, 소녀와 여성들은 소년과 남성들에 비해 자신의 능력에 대해 일관성 있게 과소평가하고 자신의 성공에 대해 낮은 기대를 갖는다는 것이다. 즉, 자신의 학업적 성취와 직업적 성취에 대해 여성은 남성보다 낮은 기대를 가지고 있고 결국 이로 인해 낮은 학업적 성취와 직업적 성취를 이룬다는 것이다. 셋째, 여성은 남성보다 성 역할에 맞지 않는 비전통적인 진로선택에 대해서 낮은 자기 효능감을 가진다는 것이다. 앞서 지적한 바와 같이 여성들은 남성들에 비해 일반적으로 자신의 잠재력을 낮게 평가하고 있을 뿐만 아니라 비전통적인 진로분야에 대한 자신의 능력 역시 낮게 평가한다는 것이다. 여성들은 간호와 교육 같은 전통적인 진로에 비해서 과학과 공학 같은 전통적으로 남성의 성 역할에 더 적절하다고 생각되는 분야 즉, 비전통적 진로분야에 대해 더 낮은 자기 효능감을 갖는다. 넷째, 여성은 남성과 달리 관계 지향적인 특성을 가지고 있다는 점이다. 남성은 자신을 명확하게 하고 힘을 가질 수 있도록 독립을 중요하게 생각하는 반면, 여성은 사회를 만들고 애착을 유지할 수 있도록 관계를 중요하게 생각한다는 것이다. 이런 차이는 여성의 직업적 성취를 제한한다. 마지막으로 역할 갈등은 여성이 전일제 직장인뿐만 아니라 어머니, 주부의 역할을 함께하는 데서 오는, 여성의 다양한 역할에서 오는 갈등을 의미한다. 다양한 문화권에서 여성은 남성보다 가사를 더 많이 하고 있고 그 결과 직장 일을 병행하는 데 더 큰 어려움을 경험하게 된다. 또한 일-가정 갈등으로 인해 일시적으로 직장을 그만두는 경력 단절이 일어나기도 한다.

유사하게 임은미(2013)는 여성 진로의 특징으로 성 역할 고정관념, 자기 효능감, 경력 단절, 승진차별과 직장 내 성희롱·성폭력 등을 꼽았다. 첫째, 성 역할 고정관념은 아동기, 청소년기에 발달하기 시작해서 성인기에 공고화되며 중년기를 거치면서 성 역할에 대한 개념이 변화된다. 이러한 성 역할 고정관념과 관련하여 우리나라에는 전통적인 가부장적인 편견과 경제활동에 대한 차별대우가 여전히 존재한다. 둘째, 진로에 대한 자기 효능감은 여성이 남성보다 낮고 남성 중심 직업에서 이러한 차이는 더 크다. 셋째, 여성은 결혼과 육아로 인해 경력 단절의 위협에 놓이게 된다. 경력 단절을 피한 여성들은 가사와 육아의 이중고에 시달리고 경력 단절을 선택한 여성들은 육아의 부담이 줄어든 중년기 이후에 다시 취업하고자 하더라도 자신의 능력에 맞는 진로에 재취업하기는 매우 어렵다. 넷째, 남성 위주의 직장에는 여성의 승진을 막으려는 직장 내 차별이나 유리천장이 존재하고 동시에 많은 여성들이 성희롱과 성폭력의 문제를 경험하고 있다. 대부분의 직장에서 남성은 여성에 비해 높은 지위에 있기 때문에 성희롱과 성폭력의 피해자는 대부분 여성인 경우가 많다.

마지막으로 국내외에서 이루어진 진로발달 연구를 개관한 최윤정 등(2013)은 성 고정관념에 대한 연구, 노동시장에서 기회 구조의 차이에 대한 연구, 전통적인 진로 또는 가정주부의 진로를 추구하는 여성과 개척자 진로 또는 가정주부의 진로를 추구하는 여성을 구별하는 요인에 대한 연구, 자기 효능감에 대한 연구 등이 여성 진로발달에 대한 대표적인 주제임을 확인하였다.

이러한 연구 결과들은 여성 진로가 갖는 특수성을 이해하고 이에 맞는 진로계획과 선택이 중요함을 보여준다. 이를 위해서는 여성의 진로발달과정에 대해 이해하고 탐색하는 연구가 필요할 것이다.

3. 진로발달

여성 진로를 이해하기 위한 틀 중의 하나는 진로발달과정을 이해하는 것이다. 대표적인 진로발달 이론가인 슈퍼(Super)는 진로가 한 번의 선택으로 결정되는 의사결정 과정이 아니라 전 생애를 통해 이루어지는 발달과정이라고 설명하였다. 슈퍼는 진로를 개인이 일련의 발달과업에 직면하여 자신이 되고자 하는 사람이 되는 방식으로 이러한 발달과정을 이행하는 생애 과정으로 개념화하였다(김봉환 등, 2010. 재인용). 다음은 슈퍼가 제안한 진로발달단계이다.

슈퍼 진로발달이론의 첫 번째 단계는 출생에서 초등학교 시절까지이며 아동이 자기에 대한 지각이 생겨나고 직업세계에 대한 기본적인 이해가 이루어지는 시기이다. 이 시기에 아동들은 세상에 대한 호기심을 가지고 세상을 탐색하며 이러한 경험을 통해 자신의 흥미와 능력에 대한 평가를 하게 된다. 또한 가정과 학교에서 만나는 중요한 사람들에 대한 동일시를 통해 자아개념을 발달시킨다.

두 번째 단계는 중학교에서 대학생 시절인 24세까지의 시기로 자신의 흥미, 적성, 가치, 욕구 등을 이해하며 보다 현실적인 자아개념을 형성한다. 동시에 취업기회 등의 직업세계를 이해하면서 자신이 어떤 직업을 선호하는지 보다 분명하게 할 수 있다. 또한 잠정적으로 진로를 선택하고 현실적인 요인을 중요시하며 이런 과정을 통해 최초의 직업을 선택하고 이를 직접 시도해 보게 된다.

세 번째 단계는 25세에서 44세에 이르는 확립기로 이 시기의 성인은 적합한 직업 분야를 발견하고 그 직업에 입문한다. 하지만 대부분 몇 차례에 걸친 직업 선택 시도를 통해 다양한 직업을 경험하고 시행착오를 거쳐서 안정된 위치에 이르게 된다. 이렇게 열심히 일하는 과정을 통해 확립기의 성인은 선택한 직업 분야에서 안정적인 기반을 형성하게 된다. 하지만 일부 성인들은 적절하지 않은 직업을 선택하기도 하고 새로운 분야를 탐색하여 다른 직업을 선택하는 과정을 반복하기도 한다.

이후 45세에서 64세에 이르는 네 번째 단계에는 일정한 직업에 정착하여 안정된 생활을 하고 지위 향상에 애쓰며, 65세 이후에는 직업에서 은퇴하여 다른 새로운 역할이나 활동을 시도하게 된다. 슈퍼는 개인이 전 생애를 거쳐 탐색기, 확립기, 유지기 및 쇠퇴기를 경험하지만 각 발달단계 속에서 진로에 대한 탐색, 확립, 유지, 쇠퇴를 반복할 수 있다고 설명하였다.

이러한 슈퍼의 발달단계의 특성을 구체적으로 탐색하기 위한 연구들이 진행되었는데 여자 고등학생을 대상으로 진행된 연구로는 하문선(2014)의 연구 두 편, 여자 대학생을 대상으로 한 연구에는 임지선·장인온(2015), 임윤서·안윤정(2016), 김양희·유성경(2014), 유순화(2014) 등이 있었으며 여자 대학원생을 대상으로 한 연구에는 김민선·양지웅·연규진(2016)의 연구가 있다.

먼저 여자 고등학생에 대한 연구를 살펴보면, 하문선(2014)은 성 역할의 긍정적 측면인 여성 성 역할과 부정적 측면인 여성 성 역할 갈등이 진로결정에 미치는 구조적 관계를 살펴보았다. 구체적으로 여성 성 역할과 여성 성 역할 갈등을 독립변인으로, 부모 진로 지지와 의사결정 의존성을 매개변인으로, 진로결정을 종속변인으로 하여 연구모형을 설정하였다. 모형 검증 결과, 여자 고등학생의 여성 성 역할과 진로결정은 부모 진로 지지를 통해, 여성 성 역할 갈등과 진로결정은 의사결정 의존성에 의해 각각 완전 매개되는 것으로 나타났다. 이러한 결과는 여성성을 높게 지각할수록 부모의 진로 지지를 높게 지각하고 여자 고등학생의 진로결정 수준이 높아지며, 여성 성 역할 갈등을 높게 지각할수록 의사결정 의존성을 높게 지각하고 결국 여자 고등학생의 진로결정 수준이 낮아진다는 것을 의미한다. 이러한 결과를 토대로 하문선(2014)은 여자 청소년의 성 역할과 진로결정 간 관계에서 여성성의 긍정적 측면뿐만 아니라 부정적 측면인 성 역할 갈등에도 관심을 가져야 하고 여성의 성 역할 사회화가 진로발달에 미치는 영향에서 의사결정 의존성이 위험 요인으로 부모 진로 지지가 보호 요인으로 작용하고 있다고 해석하였다.

또 다른 연구에서 하문선(2014)은 잠재프로파일(Latent Profile) 분석을 통해 여자 고등학생을 진로대안 집단으로 나누었다. 구체적으로 희망직업의 지위 상한선 점수, 지위 하한선 점수, 성 역할 유형 상한선 점수, 성 역할 유형 하한선 점수의 총 네 개의 점수를 이용하였고 분석 결과 나타난 2개의 집단에서 여성 성 역할, 학업성적, 사회경제적 지위, 진로결정 수준과의 관련성을 탐색하였다. 잠재프로파일 분석 결과, 전체 분석 대상의 27.8%가 속한 첫 번째 집단은 직업지위는 평균보다 다소 낮고 좁은 범위를, 성 역할 유형은 평균을 기준으로 넓은 범위의 값을 가지고 있어 '직업지위 제한 집단'으로 명명하였다. 반면, 전체 분석 대상의 72.2%가 속해 있는 두 번째 집단은 네 가지 진로대안의 구성 요소 중 직업지위가 첫 번째 집단보다 훨씬 넓은 범위를 가지며, 성 역할 유형은 보다 좁은 범위의 값을 가지고 있어 '직업지위 확대 집단'으로 명명하였다. 이러한 결과는 진로대안 집단 구분에 있어서 성 역할 유형보다는 직업지위가 더 영향을 미칠 수 있으며, 특히 2/3 이상의 학생들이 아직 자신의 희망직업에 대해 더 많은 고려를 하고 있는 중임을 의미한다. 또한, 직업지위 제한 집단과 직업지위 확대 집단 간에 개인 및 사회 환경적 변인과의 관련성을 살펴본 결과, 두 집단 간 사회경제적 지위는 유의미한 차이가 없는 반면, 여성 성 역할이 높을수록 직업지위 확대 집단에 속할 확률이 높으며, 학업성적과 진로결정 수준이 높을수록 직업지위 제한 집단에 속할 확률이 높았다. 이러한 결과는 개인 및 사회 환경적 특성이 진로대안 프로파일 분류에 각기 다른 영향을 미칠 수 있음을 의미한다고 하문선(2014)은 해석하였다.

다음으로 대학생을 대상으로 한 연구를 살펴보면, 임지선·장인온(2015)은 여자 전문대생을 대상으로 진로장벽에 대한 인식이 진로확신과 진로탐색 수준에 미치는 영향을 분석하였다. 분석 결과, 진로장벽의 여성 관련 요인 중 여성으로서의 다중역할 수행 인식, 노동시장 관련 요인 중 노동시장에 대한 낮은 기대와 노동시장에 대한 이해 부족은 진로확신과 부적 관련이 있었다.

다음으로 진로확신은 진로준비 행동에 정적 영향을 미치고 진로 장벽 중 노동시장에 대한 낮은 기대만이 진로준비 행동에 부적 영향을 미쳤다. 이러한 결과는 다중역할 수행 인식, 노동시장에 대한 낮은 기대 및 이해 부족 수준이 높은 여자 전문대생일수록 진로에 대한 확신이 낮은 경향이 있고, 진로확신이 낮을수록 진로준비 행동 수준 역시 낮아지는 것을 의미한다. 또한, 노동시장에 대한 낮은 기대가 높을수록 여자 전문대생의 진로준비 행동이 낮아지는 경향이 있었다.

여자 대학생이 가지고 있는 '여성으로서 자신에게 있어 일의 의미'를 질적 연구방법을 통해 탐색한 임윤서・안윤정(2016)은 여대생이 인식하는 내적 및 외적 진로장벽, 의미 있는 타인의 영역, 여대생의 참여활동경험 영역, 성찰 이후의 계획 영역 등의 4개 영역을 포함하는 10개 범주, 31개 하위 범주를 보고하였다. 먼저, 여대생이 인식하는 내적 진로장벽에 대한 범주로는 '여성성에 대한 부정', '비전통적 진로선택의 어려움', '다중역할의 부담', '낮은 자기 효능감' 등이 있었고 외적 진로장벽 범주로는 '여전히 존재하는 아들 선호', '남녀공학 대학에서 관습화된 성 차별 문화', '학교 밖의 일상화된 성 차별', '안정성 신화에 가려진 성별화된 직종' 등이 있었다. 둘째, 의미 있는 타인의 영역에서 어머니에 대한 것으로는 '당당하지만 여유 없는 직장인 어머니', '헌신적이지만 상실감을 느끼는 전업주부 어머니', '진로단절 극복 후 생기를 얻은 어머니' 등의 하위 범주가 나타났고 아버지에 대해서는 '긍정과 지지의 아버지', '부정과 강요의 아버지' 등의 하위 범주가 나타났다. 부모 외에 직업가계도에 대해서는 '특정 직업군의 영향', '여성 가족구성원의 경험' 등의 하위 범주로, 사회적 관계에 대해서는 '남자친구와의 관계', '선배 또는 친구의 일상적 영향', '역할 모델의 상징적 영향' 등의 하위 범주가 나타났다. 셋째, 여대생의 참여활동경험 영역 중에 일 경험은 '조직문화 위계와 규율인식', '다양한 인간관계 속 갈등과 대처', '직무에 대한 적성과 흥미의 고려', '고된 노동을 통한 현실인식' 등이, 일 이외에 다양한 경험에서는 '다른 세계로의 호기심과 인식확장', '새로운 잠재력 발견', '결핍을 통한 방황과 성장' 등이 나타났다. 넷째, 성찰 이후 계획 영역의 지향하는 성 역할 결정은 '육아에 집중하는 가정 지향', '독신을 고려하는 일 지향', '힘들지만 포기할 수 없는 일-가정 양립' 등의 하위 범주가, 진로선택을 위한 활동은 '개별화된 자기계발의 노력', '구체적 직종탐색', '전공을 벗어난 열린 진로모색' 등의 하위 범주가 나타났다. 이러한 결과를 바탕으로 임윤서・안윤정(2016)은 여자 대학생을 위한 특화된 프로그램의 제공과 함께 이를 위한 센터나 기관이 필요하고 비전통적 진로를 선택하는 여자 대학생을 위한 역할 모델과 멘토링, 특히 맞벌이 가족이 경험할 수 있는 미래의 책임의식과 역할 부담에 대한 교육이 필요함을 제안하였다.

김양희・유성경(2014)은 진로 이행을 앞둔 여자 대학생을 대상으로 이들의 문화적 성향에 따른 진로 관련 특성 차이를 탐색적으로 분석하였다. 이를 위해 주체적, 대상적, 자율적 자기로 구분되는 문화적 성향을 측정하고 잠재계층 분석을 한 결과, 한국 여대생들은 세 개의 문화적 성향 잠재계층으로 분류되었다. 또한 이들이 문화적 성향 잠재계층에 따라 진로 정체감, 진로결정 자기 효능감, 다중역할계획태도, 구직행동에 있어서 어떤 차이를 보이는지 분석한 결과, 문화적 성향에 따른 세 개의 하위집단별로 진로 관련 변인(진로정체감, 진로결정 자기 효능감, 다중역할계획태도, 구직행동)이 다른 특성을 보이는 것으로 나타났다. 이러한 결과를 바탕으로 한국 사회라는 특수한 사회문화적 맥락 안에서 여자 대학생들의 문화적 성향에 따른 이질적인 집단의 특성을 고려해야 할 것을 제안하였다.

유순화(2014)는 여대생의 자원과 진로미결정 간의 관계를 알아보고, 학년에 따라 두 변인 간의 관계에도 차이를 탐색하였다. 자원과 진로미결정 간의 관계를 검토하기 위하여 자원의 하위 요인인 내적, 사회적, 물적 자원을 독립변인으로, 진로미결정의 하위 요인인 직업정보 부족, 자기명확성 부족, 우유부단한 성격, 필요성 인식 부족, 외적 장애를 종속변인으로 하는 정준상관분석을 실시하였다. 분석 결과, 첫째, 자원과 진로미결정 간에는 유의미한 상관이 있었으며, 이는 학년에 따라 그 관계에 다소 차이가 있었다. 둘째, 1, 2, 3학년 여대생의 경우, 자원의 하위 요인 가운데 내적 자원과 사회적 자원, 물적 자원이 모두 진로미결정과 유의미한 부적 관계가 있었으며, 특히 내적 자원, 사회적 자원이 진로미결정과의 상관이 높았다. 진로미결정 하위 요인 가운데는 우유부단한 성격, 자기명확성 부족, 외적 장애 순으로 자원과 유의미한 상관이 있었다. 셋째, 4학년 여대생에 대한 결과에서는 자원의 경우 1, 2, 3학년과 유사하게 모든 하위 요인들이 진로미결정과 유의미한 부적 상관이 있었으나, 진로미결정 하위 요인의 경우 1, 2, 3학년과 달리 외적 장애의 상관은 유의미하지 않았고 우유부단한 성격, 자기명확성과 직업정보 부족이 진로미결정과 유의미한 상관이 있었다. 이러한 결과는 여대생 진로미결정 문제의 해결을 돕기 위하여 개인이 소유한 자원이 진로미결정 요인과 어떠한 관계가 있는지를 구체적으로 확인하여 개입할 필요성을 보여준다.

이공계 여성 대학원생의 진로선택과 대학원에서의 경험을 질적 연구방법을 통해 탐색한 김민선·양지웅·연규진(2016)은 최종적으로 '대학원 진학 동기', '남성 중심적 문화로의 적응', '여성이기 때문에 겪은 부정적 경험', '긍정적인 대학원 경험', '다중역할', '역할 모델'의 6개 영역과 23개 범주를 도출하였다. 이러한 결과는 '학부 졸업 후 취업에 대한 부정적인 기대'와 '대학원 졸업 후 진로에 대한 긍정적인 기대', '주변 사람들의 권유', '대학에서의 경험' 등이 대학원 진학을 결심하게 하는 주요한 계기로 작용하고 있음을 보여준다. 또한 학부시절에 연구보조원으로서의 실험실 경험은 이후 진로선택에 중요한 영향을 주는 것으로 나타났다.

다음으로 성인 여성에 대한 양현정·이기학(2015), 이수분·이정희(2014)의 연구, 중년 여성에 대한 김소연·정희숙(2015)의 연구 및 노년 여성에 대한 남순현(2015)의 연구를 살펴보고자 한다. 양현정·이기학(2015)은 자녀가 있는 직장 여성을 대상으로 생애주기 단계에 따라 다중역할로 인한 부정적·긍정적 효과의 하위 요인에 차이가 나타나는지를 살펴보고, 각 하위 요인별로 진로포부에 미치는 영향력을 비교하였다. 연구자들은 생애주기 단계를 첫째 자녀의 나이를 기준으로 미취학 자녀 집단, 초등학생 자녀 집단, 중·고등학생 자녀 집단으로 분류하고, 각 단계에 따라 다중역할로 인한 부정적·긍정적 효과에 평균차가 나타나는지를 살펴보았다. 연구 결과, 부정적 효과에서는 소진 및 과부하와 가족-일 갈등, 부정적 효과 총점에서, 긍정적 효과에서는 다중역할 효능감과 일-가족 이점에서 차이가 나타났다. 회귀분석을 실시하여 다중역할로 인한 부정적·긍정적 효과가 진로포부에 미치는 영향력을 비교한 결과, 부정적 효과의 하위 요인들 중 전업주부와의 교류 갈등은 학령기 자녀를 둔 집단에서 유의미했으며, 일-가족 물리적 갈등은 초등학생 자녀 집단에서, 일-가족 심리적 갈등은 미취학 자녀 집단에서 유의미한 요인이었다. 반면, 긍정적 효과에서는 일-가족 이점만이 모든 생애주기 단계에서 유의미한 요인으로 나타났다.

취업준비 기혼 여성들이 진로선택과정에서 경험하는 진로인식과 진로행동특성을 파악하기 위해, 이수분·이정희(2014)는 '취업의사가 있으며, 취업을 위해 직업교육과 훈련에 참여하는 등 실제적으로 취업을 위해 노력을 하고 있는 기혼 여성'을 대상으로 질적 연구를 진행하였다. 연구 결과, 취업준비 기혼 여성의 진로선택과정에서 경험하는 진로인식과 진로행동특성은 진로동기, 진로장벽, 진로선택에 대한 새로운 기준, 진로준비 행동 특성 등 4개의 범주, 20개의 하위 범주, 그리고 68개의 개념으로 도출되었다. 이러한 결과는 다음을 의미한다. 첫째, 진로동기는 경제적 필요와 경제적 독립, 사회적 존재감 추구, 건강한 노후 대책, 능력 있는 엄마, 내면적 당당함 개발, 생애 역할 변화에 대처 등 총 6개의 하위 범주가 도출되었다. 둘째, 진로장벽은 역량부족의 문제, 자녀 돌봄 문제, 막연한 두려움, 정보접근의 어려움, 가족 간 의논과 합의의 어려움으로 분석되었다. 셋째, 진로선택의 새로운 기준은 일-가정 양립이 가능한 일, 즐겁고 의미 있는 일, 사회적 신분이 인정되는 일, 전문성에 기반한 일 등으로 분석되었으며, 넷째, 진로준비 행동의 특성으로는 목표조정, 직업훈련모색, 가족들에 대한 설득과 합의, 역할 조정 등이 도출되었다.

한 중년 여성이 자신의 진로를 찾고 만들어가는 과정을 질적 연구방법으로 연구한 김소연 · 정희숙(2015)은 중년 여성의 진로구성과정을 다음과 같이 설명하였다. 진로구성과정은 생존을 위하여 업(業)을 선택하고, 주어진 일을 잘 수행함으로써 직업세계에서 적응하는 직업적응과정 이상의 것으로 밝혀졌다. 진로구성과정은 진정한 '나(Self)'를 찾아가는 여정이었고, 지속적인 선택과 '행함'을 통하여 자신의 '있음'을 이해해가는 실존의 과정이었다. 연구참여자는 진로를 찾고 만들어가는 생의 여정에서 고유한 자신의 삶으로의 복귀를 실행하였고, 가능성을 향한 자기실현을 실천하였다. 김소연 · 정희숙(2015)의 연구 결과는 '일'을 '업(業)'과 다르게 실존적 관점에서 이해하여야 한다는 것을 시사한다. '일'은 실존적 '행함'으로써 삶의 의미를 만들어가는 통로이고, 자기실현으로 지향된 실존방식이다. 뿐만 아니라 생의 진로는 한 번의 선택으로 분명해지는 것이 아니라 지금-여기에서 결단과 실행이 축적됨으로써 만들어지는 잠재성과 가능성 사이의 요동으로 펼쳐지는 과정인 것이다.

여성 노인에 대한 남순현(2015)의 연구는 노인이면서 동시에 여성이라는 점에서 사회적 배제의 대상이 되는 여성 노인에 대한 연구이다. 본 연구에서는 일과 여가 측면에서 남성 노인보다 경력 단절과 여가 부재를 경험할 수 있는 여성 노인의 일과 여가 경험을 이해하고자 하였다. 생애사 연구방법을 통해 분석한 결과, 여성 노인의 일 생애주기는 청소년기의 진로결정기, 성인기의 일 진입기와 일 경력강화기, 중년기의 일 황금기 아니 일 암흑기, 은퇴기 그리고 은퇴 후 노년기로 구분되었다. 반면 여성 노인의 여가 생애주기는 아동·청소년기의 여가 갈망기, 성인기의 여가 가족중심기, 중년기의 여가 도전기, 해방기 그리고 노년기로 분류되었다. 이러한 결과는 여성 노인의 일과 여가의 생애주기가 성인기를 전후로 변모하는 양상임을 보여 주었다. 어린 시절 여성 노인이 늘 갈망해 왔던 여가는 성인기 이후 여성 노인의 일로 승화되어 나타났고 여성 노인은 일과 여가를 늘 가족과 함께하려고 했고, 가족에게 얽매여 있었다. 하지만 여성 노인은 모든 가족관계에서 자유로워졌을 때 진정한 여가의 참맛을 느꼈다.

4. 경력 전환

경력 전환은 한 단계에서 다른 단계로 이동을 의미하는데 슐로스베르그(Schlossberg, 1984, 2009)는 경력 전환의 유형을 예상된 사건, 예상하지 못한 사건, 만성적 불편 상황, 불발사건 이렇게 네 가지로 분류하였다(Sharf, 2014에서 재인용). 먼저 예상된 사건은 고등학교 졸업, 대학교 졸업, 군대 입대, 취업과 같이 대부분 사람들의 인생에서 일어나는 기대할 수 있는 사건으로 경력 전환이 일어나는 경우를 의미한다. 예상하지 못한 사건은 기대하지 않은 사건으로 경력 전환이 일어나는 경우를 말하는데 예상치 못한 교통사고로 장애를 입거나 계획되지 않은 임신으로 결혼을 하는 것과 같은 사건으로 직장을 그만두거나 이직을 하는 것을 의미한다. 다음으로 만성적 불편 상황은 긴 통근시간, 비합리적인 상사, 마감시간에 대한 압박과 스트레스 등을 의미하고, 불발사건은 개인이 일어나기를 기대하지만 결코 일어나지 않는 일들을 말한다. 이런 다양한 유형의 경력 전환은 개인의 진로에 다양한 영향을 줄 수밖에 없다.

이 장에서는 우리나라 여성들이 경험하는 경력 전환을 알아보고자 한다. 이재은·송영수(2016)는 30대 전환기 미혼 여성의 경력 전환 전개과정에 대한 이론적 모형을 제시하고자 하였다. 30대 전환기에 놓인 미혼 여성의 경력 전환에 영향을 미치는 원인 및 경력 전환 과정을 탐색한 결과, 중심범주는 '혼돈 속 전문성 강화를 통한 개별화된 자기되기'로 나타났으며 각각 중심범주를 둘러싼 원인적 조건, 맥락적 조건, 중재적 조건, 중심현상, 작용/상호작용, 결과 등이 패러다임 모형으로 도출되었다. 또한 경력 전환 내 정체성 변화 과정은 '부모의 딸'에서 '조직 내 여성', 그리고 '개별화된 자기'의 단계로 중심 정체성이 이동하는 모습이 발견되었다. '개별화된 자기되기'란 모든 역할들에서 벗어나 자기개성을 실현하는 '독립된 자아'로 변화하는 모습인 동시에 미해결된 심리적 과제를 진로와 통합하여 '주체적 자기'로 나아가는 성장과정 전반을 의미한다.

김보연(2016)은 낮은 진로정체감을 지녔던 한 여성공무원의 경력 전환 경험과 그 과정에서의 정체성 변화를 통해 성장의 의미를 탐색하는 문화기술지 연구를 진행하였다. 낮은 진로정체감은 인생 전체를 좌우할 수 있는 직업의 선택, 그리고 삶의 방향과 목적에 맞게 구성되어져야 하는 직업에 대한 의미를 왜곡시켜 직업인으로서의 정체성과 자신감에 부정적 영향을 줄 수 있다. 또한 생애전환기에 자신의 정체성을 다시 한 번 탐색하고, 나아가 제2의 진로를 선택할 때 더 강한 심리적 갈등을 겪을 수 있다. 그럼에도 불구하고 공무원에서 강사로의 경력 전환 과정에서의 자기성찰과 교육은 진정한 자아를 찾아가는 과정이자 의미 있는 성장통이 될 수 있다. 이는 직업의 선택과 인생의 방향 설정이 어느 누구의 강요가 아닌 자신의 선택과 결단에 의해 이루어질 때 보다 성숙한 인간으로서의 삶을 살 수 있음을 시사한다.

자발적으로 경력 전환을 고려하는 여성의 경력 전환 결정에 심리내적으로 어떤 요인이 영향을 주는지를 탐색하여 여성의 자발적 경력 전환에 대한 개념적 구조를 살펴보고자 한 김나래 · 이기학(2016)은 다차원 척도법과 위계적 군집 분석을 실시하였다. 연구 결과, 첫째, 경력변경 경험에 영향을 준 요인의 영역(기존 직업특성/개인 효능감)과 위치(내적 진로가치/환경적 맥락)의 두 가지 차원을 바탕으로 나뉘어졌다. 둘째, 군집으로는 1) 변화에의 기대 2) 조직 불만족 3) 자아실현 지향 4) 지지적 환경 5) 의미부여 어려움 6) 보상 미충족의 여섯 가지로 범주화되었다. 셋째, 각 범주화된 군집 내 진술문들에 대해 연구 대상자가 중요하게 영향을 받았다고 공감하는 정도에 따라 평정한 결과, 자아실현 지향 군집이 가장 높은 평정치를 나타내, 경력변경 과정에 중요한 영향을 준 것으로 나타났다. 반면, 보상 미충족 군집이 가장 낮은 공감 평정도를 보였다. 이러한 결과는 경력 전환 과정에서 자아실현 지향성이 중요한 영향을 미치는 반면, 보상 미충족은 비교적 낮은 중요성을 가짐을 의미한다.

경력 단절 여성의 진로장벽 지각이 고용가능성에 영향을 미치는 데 있어서 사회연결망의 매개효과를 알아보기 위해 유희정(2015)은 구조방정식 모형 검증을 실시하였다. 모형검증 결과, 진로장벽 지각이 고용가능성에 영향을 미치는 데 있어서 사회연결망의 부분 매개모형인 가설모형이 완전매개 모형인 경쟁모형에 비해 더 적합한 것으로 나타났다. 가설모형에 나타난 결과를 살펴보면, 첫째, 진로장벽 지각은 고용가능성에 직접적으로 영향을 미칠 뿐만 아니라, 사회연결망을 매개하여 고용가능성에 영향을 미쳤다. 둘째, 구체적인 영향력을 살펴본 결과, 진로장벽 지각, 사회연결망은 고용가능성 총 변량의 39%를 설명하였다.

마지막으로 김강호(2015)는 여성 관리자의 경력목표 변화양상을 통해 잠재계층을 구분하고, 이들 집단에 영향을 미치는 개인 및 조직 변수를 탐색하였다. 여성 관리자 패널조사 자료를 활용하여 잠재계층분석과 다층로짓분석을 실시하였다. 분석 결과, 여성 관리자의 경력목표 변화는 두 개의 계층으로 구분 가능했으며, 각각 '고(高) 경력목표', '저(低) 경력목표' 집단으로 명명하였다. 분석 대상 여성 관리자들의 82%가 '저 경력목표' 집단에 속했으며, 12% 정도만이 '고 경력목표' 집단에 속하는 것으로 나타났다. 또한 개인변수 중에서는 학력, 임금, 일에서 가정(삶)으로의 정적 전이, 멘토 유무, 훈련 참여 경험 등이 '고 경력목표' 집단에 속할 확률을 높여주는 것으로 나타났다. 조직특성변수에서는 승진 결정 기준 공개 여부가 유의미한 영향관계가 있는 것으로 나타났다.

5. 경력 단절

슈퍼(Super, 1957)는 자신의 전 생애 진로발달이론에 여성의 진로를 설명하기 위해 다음과 같은 일곱 가지 여성의 진로패턴을 추가하였다(Sharf, 2014에서 재인용). 먼저 안정적인 전업주부 진로패턴(stable homemaking career pattern)은 학교 졸업 이후에 바로 결혼을 하고 그 이후에는 의미 있는 직업경험을 하지 않는 유형이고, 전통적 진로패턴(conventional career pattern)은 학교 졸업 이후에 취업을 하지만 결혼 이후에는 가사나 육아에 전념하기 위해 일을 그만두고 그 이후에는 직업경험을 하지 않는 유형이다. 이에 비해 일 지속형 진로패턴(stable working career pattern)은 학교 졸업 이후에 전 생애에 걸쳐 일을 계속하는 유형이고, 일-가사 양립 진로패턴(double-track pattern)은 전 생애에 걸쳐 일과 가사를 병행하여 진행하는 유형이다. 또한 단절 진로패턴(interrupted career pattern)은 일을 하다가 결혼을 하면서 직장을 그만두고 전업주부로 있다가 일정기간이 지난 이후에 자녀가 성장하여 스스로 돌볼 수 있게 되면 다시 일을 시작하는 유형이다. 마지막으로 불안정한 진로패턴(unstable career pattern)은 일을 하다가 중단하고 다시 시작하였다가 중단하고 또 다시 일자리를 얻는 주기를 거듭해서 반복하는 유형이며, 다중 시도 진로패턴(multiple-trial career pattern)

은 일을 하지만 어떤 진로를 확고히 하지는 않고 평생 동안 서로 연관이 없는 수없이 많은 직업을 가지는 유형이다.

이 중에서 단절 진로패턴(interrupted career pattern)이 경력 단절 여성과 관련 깊은 유형이다. 이들은 학업을 마친 이후에 직업을 가지고 일을 하지만 가사나 육아의 부담 혹은 다른 이유로 직장을 그만두고 경력 단절을 경험한다. 이들은 일정기간이 지나 자녀에 대한 육아의 부담이 줄거나 다른 일들이 해결되고 난 이후에 다시 일을 시작하고자 하는 경우가 일반적이다. 하지만 이러한 경력 단절 여성들은 재취업을 원하지만 자신의 학업적 배경이나 경력에 적절한 직장에 취업하기는 매우 어려운 일이다. 이처럼 경력 단절은 여성 진로에서 중요한 주제이며 이 장에서는 이러한 경력 단절과 관련된 몇 개의 연구를 살펴보고자 한다.

박정열・손영미(2016)는 경력 단절 여성의 진로적응성, 진로장벽, 재취업 이득/손실의 지각이 재취업욕구에 미치는 영향을 탐색하였다. 연구 결과, 가족의 취업요구 정도와 진로적응성, 재취업 이득에 대한 지각이 재취업욕구에 유의하게 영향을 미치는 것으로 드러났으며, 가정 및 사회지원, 진로장벽, 재취업 손실에 대한 지각은 통계적으로 유의하지 않았다. 진로적응성 하위 요인이 재취업욕구에 미치는 영향력을 살펴보기 위해 추가분석을 실시한 결과, 취업필요성에 대한 확신, 취업자신감획득, 취업을 위한 가족설득, 일-가정 병행을 위한 인지적 재구성이 재취업욕구를 높이는 데 주요하게 영향을 미치는 것으로 드러났다.

경력 단절 기혼 여성의 재취업 준비와 시도경험을 드러내고, 노동시장 재진입 과정에서의 진로발달을 이해하고자 한 유정이・김수리·이수림(2016)은 포커스 그룹 인터뷰를 통한 질적 분석방법을 사용하였다. 분석 결과, 5개 영역, 17개의 범주, 47개의 하위 범주, 135개의 개념으로 정리되었고 이들의 경험으로부터 재취업 포부, 재취업준비 행동, 취업 장벽, 인식 변화, 그리고 사회적 지원 요청의 5개 영역이 도출되었다. 재취업을 원하는 여성들은 생애사적인 사건으로 직업을 그만두었다가 여유가 생기면서 다시 직장을 다니려고 하는 공통점을 지닌다. 하지만 경력 단절 여성이 재취업을 시도하는 것은 다양한 이유인 것으로 나타났다. 30대 경력 단절 기혼 여성이 재취업을 희망하는 이유는 단지 경제적인 것뿐만이 아니며 한 인간으로서의 독립, 노후 준비, 일의 의미 실현, 자기관리, 사회적 관계 지향, 그리고 안정적인 직장생활을 기대함 등 다양하였다. 실제로 30대 경력 단절 기혼 여성은 재취업을 시도하는 과정에서 진로포부수준의 다양화와 하향화를 경험하였다. 이들은 정규직이나 노동집약적이고 고소득을 겨냥하는 직종보다는 아르바이트나 일-육아 양립 가능한 직종을 원하는 경향이 있었다. 다만 경제적인 면에서 '보수가 낮아도 괜찮지만 너무 낮지는 않아야 한다'라는 이중적인 기준을 가지고 있는 것으로 밝혀졌다. 재취업 시도 과정에서 이들이 느끼는 진로장벽은 낮은 임금, 나이, 낮은 지위, 재취업 관련 교육비의 부담, 취업과 연결되지 않는 교육, 야근이나 주말근무의 어려움, 자녀 탁아의 어려움, 육아시설이나 공공시설 이용 불편함, 재취업 후 엄마의 부재로 인한 자녀의 안전 및 비행에 대한 예기 불안, 가족의 양육에 대한 지원 부재 등이었다.

다음으로 유성경·김은석(2015)은 한국 맞벌이 여성의 일과 가족의 양립 경험이 일자리 중단에 어떠한 영향을 미치는지를 탐색하기 위해 일-가족 갈등, 가족-일 갈등, 일-가족 향상, 가족-일 향상 수준이 직장을 그만둘 가능성에 미치는 영향력을 검증하였다. 이들은 여성가족패널조사 자료를 분석에 사용하였고 조사 첫 해에 새로운 직장에 다니기 시작하였다고 응답한 20대에서 40대까지의 여성 임금 근로자를 분석 대상으로 하여 비연속시간 생존분석을 실시하였다. 일자리 중단 실태에 대한 분석 결과, 입사 초기일수록 직장을 그만둘 가능성이 높았으며 시간이 흐름에 따라 점차 이러한 위험성이 감소하는 추세가 나타났다. 독립변수의 영향력을 검증한 결과에서는 변인들 중 일-가족 향상만이 직장을 그만둘 가능성에 영향을 주어, 일-가족 향상의 수준이 높을수록 매년 직장을 그만둘 가능성이 유의하게 낮아짐을 확인하였다. 그 밖에 일-가족 갈등, 가족-일 갈등, 가족-일 향상은 직장을 그만둘 가능성에 유의한 영향을 미치지 않는 것으로 나타났다.

마지막으로 서경희・곽원준・심지현(2015)은 심리적 변인인 진로결정 자기 효능감과 환경적 요인인 사회적 지지가 경력 단절 후 취업을 희망하는 여성의 진로적응성(career adaptability)에 어떠한 영향을 미치는지 확인하였다. 연구 결과, 경력 단절 여성의 진로결정 자기 효능감은 진로적응성에 유의한 영향을 주었고 경력 단절 여성의 진로결정 자기 효능감과 진로적응성의 관계에 있어 사회적 지지는 부분 조절효과가 있었다. 즉, 재취업을 희망하는 경력 단절 여성들의 진로 관련 어려움을 극복하기 위해서는 개인적 관계망과 제도적 관계망을 활용할 필요성이 있으며, 추가적으로 역할 모델 및 유사한 상황의 경력 단절 여성들과의 교류를 확대할 수 있는 집단프로그램의 필요성이 제시되었다.

6. 다문화

한국 사회는 빠른 속도로 다문화 사회로 진입하고 있으며 이에 따라 다문화 가정과 다문화 가정의 자녀 수 또한 급격히 증가하고 있다(이병준 · 석영미 · 한현우, 2015). 이병준 등(2015)은 다문화 가정의 자녀에 대한 관심이 단순히 이들의 적응과 문제점에만 치우쳐 왔을 뿐 새로운 다문화 사회의 주체가 되어야 할 이들의 진로교육에 대한 논의는 매우 부족함을 지적하였다. 따라서 이 장에서는 다문화 여성과 관련된 연구들을 탐색하고자 한다.

한 · 일 국제결혼가정의 청소년기 자녀와 이들의 어머니를 대상으로 심층인터뷰를 통하여 자녀의 진로에 대한 인식과 경험을 탐색하고자 한 이시이히로코 · 이영선(2016)은 다음과 같은 결과를 보고하였다. 분석 결과, 진로포부 수립, 진로준비 행동과 그 결과, 진로결정과 진로준비 행동에 영향을 미치는 요인들의 총 3개의 주제와 9개의 하위주제, 그리고 22개의 의미코드가 도출되었다. 제1주제는 '진로포부의 수'로 진로포부의 구체화 계기, 현재 진로포부와 진로포부 결정 기준으로 구성되고, 제2주제는 '진로준비 행동과 그 결과'로 자녀 개인 차원의 행동 및 행동 결과, 학교 차원의 행동 및 행동 결과, 가정 차원의 행동 및 행동 결과로 구성되었으며 제3주제는 '진로결정 및 진로준비 행동에 영향을 미치는 요인들'은 자녀 요인, 부모 요인, 제도적 요인으로 구성되었다.

알기르마·김영순·박미숙(2015)은 몽골 출신 결혼이주여성의 진로개발에 영향을 주는 요인을 탐색하였다. 인터뷰 내용은 크럼볼츠(Klumboltz)의 사회학습이론에서 제시하는 진로결정 요인 네 가지, 즉 유전적 재능과 특별한 능력 요인, 환경적 조건과 사건 요인, 학습경험 요인, 과제접근기술 요인으로 질문지를 구성하고 심층 인터뷰를 통하여 내용을 분석하였다. 연구 결과 첫째, 몽골인은 한국인과 외모가 비슷하고 동양적인 사고를 가지고 있는 것과 몽골인의 특성인 진취적이고 빠른 적응이 한국 사회에서 진로를 선택하는 데 많은 도움이 되었다. 둘째, 다문화 사회로 접어든 한국 사회가 다양한 다문화정책과 다문화 관련 프로그램으로 인해 다문화 관련 직업을 선택할 수 있게 되었다. 그러나 다문화 관련 직업이 장기적이거나 비전을 가질 수 없는 현실이 안타깝다고 하였다. 셋째, 몽골 출신 결혼이주여성은 한국어 능력과 모국에서의 학습경험이 진로를 결정하는 데 영향을 주고 있었다. 그러나 모국에서의 경험이나 자격을 인정받지 못할 때에는 다른 직업을 선택할 수밖에 없다고 하였다. 넷째, 다양한 교육프로그램에 참여하고 제공받으면서 미래를 대처할 수 있는 자신의 능력을 향상시키고 있었으며 자원봉사 등 사회활동이 자신의 진로개발에 도움이 되었다.

마지막으로 이병준·석영미·한현우(2015)는 결혼이주여성 다섯 명의 질적 사례연구를 통해 다문화 가정에서 이루어지는 자녀 진로교육에 대한 인식과 그 경험을 알아보고자 하였다. 연구 결과 결혼이주여성들은 첫째, 교육에 대한 절실함과 자녀에 대한 믿음을 바탕으로 자녀의 진로에 대한 높은 기대와 이상적인 직업관을 가지고 있었다. 둘째, 이들의 진로교육은 교육환경 조성과 정보 수집, 지역의 다양한 교육자원 활용, 그리고 스스로 진로교육의 모델링을 보여주기 등으로 나타났으며 문화의 차이로 인한 갈등과 모순, 정보 부족으로 인한 막연함 등의 어려움 또한 경험하고 있었다. 이러한 연구 결과를 통하여 결혼이주여성들이 보다 적극적으로 자녀의 진로교육에 참여하고 동반 성장할 수 있는 사회적 여건 마련, 문화적 차이를 해소하고 구체적인 진로정보를 제공할 수 있는 부모교육의 제공, 다문화 가정의 상황과 자녀의 특성에 맞는 생애진로교육 실시가 필요함을 제시할 수 있었다.

7. 나가며

이상에서와 같이 여성 진로에 관한 주요한 주제를 중심으로 최근 3년간 국내에서 이루어진 연구를 검토하였다. 그 결과 청소년, 여자 대학생, 성인, 노인 등 다양한 연령대의 여성에 대한 연구가 생애주기별로 진행되고 있다는 점을 확인할 수 있었다. 또한, 연구의 주제도 경력 전환, 경력 단절, 및 다문화까지 우리나라 사회의 현실을 반연하는 다양한 주제의 연구가 진행되고 있음을 확인할 수 있었다.

제 7 장

직장에서의 성희롱 예방과 경계권의 보호[1] _김대균

제7장에서는 공동체 우선의 사회, 가부장적 사회에서 무시되어온 경계권의 관점에서 성희롱 문제를 살펴보았다. 성희롱은 성적 경계, 육체적 경계를 침입하는 것으로 경계권과 관련되는 대표적인 사안이다. 국가인권위원회에서 판정하는 성희롱의 구체적인 사례들을 분석하고 해석함으로써 성희롱의 개념과 이론에 대한 이해, 경계권 보호와 관계윤리 정립, 성희롱 예방 교육에서 가치교육적 접근의 중요성을 제시하였다. 한국 사회에서 경계권 보호에 대한 의식이 약하다는 점에 주목해서 직장 내에서 성희롱 예방 교육도 가해자 처리에 초점을 두기보다는 모든 인간의 경계권을 존중하도록 하는 경계윤리교육을 통한 예방에 초점을 두어야 함을 강조하였다.

---

1) 이 글은 김대균(2015). "윤리교육에서 성희롱 예방 교육". 『윤리연구』. 102권 0호. 한국윤리학회. pp.303~330을 바탕으로 해서 본 서적의 취지에 맞게 수정 보완하여 작성하였음.

1. '성희롱'이라는 이름표

현재 한국 사회에서 성과 관련되는 사회적 논의 중 대표적인 것은 성희롱(sexual harassment)일 것이다. 과거 한국 사회에서 성희롱이라는 말은 범죄적인 용어가 아니었다. 성희롱을 남녀가 사랑하는 관계로 발전되기 전의 탐색쯤으로 생각해서 성적 관심 표시의 일종으로 여겼다. 또는 성적 욕망을 가진 인간들의 짓궂은 장난기쯤으로 생각했다. 범죄라기보다는 있을 수 있는 성의 유희로 생각해서 현재의 성희롱이라는 개념과 같은 뜻매김 자체가 이루어지지 않았다.

남성 중심의 직장에서 여성을 성적으로 비하하거나 모욕감을 주더라도 여성들은 그 모욕감을 주는 실체에 대한 이름이 없었기 때문에 참고 넘기는 수밖에 없었다. 그러다가 직장에서 굴욕감을 주고 좌절하게 하는 일련의 이름 없던 언행에다 1992년에 '성희롱'이라는 이름을 붙이게 되었다. 이렇게 탄생된 이름은 과거부터 사용되던 성희롱이란 말과는 다른 쓰임을 갖게 되었다. 성과 관련되는 놀이가 아니라 성 차별의 한 형태로 인격권, 행복추구권, 평등권을 침해하는 죄에 붙인 이름표가 된 것이다.

이러한 성희롱 개념은 법령으로 규정되기에 이르렀는데, 국가는 성희롱 문제를 해결하기 위해 「남녀차별금지법」(여성가족부),

「남녀고용평등법」(노동부), 「국가인권위원회법」(국가인권위원회) 등을 통해 다중적으로 접근[2)] 해 왔다. 현재는 「양성평등기본법」, 「남녀고용평등과 일·가정 양립 지원에 관한 법률」, 「국가인권위원회법」에서 성희롱의 개념을 명료화하고 있다. 이 세 가지 법령에서는 사업주의 의무로서 성희롱 예방 교육을 의무적으로 실시하도록 규정하고 있다. 직장 내 성희롱 예방 교육의 내용[3)]은 ① 성희롱 관련 법령[4)], ② 성희롱 발생 시 처리 절차와 조치 기준, ③ 성희롱 피해 근로자의 고충 상담 및 구제 절차, ④ 성희롱을 한 자에 대한 징계 등 제재 조치가 기본 내용이다. 이러한 내용에서 알 수 있듯이 현재의 성희롱 예방 교육은 법령 알리기와 사후 처리 방안에 초점이 맞추어져 있다.

그런데 성에 대한 균형 있는 이해를 위해서는 법령을 넘어서는 이해가 필요하다. 우선 섹스(sex), 젠더(gender), 섹슈얼리티(sexuality)의 의미를 바르게 알고 있어야 함은 물론이고 우리 사회에서 혼

---

2) 성희롱과 관련한 업무를 담당하는 기관은 국가인권위원회, 고용노동부, 여성가족부가 있다. 국가인권위원회는 「국가인권위원회법」에 따라 공공기관, 민간 사업장, 학교, 군대, 자원봉사단체, 친목단체 등에서 일어나는 일반적인 성희롱 사건을 조사하고 구제하는 업무를 담당한다. 고용노동부는 「남녀고용평등과 일·가정 양립 지원에 관한 법률」에 따라 민간 사업장 즉, 직장 내 성희롱 예방과 구제 업무를 담당한다. 여성가족부는 「양성평등기본법」에 따라 공공기관의 성희롱 교육과 방지 조치에 대한 관리 감독을 한다.

3) 「남녀고용평등과 일·가정 양립 지원에 관한 법률 시행령」 제3조 제2항.

4) 성희롱 행위자는 형사 처분 대상이 아니다. 「국가인권위원회법」, 「남녀고용평등과 일·가정 양립 지원에 관한 법률」, 「양성평등기본법」에는 성폭력 범죄 행위에 해당하지 않는다면 성희롱 행위자는 형사 처분할 수 없다. 다만, 성희롱의 대상이 노인 또는 아동인 경우에는 「노인복지법」, 「아동복지법」에 따라 성희롱 행위자에 대하여 형사 처분이 가능하다.

란스럽게 쓰이고 있는 성희롱의 의미를 직장 내의 관점과 일반적인 관점에서 구체화하고, 성희롱의 유형을 비판적으로 이해하는 것이 요구된다. 또한 남성 중심의 성에 대한 해석의 왜곡을 바로잡을 필요가 있다.

2. 성적인 것과 성희롱

1) 성적인 것들

성(性)이라는 말은 다양한 의미를 가지고 있는데, 일상적으로는 구분되지 않고 혼용되고 있다. 성 차별, 성관계, 성희롱의 '성'은 같은 의미를 갖는 '성'이 아니다. 생명체 전반적으로 볼 때 성은 암수로서 가지는 욕망, 생식기의 교접, 암수라고 규정되는 특성 등을 가리키는 데 엄밀하게 보면 이런 성의 특성은 같은 성을 두고 지칭하는 것이 아니다.

이렇듯 애매한 성의 개념을 이해하는 방편으로 서구의 페미니스트들은 '성'을 개념적으로 섹스, 젠더, 섹슈얼리티로 구분하는 데 힘을 모아 왔다.[5)]

섹스(Sex)는 남녀를 신체적으로 구분하거나 남녀 간의 성교를 가리킬 때 사용한다. 섹스는 남자, 여자의 생물학적 차이를 말해주는 낱말이다. 이것은 타고난 것으로 인간 개개인을 성기를 통해 구분할 수 있다. 누군가가 남성의 성기를 갖고 태어났으면 남자이고 여성의 성기를 갖고 태어났으면 여자이다.

젠더는 남성과 여성을 사회문화적으로 구분할 때 사용한다. 젠

---

5) 조주현(2008). "섹슈얼리티와 페미니즘". 『섹슈얼리티로 바라본 세상』. 한국양성평등교육진흥원. p.6.

더는 사회문화적으로 구성된 성으로 여성과 남성에게 적절하다고 간주되는 사회적 행동, 특성과 가치, 여성과 남성의 관계를 포괄적으로 포함하는 개념이다. 어떤 사회에서 남성답다고 하는 것은 또 다른 사회에서 남성답다고 하는 것과 다를 수 있다. 젠더는 인간을 개인으로 구분하는 것이 아니라 그룹으로 구분하는 것이기 때문에 남자의 생식기를 갖고 태어나면 개인적 본성이 어떠하든 그 사회에서 규정하고 있는 남성다운 남자로 사회화되도록 제2의 성을 형성하게 된다. 이렇게 만들어진 성인 젠더가 왜곡되어 있으면 젠더의 이데올로기로 인해서 여성 차별주의 사회가 되기도 한다.

성의 의미 중에서 생각보다 느낌으로 더 이해하기 쉬운 개념이 섹슈얼리티이다. 이것은 모호하게 쓰이고 있지만, 사춘기 이후의 나이에 더 선명하게 다가오는 '에로틱한 의미를 지니는 모든 것'을 가리키는 말이라고 볼 수 있다. 이것은 남녀 간의 성교(생물학적 측면에서가 아니라 복합적인 측면에서)나 성적 행위뿐만 아니라 모든 에로틱한 욕망(erotic desire), 에로틱한 실천(erotic practice), 성적 정체성(sexual identity)을 가리킬 때 사용된다. 그래서 섹슈얼리티는 확정된 어떤 실체나 현상이 아니라 개인마다 다양하게 반응할 수 있는 유동적인 개념이다. 젠더와 달리 개별적인 성이지만 신체 구조, 심리 구조, 사회적 규범, 사회조직(결혼, 가족, 법, 교육 등)에 영향을 받는 사회적 구성물로 이해하게 되면 섹스와 젠더와 연관 있는 개념으로 볼 수 있다.[6] 그렇다고 하더라도 섹슈얼리티는 개별적인 성이기 때문에 섹스나 젠더의 차원에서

---

6) 문희경(2010). 『성희롱의 이해』. 교육과학사. p.34.

규정지을 수 없다. 천 명이 있다면 천 가지의 섹슈얼리티가 있다고 볼 수 있는 천차만별적인 개념이다. 누군가에게 포르노 동영상은 섹슈얼리티로 받아들여지지만, 어떤 사람에게는 단지 혐오감을 줄 뿐 성적인 것으로 받아들여지지 않을 수도 있다. 그런데도 남자들은 좋아할 것이라고 규정짓는다면 이것은 섹슈얼리티를 몰이해한 왜곡된 젠더 차원의 편견인 것이다.

생물학적 성(sex)은 시공이 달라져도 같은 것이지만 젠더와 섹슈얼리티는 개인이 처한 사회관계와 문화적 맥락에 따라 또는 개인이 처한 상황에 따라 달라진다. 특히 섹슈얼리티는 성적 정체성과 성적지향과 관련된 개념으로 사회적 논란을 촉발시키기도 하고, 성적자기결정권과 관련된 개념이기 때문에 섹슈얼리티에 대한 침해는 성희롱의 범죄화 근거가 된다.[7)]

섹스, 젠더, 섹슈얼리티의 개념과 상호관계에 대해서는 다양한 시각들이 존재한다.[8)] 이러한 구분 자체에 문제 제기를 하면서 섹스도 사회문화적 개념으로 봐야 하는 젠더와 다를 바 없다는 관점도 있다. 또한 젠더와 섹슈얼리티도 밀접하게 관련되어 있다고 보면서 남녀 간의 사회문화적 구분과 위계를 유지시키는 젠더 체계는 섹슈얼리티에 깊은 영향을 끼친다는 점을 지적하고 있다. 요즘은 생물학적 성, 사회문화적 성, 성적인 것들 등 중심개념을 가지고 정의내릴 수 없는 새로운 성의 개념들이 나타나고 있다.[9)] 기존의 어떤 틀에도 속하지 않는 범주로서 젠더 개념, 남성

---

7) 박성미(2014). "성희롱의 행위에 대한 형사법적 규제 토론문". 『성희롱·성폭력 범죄의 재조명』. 경상대학교 여성연구소 학술대회 자료집. p.72.

8) 조주현. 앞의 책. p.8.

여성 이상의 개념으로 설명해야 하는 교차되어 있는 지점들이 있다. 성 차이, 성 구별로 성 차별이 고착화되었다고 보고, 남녀의 구별의 모호함을 지적하면서 남녀 대립축이 아니라 다양한 차원에서 인종, 국가, 계급, 젠더, 성적지향, 나이 등에 따라 다양한 남성, 여성성이 존재한다는 것이다.

한편, 성의 의미에 얽매이기보다는 해방되어야 한다는 주장도 있다.[10] 섹슈얼리티를 섹스, 젠더 관점에서 나누어 말하는 것은 바로 성을 통해 억압하고 위계를 짓는 것과 다르지 않다는 것이다. 이러한 관점의 연장선에서 좋은 성과 나쁜 성으로 나눌 때 이성애-동성애, 혼내-혼외, 일부일처제-난교, 생식 중심-생식과 무관, 비상업적-상업적, 파트너 있음-자위, 관계적-일회적, 동일세대 간-다른 세대 간, 비밀스런 성-공개적인 성 등으로 대립시켜 한쪽을 좋은 성이라고 보고 그 기준으로 다른 쪽의 성을 나쁜 성으로 규정하는 것이 오히려 문제라고 본다.

성의 의미를 오용, 혼용함으로써 사회현상을 직시하는 데 생기는 장애가 있으므로 성 담론에서 성의 의미를 이해하는 것이 기본적인 조건이라고 볼 수 있다. '성적인 것'에 대한 금기에서 해방되기 위해 성적 표현의 극대화를 추구하는 이러한 관점에서조차 도덕적 기준은 있는데 그것은 동의에 의한 성이어야 한다는 것이다.

---

9) Samuel Estreicher(ed.)(2000). *Sexual Harassment in the Workplace* (Springer). pp.78~83.

10) 이정호 외 공저(2006). 『철학의 이해』. 한국방송통신대학교 출판부. pp.122~124.

2) 직장 내 성희롱

현재 우리 사회에서 성과 관련되는 사회적 화제 중 대표적인 것은 성희롱(sexual harassment)[11]일 것이다. 이때 성은 성의 의미 중에서 섹슈얼리티 측면의 성에 관한 것이다. 과거 우리 사회에서 섹슈얼리티에 둔감했던 시기에는 현재의 성희롱이라는 개념과 같은 뜻매김 자체가 이루어지지 않았다. 이름이 없다보니 '그런 일'을 당했다고 생각하는 자신이 문제인가라는 식으로 굴욕감을 견뎌야 했다.[12] 한국에서 성희롱은 그 이전에는 이름이 없던 어떤 경험에 이름표를 붙인 것으로 '조직 내에서 평등권을 보호'하기 위해 현재 「남녀고용평등 및 일·가정 양립 지원에 관한 법률」(시행 2014.01.14)[13], 「양성평등기본법」(시행 2015.07.01), 「국가인권위원회법」[14]에서 성희롱의 의미를 제시하고 있다.

---

11) 'harassment'는 불어의 'harasser'에서 유래한 용어로 '지긋지긋하게 하다.', '귀찮게 굴다', '몹시 피로하게 하다', '기진맥진해지다' 등의 뜻을 가지고 있다.

12) 미국에서도 1974년에 처음으로 'sexual harassment'라는 말이 생겼다. 여성들이 직장에서의 경험을 털어 놓는 자리에서 '남성으로부터 불편한 경험을 하였고, 이로 인해 해고당하거나 직장을 그만둔 경험이 있다'라는 사실을 확인한 린 파얼리(Lin Farley)는 이 문제를 'sexual harassment'라고 이름 붙였다. Lin Farley(1978). *Sexual Shakedown: The Sexual Harassment of Women on the Job*, New York: Warner Books. pp.11~12.; 신상숙(2008). "성희롱 개념의 성립과 변화". 한국양성평등교육진흥원. 성희롱 예방 교육 전문강사 전문과정 자료집. p.5.

13) '직장 내 성희롱'이란 사업주·상급자 또는 근로자가 직장 내의 지위를 이용하거나 업무와 관련하여 다른 근로자에게 성적 언동 등으로 성적 굴욕감 또는 혐오감을 느끼게 하거나 성적 언동 또는 그 밖의 요구 등에 따르지 아니하였다는 이유로 고용에서 불이익을 주는 것을 말한다. 「남녀고용평등 및 일·가정 양립 지원에 관한 법률」 제1장 제1조.

「양성평등기본법」에서는 인권보호와 복지증진 차원에서 성희롱에 대한 개념을 정의하고 성희롱 예방 교육 등 방지 조치를 취하도록 규정하고 있다.15)

> 제3조(정의) 이 법에서 사용하는 용어의 뜻은 다음과 같다.
> 2. '성희롱'이란 업무, 고용, 그 밖의 관계에서 국가기관·지방자치단체 또는 대통령령으로 정하는 공공단체(이하 '국가기관 등'이라 한다)의 종사자, 사용자 또는 근로자가 다음 각 목의 어느 하나에 해당하는 행위를 하는 경우를 말한다.
> 가. 지위를 이용하거나 업무 등과 관련하여 성적 언동 또는 성적 요구 등으로 상대방에게 성적 굴욕감이나 혐오감을 느끼게 하는 행위.
> 나. 상대방이 성적 언동 또는 요구에 대한 불응을 이유로 불이익을 주거나 그에 따르는 것을 조건으로 이익 공여의 의사 표시를 하는 행위.16)

위의 성희롱의 개념 정의에서 '성적 언동 등'의 의미는 남녀간의 육체적 관계나 남성 또는 여성의 신체적 특징과 관련된 육체적, 언어적, 시각적 행위로서 사회공동체의 건전한 상식과 관행에 비추어 볼 때 객관적으로 상대방과 같은 처지에 있는 일반

---

14) 성희롱이란 업무, 고용 그 밖의 관계에서 공공기관의 종사자, 사용자 또는 근로자가 그 직위를 이용하거나 업무 등과 관련해 성적 언동 등으로 성적 굴욕감 또는 혐오감을 느끼게 하거나 성적 언동 그 밖의 요구 등에 대한 불응을 이유로 고용상의 불이익을 주는 것을 말한다. 「국가인권위원회법」 제2조 제3호 라목.

15) 「양성평등기본법」 제2장 제31조.

16) 「양성평등기본법」 제1장 제2조 제2호.

적이고도 평균적인 사람에게 성적 굴욕감이나 혐오감을 느끼게 할 수 있는 행위를 말한다.[17] 지위를 이용하거나 업무 등과 관련하여의 의미는 포괄적인 업무 관련성을 나타낸 것으로서 업무수행의 기회나 업무수행에 편승하여 성적 언동이 이루어진 경우뿐만 아니라 권한을 남용하거나 업무수행을 빙자하여 성적 언동을 한 경우도 성희롱에 포함된다. 업무 관련성이 인정되는지는 양 당사자의 관계, 행위가 행해진 장소 및 상황, 행위의 내용 및 정도 등의 구체적 맥락을 고려해 판단된다.[18]

성희롱의 개념을 제시하고 있는 「국가인권위원회법」과 「남녀고용평등과 일·가정 양립 지원에 관한 법률」 및 「양성평등기본법」 의미규정에서 큰 차이는 없다. 크게 보면 ① '지위를 이용하거나 업무 등과 관련하여 성적인 말과 행동으로 상대방에게 성적인 굴욕감이나 혐오감을 느끼게 하는 것, ② 성적인 언동에 대해 거부하는 것을 이유로 고용 등에서 불이익을 주는 것을 세 법령에서 모두 포함시키고 있다. 「양성평등기본법」에서는 '요구에 따르는 것을 조건으로 이익 공여의 의사 표시를 하는 행위'도 성희롱이라고 추가적으로 정의하고 있다. 성희롱의 구성 요소들을 간략하게 정리해 보면 <표 7-1>과 같다.

---

17) 대법원 2008.07.10. 선고 2007두22498판결.

18) 대법원 2006.12.21. 선고 2005두13414판결.

〈표 7-1〉 성희롱 구성 요소들

구분	양성평등기본법, 국가인권위원회법
행위자	공공기관의 종사자, 사용자 또는 근로자
상대방	불특정
행위 요건	업무, 고용, 그 밖의 관계에서 지위를 이용하거나 업무 등과 관련
방법	성적 언동 등
피해 또는 거래	· 성적 굴욕감이나 혐오감을 느끼게 하는 행위 · 성적 언동이나 그 밖의 요구 등에 따르지 않았다는 이유로 고용상의 불이익을 주는 행위, 요구에 응하는 조건으로 이익 공여의 의사표시를 하는 행위
조치수단	· 행위자에게 특별인권교육, 손해배상 등 시정 권고 · 소속기관의 장에게 행위자에 대한 징계 등 인사 조치, 재발방지 대책 마련 손해배상 등 권고 · 당사자 간 조정 또는 합의

*출처: 「양성평등기본법」, 「국가인권위원회법」, 「남녀고용평등 및 일·가정 양립 지원에 관한 법률」 참고 정리.

조직 내에서 업무와 관련해 성희롱에 해당되는 언동인지를 판단하려면 「국가인권위원회법」, 「남녀고용평등과 일·가정 양립 지원에 관한 법률」, 「양성평등기본법」에 따르면 된다. 조직 밖에서 업무와 무관하게 일어난 성적인 문제들은 「형법」, 「성폭력 범죄의 처벌 등에 관한 특례법」 및 「경범죄 처벌법」 등에 따라 판단하면 된다. 법령으로 볼 때 성희롱은 조직 내에서 업무와 상관해서 일어나는 문제에 대한 개념 정의이기 때문에 조직 밖에서 일어나는 성추행, 강제추행. 과다노출 등 수많은 성적인 언동들이 조직 내에서 일어난다면 성희롱이고, 조직 밖에서 일어날 경우에는 성희롱이라는 말보다는 '언어적 성추행', '강제추행', '유사

강간' 등 법적인 용어를 쓰는 것이 더 적확한 것이다. 성희롱의 처벌에 대해서 형법에서는 명시되지 않고 있다. 「형법」에서는 '신체적·성적 접촉에 폭행·협박이 수반되는 경우'(강간, 강제추행)[19]와 '업무, 고용 기타 관계로 인하여 자기의 보호 또는 감독을 받는 자에 대해 업무상 위계 또는 위력으로써 간음한 경우'(업무상 위력 등에 의한 간음)[20]에 국한시키고 있고, 흔하게 일어나는 육체적 성희롱에 대한 처벌은 빠져 있다. 따라서 성희롱인지 아닌지는 성적 추태의 강약으로 구분하는 것이 아니라 직장 조직 내에서 업무와 관련해서 일어나면 성희롱인 것이고, 직장 조직 밖에서 업무와 무관하게 일어나면 성희롱이라 명명하지 않고, 다른 형법에 적시되어 있는 용어로 명명할 수 있다. 국가인권위원회에서 성희롱인지 아닌지를 판단한 사례를 보고 성희롱 개념을 명확하게 이해해 보자.

사례 7-1

목사의 설교 시 성희롱

1. 진정의 요지[21]

○○ 교회의 임시 당회장인 피진정인은 교회 수요예배 설교 시 "성경에 없는 말을 좀 하겠다"며 "하와가 사과 두 개를

19) 「형법」 제297조(강간), 제298조(강제추행).

20) 「형법」 제303조 제1항.

21) 국가인권위원회(2014). 『성희롱 시정권고 사례집』. 국가인권위원

몰래 급하게 따서 삼켰는데 그 사과 두 개가 속에서 슬금슬금 올라와 양쪽 가슴에 딱 붙어서 젖가슴이 되었다"고 발언하며 양손을 가슴에 대고 받쳐 올리는 시늉을 하였다 또한 양손을 가슴에 대고 히죽 웃으면서 "여름만 되면 여자들이 옷을 못 벗어 환장을 한다. 여자들 치마는 짧아져서 보일락 말락 하면서도 이 가슴은 보여 달라고 보여 달라고 해도 안 보여주더라"고 발언하여 당시 예배에 참석한 진정인들에게 성적 굴욕감을 주었다

2. 피진정인의 주장[22]

수요예배 설교 중 위 진정 요지와 같은 발언을 하였다는 것은 사실과 다르며 정확한 발언 내용은 다음과 같다. "분위기가 딱딱하니까 성경에는 없는 이야기지만 어떤 목사님께서 하신 말씀이 생각나서 하는 이야기니까 믿지 않으셔도 됩니다. 남자는 선악과를 먹다가 하나님께서 '아담아' 부르시는 소리에 놀라 목에 걸려 아담스 애플(Adam's apple)이 생겼고 여자는 다 먹어버렸는데 하나님이 너는 몇 개를 먹었느냐 하니 먹지 않았다고 입을 싹 닦아 수염이 안 나고 배 속에서 선악과 두 개가 올라와 가슴에 붙었다는 것입니다 그래서 노출의 계절인 여름에도 그 곳만은 호떡 뚜껑 두 개는 덮어 가지고 다니는 것은 죄의 결과라 부끄럽다는 것이지요. 일리는 있지만 성경에는 없는 이야기이기 때문에 믿지 않으셔도 됩니다." 한편, "보여 달라고 해도 안 보여주더라" 하는 발언이나 손을 가슴에 대고 음흉하게 받쳐 올리는 시늉 등은 한 적이 없으며, "여자의 치마와 설교는 짧을수록 좋다"는 말은 목사들이 가끔 설교 중에 하는 말인데 설교 당시에는 이러한

회. p.70.

발언을 한 사실이 없다.

3. 판단[23)]

「국가인권위원회법」 제2조 제3호 라목은 업무, 고용, 그 밖의 관계에서 공공기관의 종사자, 사용자 또는 근로자가 그 직위를 이용하거나 업무 등과 관련하여 성적 언동 등으로 성적 굴욕감 또는 혐오감을 느끼게 하거나 성적 언동 또는 그 밖의 요구 등에 따르지 아니한다는 이유로 고용상의 불이익을 주는 경우를 성희롱으로 규정하고 있다.

… 피진정인은 「국가인권위원회법」 제2조 제2호 라목이 규정하는 사용자에 해당하며 수요예배 당시 피진정인이 행한 설교는 동 교회의 임시 당회장 또는 목사로서 수행하는 직무로서 그 업무 관련성이 인정된다. … 임시 당회장이자 목사라는 우월적 지위와 교회의 예배라는 엄숙한 상황을 악용하여 예배의 목적으로 참석한 다수의 여성 신도들에게 발언을 하였다. 이와 같은 발언에 대해 피진정인은 유머라고 주장하고 있다. 그러나 아무리 경직된 분위기를 해소하기 위한 유머라고 하더라도 피진정인의 발언은 합리적인 사람의 관점에서 성적 굴욕감과 혐오감을 느끼기에 충분한 것으로 이는 「국가인권위원회법」 제2조 제2호 라목에서 정한 성희롱에 해당하는 것으로 판단된다.

이상에서 현재 시점에서 사용되고 있는 한국의 성희롱의 개념을 살펴보았는데, 일반인들은 성희롱의 의미를 법령을 바탕으로

---

22) 위의 책. p.71.
23) 위의 책. p.75.

해서 쓰고 있지 않기 때문에 개념상의 혼란을 겪고 있다. 법령에서 성희롱의 규정은 직장에서 남녀차별행위를 금지시키고, 평등한 안정적인 직장생활을 보호하는 데 목적이 있다. 건강한 직장에서의 관계윤리를 만드는 것이 성희롱 법제의 이념이라고 하겠다. 이러한 이념에 따른 성희롱 개념 정의는 직장 조직 내에서의 평등권[24]을 고려한 정의이기 때문에 일상생활에서 일어나고 있는 폭넓은 성과 관련되는 추태에 대해서는 충족될 수 없는 정의이다. 일상생활에서 사용하고 있는 성희롱이라는 말은 직장 내 성희롱 개념보다는 넓은 의미로 오남용 되고 있다. 성희롱 피해자의 성적자기결정권, 인격권을 침해하는 관련 행위는 모두 성희롱으로 보고 있다.[25] 여러 조직 밖에서 일어나고 있는 불미스런 성적 언동을 성희롱이라고 말하는 것은 다양한 관계에서 다면적으로 일어나는 '원치 않는 성적 접근'이라는 뜻으로 쓰인다고 볼 수 있다.[26] 이러한 관점에서 보면 언어적, 시각적 성적 접근, 스

24) 조직 내에서 평등권을 중시하는 이유는 성희롱이 성적자기결정권을 침해하는 것으로 그치는 것이 아니라 그것이 노동, 교육 등의 평등권의 침해를 유발하기 때문이다. 조직 밖의 성폭력은 성적자기결정권의 침해로 봐서 인격권과 행복추구권의 연장선상에 있는 기본권이 핵심인 데 비해서 조직 내 성희롱은 자기결정권 침해와 평등권 침해가 핵심이다. 조직 밖의 성폭력은 개인이 책임을 져야 하고, 조직 내의 성희롱은 개인 및 단체(조직)의 책임이 있는 것이다.

25) 이영희(2014). "성희롱 사례와 판단기준". 『2014년 성희롱 예방교육 전문강사 재위촉 보수과정 2차 자료집』. 한국양성평등교육진흥원. p.35.

26) 이명신(2014). "성희롱의 재정의: 남녀대학생의 강간통념, 성희롱 인식, 성적 괴롭힘 행동을 중심으로 경험적 재구성". 『성희롱·성폭력 범죄의 재조명』. 경상대학교 여성연구소 학술대회자료집. p.9.

토킹, 추행, 강제추행, 강간 등 그야말로 '성'을 희롱한 모든 언동을 성희롱으로 볼 수 있을 것이다. 이런 관점으로 보면 성희롱은 형사법에 의해 규제되지 않은 성적 언동뿐만 아니라 강간 등 형사법에 의해 규제되는 성폭력 범죄를 포괄하는 행위로 볼 수 있다. 따라서 국내 법령에 의존하지 않고 본다면 성희롱은 직장 내외를 떠나 본인의 의사와 무관하게 타인에 의해 행해지는 성과 관련되는 행위양식이라고 폭넓게 정의할 수 있겠다.[27] 다만 오늘날 우리 사회에서 논란이 되고 있는 성희롱 문제는 위에서 지적한 세 가지 법령에 국한해서 봐야 혼란이 없다.

27) 스웨덴은 직장 내외를 불문하고 다른 사람에 대해 성적으로 괴롭힘(sexual molestation)을 가하는 행위는 벌금 또는 1년 이하의 징역에 처하고 있다.(스웨덴 개정 헌법, 1994년 3월 시행). 이수창(2014). "성희롱 행위에 대한 형사법적 규제". 경상대학교 여성연구소. 『성희롱 · 성폭력 범죄의 재조명』. 경상대학교 여성연구소 학술대회자료집. p.52.

3. 성희롱의 유형, 판단, 발생요인

1) 성희롱의 유형

성희롱을 본인의 의사와 무관하게 타인에 의해 행해지는 성과 관련되는 행위양식이라고 보면, 성희롱은 단순히 신체적인 것만을 의미하는 것이 아니라 성과 관련되는 감촉, 감정, 욕망, 사고, 이미지 등을 포함하는 포괄적인 의미를 지니게 된다.[28)]

한국여성민우회에서는 성희롱의 유형을 구체적인 행동의 형태나 특성을 중심으로 다섯 가지 범주로 나눈 적이 있다.[29)] ① 눈으로 하는 성희롱, ② 말로 하는 성희롱, ③ 몸으로 하는 성희롱, ④ 성적 서비스를 요구하는 성희롱, ⑤ 성 역할의 편견에 기초한 성희롱으로 구획을 짓고 있다. 이러한 기준도 이해를 돕는 데 도움이 되지만 '눈으로 하는 성희롱' 보다는 '시각적 성희롱'이 더 많은 사례들을 포괄할 수 있기 때문에 유용하다 하겠다. 따라서 편의상 시각적 성희롱, 언어적 성희롱, 육체적 성희롱, 기타 성희

---

28) 여기서부터는 '성희롱'을 한국의 법령에 국한되지 않고, 성적인 희롱, 원하지 않는 성적 관심, 성적 강요 등 성적자기결정권을 침해하는 모든 성과 관련되는 행위양식을 성희롱으로 보고 논하고자 한다. 이렇게 보면 추행, 강제추행, 강간도 성을 희롱한 것으로 성희롱에 포함시킬 수 있다.

29) 문희경(2010). 『성희롱의 이해』. 교육과학사. p.79.

롱으로 나누어 정리해 보고자 한다.

시각적 성희롱은 눈과 관련된 성희롱을 말한다. 상대방을 불쾌하게 하거나 무시하는 시선, 외설적인 사진·그림·낙서·출판 음란물 등을 게시하거나 보여주는 행위, 직접 또는 팩스나 컴퓨터 등을 통하여 음란한 편지·사진·그림을 보내는 행위, 성과 관련된 자신의 특정 신체부위를 고의적으로 노출하거나 만지는 행위, 몸을 흔드는 등 성행위를 상징하는 몸동작, 허리띠를 풀거나 바지를 추켜올리는 행위 등 성적인 부담이나 불쾌감, 고통을 가하는 시각과 관련되는 것들이 사례가 될 수 있다.

언어적 성희롱은 말과 글을 통한 성희롱을 말한다. 성적 농담이나 이야기를 하는 행위, 외모나 몸·옷차림에 대한 평가나 비유, 성적인 사실관계를 묻거나 성적인 내용의 정보를 의도적으로 유포하는 행위, 성적 관계를 강요하거나 회유하는 행위, 음란한 내용의 전화통화 행위, 술 따르도록 강요하는 행위, 지속적으로 성적인 칭찬을 하기, 성적인 이메일이나 문자메시지를 보내거나 위협하여 성적인 굴욕감을 주는 것 등 말이나 글로 하는 유형을 말한다.

육체적 성희롱은 몸을 통한 성희롱을 말한다. 스쳐 지나가기에서 추행, 강제추행, 강간까지 원치 않는 신체적 접촉과 관련되는 행위를 말한다. 신체를 잡거나 건드리기, 더듬기, 엉덩이를 움켜쥐는 행위, 무릎에 앉히는 행위, 뒤에서 껴안기, 입맞춤이나 포옹하는 행위, 안마나 애무를 해 주거나 강요하는 행위, 눈을 가리는 행위 등 육체적이거나 심리적인 고통을 주는 행위들을 말한다.

시각, 언어, 육체적 성희롱이 복합되어 있는 성희롱도 있고, 시각, 언어, 육체와 직접 관련되지 않는 성희롱도 있다. 공공장소나 사무실 등에서 외설적인 컴퓨터게임을 즐기는 행위, 부담스런 성적인 분위기를 조장하는 행위, 퇴폐적이고 음란한 장소에서 회식하기, 제3자를 통한 모욕적인 성적 언동 등 기타 사회 통념상 성적 굴욕감 또는 혐오감을 유발하는 행위 등은 직접적 관련이 없더라도 성희롱으로 볼 수 있는 경우라 하겠다.

그런데 위와 같은 형식에 의한 구분은 성희롱에 대한 이해가 없는 경우에 알아차리기 쉽도록 견본을 말한 것에 불과하다. 구체적인 상황에서 어떤 유형의 성희롱에 해당되는지를 구분하기는 쉽지 않을 뿐더러 복합적인 성희롱도 많고 사례에 해당되더라도 맥락을 보면 성희롱이 아닌 경우도 많다. 성적 모욕감을 주는 욕설을 하면서 껴안는 복합적인 성희롱도 있겠지만 껴안았다고 언제나 성희롱이 되는 것은 아니다. 관계 또는 맥락에 따라 다르게 판단될 수 있기 때문이다. 성희롱의 핵심은 성적자기결정권을 무시하는 '원치 않는 성적 접근'에 있다. 성을 매개로 이루어지는 유형, 무형의 성적 침해, 강간 및 강제추행, 음란물 전시 및 음란전화, 음란통신, 어느 한쪽의 일방적인 성적 침해 등이 조직 내에서 평등권을 침해하는 경우라면 모두 성희롱에 포함시킬 수 있다.

2) 성희롱의 판단

성희롱을 판단하는 데 혼란을 겪는 이유는 직장 조직 내 성희롱을 판별하는 기준과 직장 밖에서 벌어지는 일련의 성폭력 행위들을 규정하는 법령이 따로 있기 때문이다. 과거에 한국에서는 대다수가 성폭행은 강간이라는 등식만을 활용해 왔기 때문에 나머지 것들에 대해서는 강간에 비해 아무것도 아니라는 식의 편견이 있었다.[30] 「형법」은 강간(强姦)이나 추행(醜行), 성 풍속에 관한 죄를 규정하고 있고[31] 1994년 4월부터 시행된 「성폭력 범죄의 처벌 등에 관한 특례법」[32]도 '강간과 추행의 죄'를 명명함으로써 다분히 육체적인 폭력에 제한하고 있다. 강간은 '폭행·협박으로 부녀(婦女)인 상대방의 반항을 곤란하게 하여 간음(姦淫)하는 것'이고, 강제추행(强制醜行)은 '폭행(暴行)·협박(脅迫)으로 다른 사람을 추행(醜行)하는 것'으로 제시하고 있다. 폭행이란 '사람에 대한 유형력(有形力)의 행사'를 말하고, 협박이란 '상대방의 반항을 불가능하게 하거나 현저히 곤란하게 할 정도의 해악(害惡)을 알리는 것'을 말한다. 또한 추행(醜行)은 '주관적인 목적이나 경향을 불문하고 객관적으로 일반인에게 성적 수치심이나 혐오감을 느끼게 하는 일체의 행위'를 말한다. 이처럼 강간, 강제추행은 객관적으로 성적(性的)인 수치심이나 도덕감을 현저히 해할 수 있을 정도의 중요한 행위로 제한함으로써 마치 성희롱과는 다른 것처럼 규정하고 있다. 따라서 성희롱은 형법에서 규정하지 않고 있으니 범죄적이지 않은 것인가 하고 혼란을 겪기도 한다. 이러한 형법적인 잣대에 의존적이다 보니 직장 내 성희롱에 대해

30) 성희롱과 성폭력은 사회적 의미에서나 행위태양에서 차이가 있는 것이 아니라 어떤 법률의 적용을 받는가에 따른 차이가 있을 뿐이다.

31) 「형법」 제32장 강간과 추행의 죄.

32) 「성폭력 범죄의 처벌 및 피해자 보호 등에 관한 법률」이 형벌 부문은 「성폭력 범죄의 처벌 등에 관한 특례법」으로, 성폭력 예방과 성폭력피해자 보호·지원 부문은 「성폭력 방지 및 피해자 보호 등에 관한 법률」로 분리 제정되었다.

서도 왜곡하여 생각하거나 비범죄 시 하려는 시각이 남아 있다.

성희롱에 대한 왜곡된 인식을 바로잡기 위해서는 형법에서 규정하고 있는 성범죄들을 포함한 조직을 초월한 성희롱에 대한 이해가 필요하고, 직장 내 성희롱 여부를 판단하기 위해서는 법령들의 정의를 바탕으로 판단해야 한다는 점에 주목해야 한다. 직장 내 성희롱이든 일반적인 성희롱이든 관계적 개념이기 때문에 맥락에 따라 판정해야 한다는 점을 반드시 염두에 두어야 한다.

성희롱의 판정은 직장 조직 내에서든 일반적인 경우든 쉽지 않다. 언어적 성희롱은 말이 갖는 의미의 모호성으로 확실한 언어나 글조차 성희롱 여부의 판단이 어렵고, 가해자와 피해자의 진술이 엇갈리면 더 성희롱 판단의 변수가 많아져서 단정하기 어렵게 된다. 성희롱판단의 감정 기준은 성적 굴욕감을 느꼈는지 여부에 두는데, 느낌은 주관적 감정으로 개인에 따라 다를 수 있다. 그래서 누구의 관점에서 그 느낌을 판단할지가 관건이 된다. 피해자, 평균인, 피해자와 같은 성, 합리적인 인간, 합리적인 같은 성 등을 고려해도 쉽게 판단할 수 없다.[33] 법적 판단은 특정행위가 불법인지 합법인지를 정하는 것이지 중간 지대는 없기 때문에 판정의 오류 가능성을 배제할 수 없다. 농담이 어느 정도 가능한지에 대한 기준이 있어야 불법행위를 예측할 수 있는데, 허용 가능한 농담의 수준을 법적으로 정하는 것은 불가능하다. 따라서 이런 수위의 언행에 대해 합법과 불법의 경계를 법으로 정

---

33) 대법원 판례로 보면 "객관적으로 상대방과 같은 처지에 있는 일반적이고도 평균적인 사람에게 성적 굴욕감이나 혐오감을 느꼈음이 인정되어야 한다"라고 되어 있다. [대법원 2008.07.10, 선고, 2007두22498, 판결].

하고 형사 처벌할 수 없기 때문에 성희롱을 형법으로 정하는 것도 쉽지 않다는 것을 알 수 있다. 성희롱의 판정에 대한 법적 기준을 강요하면 도덕성과 자율성이 떨어지고 오히려 실효성도 떨어질 수 있다는 것에 유념해야겠다.

성희롱을 판정하는 잣대를 들이대는 것이 오히려 또 다른 문제를 낳을 수는 있지만 현상을 바탕으로 이해를 돕기 위한 방편에서 기준을 정해 본다면 기본적으로 성적자기결정권에 유념해 볼 수 있겠다. 첫째, 성희롱의 판단기준은 성적자기결정권의 침해 여부가 될 수 있다. 침해 여부는 피해자의 주관적 감정을 고려하되, 피해자와 같은 성의 합리적인 사람이 가해 언동에 대해 어떻게 반응했을까를 함께 고려하여 맥락적으로 판단하도록 해야 한다. 둘째, 성적자기결정권의 동의-거절 여부는 동의모델에 따르기보다는 거절모델에 따라야 한다. 동의모델은 적극적으로 거절하지 않은 모든 의사 표시를 동의로 해석하는 것이다. 침묵하고 있거나 저항하지 않은 것도 동의로 본다. 거절모델은 적극적으로 동의하지 않는 일체의 의사 표시를 거절로 보는 것이다. 심지어 명시적 동의를 했다고 하더라도 계급관계나 강제가 있는 상황에서 동의는 거절로 해석되기도 한다.

직장 내 성희롱 판정에 있어서는 업무 관련성이 있고, 성적 굴욕감, 혐오감 등을 유발하는 행위라면 거부 의사 표시 여부와 관계없이 단 1회의 언동으로도 성희롱이 된다. 그런데 조직과 무관하게 일어나는 일반적인 성희롱은 법적인 판정기준이 없기 때문에 직장 내 성희롱의 개념을 빌려오자면 피해자 입장에서 성적인 인격권, 자기결정권을 침해당한 것으로 사회의 통념으로 봐서 성적 굴욕감을 주는 언행으로 볼 수 있다. 조직 여부를 떠나 성희롱에 대한 의미규정은 어떤 상황에서든 객관적 기준의 마련과 형식적인 틀에 얽매이기보다는 피해자를 보호해야 한다는 관점에서 성희롱의 개념을 찾고 판단기준을 찾아가는 것이 더 중요하다고 하겠다.

〈표 7-2〉 국가인권위 시정권고 사례

사립학교 행정실장의 직원 성희롱
학교 밖 식당에서 기혼직원에게 ① "애인 있으면 이런 곳으로 데이트하러 다녀라." ② "몸매는 되는데 왜 애인이 없어?" ③ "요즘 살 좀 빠졌어. 내가 자극 줘서 빠졌나?"

*출처: 국가인권위원회(2014). 『성희롱 시정권고 사례집』 참고 정리.

위의 사례는 사립학교 행정실장이 직원에게 한 말이기 때문에 계급관계로 직장에서의 평등권과 관련된다는 것을 알 수 있다. 국가인권위원회에서는 성적 언동이 근무 중에 있었던 점에서 '업무 관련성'을 인정하였고, ①, ②, ③ 모두 성적 언동으로 봤다. 여성의 '외모에 대한 비유나 평가'로서 모두 부적절한 '성적 언동에 해당'된다고 본 것이다. 그리고 합리적인 여성의 관점에서 보았을 때 '성적 굴욕감을 느끼게 하기에 충분'하다고 봤다. 따라서 국가인권위원회에서 위 사안에 대해서는 '성희롱'이라고 판정하였다.

그런데 만일 위의 ①, ②, ③을 남동생이 누나에게 한 언동이라고 본다면 성희롱이라고 문제 삼지 않을 것임을 상식선에서도 알 수 있다. 남동생과 누나의 관계는 계급관계가 아니라 평등한 관계라고 볼 수 있다. 그리고 남동생의 언동에는 섹슈얼리티가 없기 때문에 성적인 언동이라고 보기 어렵다. 동생이 누나에게 한 외모 평가는 굴욕감이나 두려움을 주기보다는 장난으로 여겨지고 아주 가까운 사이에서 나올 수 있는 언동으로 충분히 해석될 여지도 있다. 이렇듯이 성희롱에 대한 판정은 같은 말이라도 맥락에 따라 달라질 수 있다. 인간관계의 친밀한 정도에 따라 할 말이 있고 못할 말이 있는 것이다. 행동에 있어서도 마찬가지라는 것은 두말할 필요가 없을 것이다.

3) 성희롱의 발생 요인

성희롱이 발생하고 지속되는 원인은 다양한 관점에서 제시되고 있다. 개인의 특성을 미루어 이해하고자 한 이론도 있고 사회적 특성을 통해 설명하고자 하는 이론도 있다. 개인차를 통해서 원인을 찾는 관점에서는 개인의 생물학적 특성이나 개인차에 초점을 두고 있고, 사회적 특성을 통해서 설명하고자 하는 관점에서는 사회의 구조나 문화에 초점을 두고 있다.

성희롱을 설명하는 생물학적 모델에서는 인간의 성적 충동에 의해 성희롱이 생긴다고 본다. 남성은 성적 충동이 더 강한 생물학적 특성으로 인해 여성들을 성희롱하게 된다는 것이다.[34] 여기서 성희롱은 자연스러운 생리적인 현상이자 남성 본능의 발산으로 본다.

34) 김정인(2000). 『성희롱행동의 이해와 실제』. 교육과학사. p.56.

개인차 모델에서는 성희롱의 가해자 특성과 피해자 특성을 개인에서 찾고 있다. 가해자 특성을 친구형, 유혹형, 뇌물형, 기회주의자형, 육체 행위 요구형 등으로 전형화 시켜서 그 틀로 성희롱 가능성이나 강간 성향을 찾는 등의 연구를 하고 그 결과를 제시하기도 한다.[35] 한편 성희롱 피해자의 특성에 초점을 맞추어 피해자의 소극적 태도, 피해자의 민감성 등을 특성으로 내세우기도 한다. 어떤 특성을 통해 가해자와 비가해자를 구분하고 피해자와 비피해자를 구분할 수 있느냐에 초점을 맞춘 연구에서는 여성들이 친근한 것으로 해석할 가능성이 높은 어떤 행동을 남성들은 성적인 관심으로 해석할 가능성이 높다는 성차를 기반으로 한 해석도 있다.

고정관념 모델에서는 여성을 남성보다 못하고, 종속적이고, 성적 대상이라는 고정관념에 의해 성희롱을 하게 된다고 본다.[36] 성별을 남성과 여성으로 나누는 데서 그치는 것이 아니라 성 차별로 이어져 성희롱이 생긴다고 본다. 대부분의 성희롱 피해자가 여성이라는 점에서 성희롱은 성 차별의 한 형태로 이해된다. 남성은 여성보다 우월하다고 고정관념을 가질 경우 성 차별적 성희롱을 당연시하게 된다는 것이다.

조직적 모델에서는 어떤 조직에서든 계급관계는 존재하며, 수직적 구조에 의해 직위를 이용한 성희롱은 존재하게 되어 있다고 본다.[37] 직업조직은 상하 구조로 이루어져 있기 때문에 조직 위

35) 천대윤(1999). 『성희롱정책』. 선학사. pp.71~72.
36) 위의 책. p.77.
37) 김정인. 앞의 책. p.57.

계상 상급자는 부하직원들에게서 성적인 만족감을 강제로 얻어내기 위해 자신의 권력과 지위를 이용한다는 것이다. 성희롱은 성의 문제가 아니라 권력의 문제라고 본다.

사회문화적 모델에 의하면 성희롱은 남성 위주의 규범을 정한 가부장제의 한 표현이라고 본다.[38] 이런 사회는 공격적이고 성행동을 주도하는 남자에게 보상을 하고 수동적이고 순종하는 여성에게 보상을 한다. 특정 사회가 성희롱을 당연시하는 문화를 갖게 되면 정치, 경제, 사회구조 속에서 열세에 놓인 성에 대한 희롱이 일상화된다고 본다. 성희롱을 폭력이라는 인식보다는 성의 향유나 성적 매력에 대한 적절한 보상이나 강화로 인식한다는 것이다.

성 역할 이월(sex-role spillover) 모델에서는 특히 여성에게 인간의 역할과 성적인 대상의 두 가지 역할을 동시에 요구하고 기대한다는 데서 성희롱의 원인을 찾는다. 성 역할 이월이란 성을 기반으로 한 역할 기대가 작업장 안으로 흘러들어 온 것을 말한다.[39] 남성들은 직장에서 여성에게 일에서 역할을 기대해야 하는데 성 역할에 대한 기대를 우선적으로 고려하게 된다. 그래서 직장에서 여성은 노동자 이전에 성적인 대상으로 취급되기 때문에 업무와 무관하게 성적인 역할이 요구되고 희롱을 당하게 되는 것이다. 물론 성희롱은 남성이 여성에게 행하는 것만은 아니고 이월론적 역할이 남성에게 주어지는 직장이나 단체, 사회가

---

38) Lin Farley(1978). *Sexual Shakedown: The Sexual Harassment of Women on the Job.* New York : Mcgraw-Hill.; 김정인. 앞의 책. p.59. 재인용.

39) 김정인. 앞의 책. p.59.

있을 수도 있다.

그런데 위와 같이 이론적으로 성희롱을 설명하는 모델들은 인간의 변화무쌍한 성과 관련되는 행위양식을 설명하지 못한다. 모델을 통한 현상을 이해하는 것은 해석의 한계가 있다. 현상에서 모델을 추출했다고 해서 모델대로 현상이 설명되는 것은 아니다. 설명모델들은 성희롱을 행한 사후 설명으로 부분적으로 의미를 지닐 뿐 성희롱을 하지 않는 사람들을 설명하지는 못한다. 인간의 섹슈얼리티는 자신조차 확신할 수 없을 정도로 유동적이다. 성희롱의 원인은 단일 모델로 설명 가능하지 않은 복합적인 것이지만 사회적 차원과 개인적 차원이 맞물려서 생기는 몰가치적 문제임은 틀림없다. 따라서 성희롱 예방은 이론 설명이나 관련 법으로 처벌한다는 법 차원보다는 바람직한 가치를 보호한다는 윤리적 차원이 우선적으로 고려되어야 한다는 것을 알 수 있다.

4. 직장 내 성희롱 대처방안과 경계권 보호

1) 직장 내 성희롱 대처방안

어떤 유형의 성희롱을 당하든 이로 인해 피해자들은 당혹스러워하고 분노하며, 우울감, 굴욕감, 공포감, 죄책감 등의 복합적인 감정적 상해를 입는다. 직장 내 성희롱 피해자일 경우 선택할 수 있는 길은 크게 두 가지가 있다. 조직 내에서 해결하고 싶은지, 조직을 벗어나 해결하고 싶은지에 따라 다른 선택을 할 수 있다.

〈표 7-3〉 직장 내 성희롱 구성원별 대처법

구 분	내 용
(1) 성희롱 피해자	· 명확한 거부의사를 표시한다. 서면이나 이메일, 휴대폰 문자 메시지 등으로 거부 의사를 표현한다. · 증거 자료를 수집한다. 날짜, 시간, 장소, 구체적인 내용, 목격자나 증인, 성적인 언어나 행동에 대한 느낌 등을 구체적으로 기록한다. 가해자가 보낸 서면이나 이메일, 휴대폰 문자메시지 등도 증거가 된다. · 고충상담원, 또는 여성단체 등의 상담원에게 면담을 요청한다. · 기관 내의 공식적인 처리 절차를 이용하거나 국가인권위원회 진정 등 구제 절차를 활용하거나 법을 활용한다.
(2) 성희롱 가해자	· 자신의 언동에 대해 상대방이 거부 의사를 표현한다면 즉시 사과한다. · 가해자라면 피해자의 요구 사항을 이행하고 징계가 합당하면 수용한다.

구 분	내 용
(3) 제3자	·피해자의 대응 행동을 이해해서 도움을 준다. ·소문, 유포 등으로 피해자가 '2차 피해'를 받지 않도록 주의한다.
(4) 고충 상담원	·피해자와 가해자, 목격자 등을 상담하여 사실관계와 피해자의 요구 사항을 파악한다. ·피해자와 가해자에게 사건 처리를 원만하게 하는 정보를 제공한다. ·상담 및 조사 과정에서 관련자들의 인권을 보호한다.
(5) 사업주	·직장 내 성희롱 발생이 확인된 경우 행위자에 대해 조치를 취한다. ·직장 내 성희롱과 관련해 피해를 본 근로자 또는 성희롱 발생을 주장하는 근로자에게 불리한 조치를 해서는 안 된다.

*출처: 국가인권위원회(2013). 『성희롱 예방 안내서』 참고 정리.

조직 내에서 해결해야겠다는 생각을 하면 고충처리위원회나 조직 내 관련 위원회에 문제 제기를 하면 된다. 조직 밖에서 해결하고 싶으면 피해자는 행정적, 법적 구제를 신청할 수 있다.[40] 노동권 침해와 성 차별의 문제로 직장 내 성희롱으로 구제받고자 한다면 노동부와 국가인권위원회에 진정, 고소, 고발 등을 할 수 있고, 가해자와 개인 대 개인 간의 성폭력 사건으로 처리하고 싶으면 「형법」이나 「성폭력특별법」(성폭력 범죄의 처벌 및 피해자 보호 등에 관한 법률)으로, 피해 보상을 원하면 「민법」으로 해결방안을 찾을 수 있다.

이러한 해결방안들은 성희롱이 일어난 후의 사후 해결방안이다.

40) 조인섭(2008). "성희롱 관련법과 판례 다루기". 『성희롱 예방 교육 전문강사 전문과정 자료집』. 한국양성평등교육진흥원. p.57.

일이 일어난 후에는 해결을 해도 내상이 치료되는 것이 아니다. 인격적 상해를 입는 일이 없도록 하는 예방이 더 중요한 해결방안이라고 볼 수 있다. 그래서 성희롱 예방을 위한 교육이 요청되는 것이다.

조직 내 성희롱 예방 교육은 조직 구성원들이 건강한 조직 환경을 조성하여 능력을 충분히 발휘할 수 있도록, 성희롱 사건이 일어나지 않도록 하는 데 우선적인 목적이 있다. 만일 성희롱이 일어난다면 문제가 반복되지 않도록 조치를 신속하고 적절하게 취해서 2차 피해가 생기지 않도록 하고 피해자가 보호받을 길을 알려주는 것도 성희롱 예방 교육에서 할 일이다. 성희롱 예방 교육은 무엇보다도 성적자기결정권, 인격권, 평등권을 이해하고 내면화하여 실천하게 하는 데 있기 때문에 가치교육, 윤리교육으로서의 성격을 지닌다. 예방윤리교육으로서 성희롱 예방 방안은 개인윤리적 차원과 사회윤리적 차원에서 생각해 볼 수 있다.

개인적 차원에서 볼 때, 첫째, 성적지향에 대한 이해를 해야 한다. 성희롱에 대해 갖고 있는 잘못된 통념이 있는지를 살펴서 여지가 있다면 남의 행복을 침해하지 않도록 조심해야 한다. 타인과의 관계에서 타인의 성적지향을 존중하는 자세를 갖추는 것이 필요하다. 성희롱은 인격을 침해할 뿐만 아니라 직장에서는 근무환경을 저해하고 생존권을 위협하는 행위로써 관계에 해악을 끼친다는 점을 인식해야 한다. 어느 정도의 성희롱이 위법행위가 되는지를 법적인 잣대로 재고 여지를 찾기보다는 자신의 성적 언행이 다른 사람의 인격, 행복, 생존에 해악을 가하면 안 된다는 해악금지의 윤리원칙을 자신의 준칙으로 받아들여야 한다.

둘째, 섹슈얼리티 측면의 오해가 없도록 상식을 갖추어야 한다. 다른 사람들의 태도, 옷차림, 웃음에 대해서 섹슈얼리티로 해석하는 버릇이 있다면 바로잡아야 한다. 옷차림에 있어서 노출을 했다는 것이 성희롱을 해도 좋다는 허가 표시가 아님은 말할 필요도 없다. 그런데도 어떤 사람들은 노출이 많은 옷을 입었을 때 성희롱을 해도 좋다는 것으로 해석하는 경향이 있다고 한다.[41] 웃음을 보고 성희롱의 여지를 찾고, 특히 여성의 웃음을 어떤 남성들은 성적인 허용의 의사 표시로 받아들여 반복적인 성희롱을 시도한다는 것이다. 이렇듯 섹슈얼리티에 대한 자기식의 해석이 불행을 초래할 수 있다는 것을 인지해야 한다.

사회윤리적 차원에서 볼 때 성희롱의 예방은 사회의 제도, 정책, 구조, 법의 윤리성과 밀접한 관련이 있다. 사회가 성희롱을 예사롭게 만들어 놓으면 그 속에 있는 개인들이 예사롭게 성희롱을 행할 것이기 때문이다.

현재 조직 내의 성희롱에 해당되는 언동을 조직 밖에서 행했을 경우 처벌하는 법 조항들이 있다. 조직 내의 육체적 성희롱(입맞춤, 포옹 또는 뒤에서 껴안는 등의 신체적 접촉행위, 가슴 등 특정 신체부위를 만지는 행위 등)에 해당되는 언동은 형법의 강제추행죄[42]로 처벌될 수 있다. 언어적 성희롱(외모에 대한 성적인 비유나 평가, 성적인 사실관계를 묻거나 성적인 내용을 의도적으로 유포하는

---

41) 지하철 성범죄는 옷차림이 가벼워지는 4~6월 발생 건수가 1~3월보다 3배 가까이 많았고, 특히 몰래카메라 촬영은 523%나 증가했다. “지하철 성범죄 언제·어디서 많이 발생하나”(www.ytn.co.kr/_ln/0103_201503261642066284. 검색일: 2015년 03월 26일).

42) 「형법」 제298조.

행위 등)은 「형법」의 명예훼손[43], 모욕죄[44] 등으로 처벌될 수 있다. 시각적 성희롱(통신매체를 이용하여 상대방에게 음란물을 보여주는 행위 등)은 「성폭력 범죄의 처벌 등에 관한 특례법」의 통신매체이용음란죄[45]로 처벌될 수 있다. 성과 관련된 자신의 특정 신체부위를 여러 사람의 눈에 보이는 곳에 함부로 노출하는 경우 공연음란죄[46]로 처벌될 수 있다.

위와 같이 조직 내 성희롱 문제를 법 조항과 관련시켜 형량을 제시하는 구체적인 성희롱 법안을 구비하는 것을 생각해 볼 수도 있다.[47] 다만, 조직 내 성희롱 문제에 대해 법적 해결방안으로 처리하게 되면 성희롱을 예방하여 평온한 직장 내 생활을 하게 하거나 평등하게 일할 권리를 보호하는 것이 아니라 인간관계를 법 만능주의에 빠지게 할 우려가 있다. 조직 내에서 원만하게 해결할 수 있는 문제조차 법에 기대게 되면 직장의 평화는 깨질 가능성이 크다. 법적 소송을 한다는 것은 피해자와 가해자의 인간관계를 단절시키는 것이고 파국으로 치달으면 다시 회복하기 어렵다. 따라서 성희롱 행위를 형사적으로 규제하는 필요성이 제기되기는 하나 바람직한 것은 아니다. 직장 내의 자율적 규제가 최적의 방안이라 하겠다. 사회윤리적 차원에서 올바른 법적 장치는

---

43) 「형법」 제307조.

44) 「형법」 제311조.

45) 「성폭력 범죄의 처벌 등에 관한 특례법」 제13조.

46) 「형법」 제245조.

47) 그런데 성희롱을 법으로 처벌하는 것은 입증의 어려움, 처벌 수위의 문제 등으로 법적 처벌은 쉽지 않다. 피해자 진술만으로 증거가 되기 어렵기 때문에 엄격한 증거가 있어야 하는 법적 판단에서 성희롱의 증거를 제시하는 것이 쉽지 않다.

당연히 갖춰져야 하겠지만 성희롱에 대하여 법으로 처벌하는 방안은 여러 가능성을 생각해서 신중하게 모색되어야 한다. '법으로 해결하고자 하면 법을 피해가는 방안만 찾게 되고, 법에 걸려들지 않으면 잘못을 했어도 부끄러움이 없어지고, 도덕으로 해결해 나가면 잘못에 대한 부끄러움을 알게 되고 오히려 질서가 서게 된다'[48]는 옛말을 기억해 볼 만하다.

이상으로 성희롱을 예방하기 위해서는 개인윤리와 사회윤리 차원에서 방안을 모색해야 한다는 점을 부각시켜 보았다. 개인윤리적 차원에서 성적지향 존중, 섹슈얼리티에 대한 바른 이해와 사회윤리 차원에서 성희롱 예방과 처벌을 위한 제도, 정책 마련의 필요성, 법 만능주의의 문제에 대한 인식과 조직 내 도덕적 해결 절차 마련이 필요함을 알 수 있다.

2) 관계윤리와 경계권 보호

성희롱의 사후 대처보다는 예방 교육이 더 중요하다는 관점에서 보면 성지식을 전수하는 것이나 성범죄 처벌법에 대해 소개하는 교육으로는 근본적 예방 효과를 보기 어렵다. 현재 사회구조 속에서 일어나고 있는 권력관계의 왜곡, 배려와 존중으로 소통하는 것이 아니라 충동을 조절하지 못하고 자기중심으로 일방적인 인간관계 맺기 등 관계 문제가 잠재적인 가해자를 만들기 때문에 성희롱 예방 교육은 인격에 초점을 둔 윤리교육으로서 왜곡된 인식을 교정하고 바른 가치관을 정립하는 것에 중점을 둬야 성과를

---

48) 子曰 道之以政 齊之以刑 民免而無恥 道之以德 齊之以禮 有恥且格, 『論語』, 爲政 第二.

거둘 수 있다.

첫째, 성희롱 예방 교육은 법적 규제에 대한 교육에서 성윤리의 성찰로 바뀌어야 한다. 윤리적 성찰은 구성원들이 관계윤리에 관심을 갖고 당사자들이 내면화하고 있는 사고방식, 규범, 가치체계를 통해 성희롱의 예방, 해결방안을 모색하는 것이다. 성희롱의 원인은 고정된 성적욕구나 성의식이라기보다는 그런 태도와 행동을 지지하고 강화하는 일련의 가치관과 관련되어 있다. 성적 농담이 예사로운 집단에 있다면 언어적 성희롱의 위험에 노출될 수밖에 없다. 성희롱 예방 교육이 구제 절차, 처벌 중심의 법적 규제에 초점을 두게 되면 근본적인 가치관의 변화와 실천을 기대할 수 없다.

성희롱 문제는 관계윤리에 균열이 생긴 것이다. 섹스, 젠더, 섹슈얼리티에 있어서 남성과 여성의 관계가 왜곡되어 문제화되는 것이다. 인간관계에서 친밀감과 성적 욕구를 분리시키는 데 실패한 결과가 아는 사람 사이에서 생기는 성희롱, 성폭력 문제로 드러난다. 친밀감을 성적 욕구를 표현해도 되는 전거로 생각하거나 성적 욕구를 표현할 수 있는 관계여야 친밀한 관계라는 잘못된 신념에 따라 성희롱을 관계증진의 방안으로 생각하는 왜곡이 생기게 된다.

둘째, 성희롱 예방 교육은 섹슈얼리티 이해, 성적자기결정권과 성적지향존중, 대인관계에서 성적 의사 표시의 명료화, 성희롱 예방과 처벌을 위한 제도, 정책 마련에 있어서 경계윤리를 일깨우는 교육으로 전환되어야 한다. 경계윤리는 경계를 알고 경계를 존중하는 것이 바람직하다는 것을 원리로 삼는다. 개인적 경계는 자신과 타인 사이에서 스스로 허락하는 육체적 정서적 공간의 양에 의해서 정해진다.[49] 자신의 몸을 중심으로 형성되는 경계는 몸이 만들어내는 육체적 경계(physical boundary)와 성적인 경계(sexual boundary)가 있다는 것을 아는 것이 우선 필요하다.

육체적 경계는 다른 사람들과 육체적으로 상호작용이 있을 때 긋게 되는 선이다. 육체적 경계는 몸, 개인적 공간에 대한 지각, 성적지향, 프라이버시 등이 포함된다.[50] 육체적 경계는 어느 정도 친밀하게 타인이 나에게 육체적으로 접근하는 것을 허용할지를 통제한다. 이것은 누군가를 육체적으로 접촉하는 것(포옹, 악수, 말할 때 건드리는 것 등)일 뿐만 아니라 누군가와 시간을 보내게 될 때 갖게 되는 기준들(어디서, 얼마나 오래, 무엇을 하고 하지 않을 것인지 등)이다. 다른 사람에게 너무 가까이 서 있는 것도 개인적 공간을 침해하는 것으로 육체적 경계 침범의 사례가 된다. 노크도 없이 개인적 공간에 들어가는 것도 경계 침해다. 인간의 프록세믹(proxemic)한 욕구, 즉 적절한 공간을 유지하고자 하는 욕구가 충족되지 않고, 한 인간이 타인과 가장 적당한 물리적 거리(physical distance)가 무너졌을 경우 스트레스를 받고 공간의 침해에 대해 위협을 느낀다.[51]

성적인 경계는 타인과 성적인 거리와 접촉을 통제하는 기능을 한다. 개인의 육체적 영역은 각자가 필요로 하는 몸의 공간의 양을 알 수 있도록 한다. 다른 사람들이 허락 없이 성적으로 접촉

---

49) "Boundaries: The importance of choosing to value ourselves" (www.zencaroline.blogspot.kr/2009/01/boundary-and-so-on.html).
50) 위의 글.
51) 에드워드 홀. 최효선 옮김(2003). 『숨겨진 차원』. 한길사. p.4.

하는 것에 의해 사람들은 트라우마(trauma)를 경험한다. 예상치 않게 뒤로 와서 폭력을 가하거나 등이나 어깨를 접촉하는 것 등은 오랜 기간 동안 트라우마를 갖게 한다. 따라서 성적인 경계는 연령에 관계없이 보호되어야 하는 경계권으로 여겨진다. 오늘날 논란이 일고 있는 아이들이 성인의 성적 파트너가 되고 있는 것 역시 성적 경계를 침해한 사례라 하겠다. 어느 때든 원치 않을 때 섹스를 하게 하는 것은 성적 경계의 침해로 볼 수 있다.

나와 남의 적절한 거리 유지, 타인의 공간과 경계를 존중할 때 개인주의 문화, 공동체주의 문화 속의 개인들이 인권, 인격권을 보호받게 된다. 타인의 경계권을 침해하는 것은 당사자는 물론이고 사회구성원 모두에게 강한 스트레스를 유발하게 된다. 경계 침해로 인한 피해는 금전적으로 환산할 수 없는 인간의 삶에 대한 가치를 침해는 것이기 때문에 그 정도가 심하다. 명예훼손, 인격권 침해, 인간의 감정에 대한 침해 등은 무엇으로도 대체할 수 없는 손상이다. 인생의 기쁨에 대한 침해, 삶의 질적 차원의 손해, 특히 성적 경계 침해에서 미성년 피해자가 입는 교육 기회 상실, 장래 결혼의 어려움, 성적 활동, 애정표현, 상호 간 배려 등의 결혼생활 장애, 원하는 직업 진입의 어려움이나 불가능, 침해 이전에 누렸던 자유로움의 상실 등 이전처럼 삶을 영위할 수 없는 손해가 있다. 따라서 성희롱을 예방하기 위해서는 타인의 경계권을 존중하는 경계윤리교육으로 전환될 필요성이 있다.

5. 성희롱 예방 교육

성희롱 예방 교육의 필요성에 대한 논의는 경험적으로 알 수 있는 끊이지 않는 성희롱 사건들만 근거로 삼아도 이론의 여지가 없을 것이다. 문제는 현재 한국의 성희롱 예방 교육이 성희롱 관련 법규 알리기와 성희롱 발생 후 조직에서 취해야 할 절차 알리기에 초점이 맞추어져 있기 때문에 진정한 성희롱 예방 교육으로서 기능을 하지 못하고 있다는 데 있다.

성희롱 예방 교육이 지식 중심이 아니라 지정의를 통합하는 윤리교육이어야 사후 처리가 아닌 예방 교육이 될 것이다. 여기서는 우선 현재 실시되고 있는 성희롱 예방 교육의 주요 내용이 되고 있는 성희롱 의미, 성희롱 유형, 성희롱 요인들을 비판적으로 검토하였다. 이러한 검토를 통하여 볼 때 성희롱 예방 교육이 윤리적 관점에서 접근되어야 함을 알 수 있다.

한국에서 시행되고 있는 법규로 보면 성희롱의 의미는 조직 내에 국한해서 쓰이고 있고, 형법의 틀 속으로 편입되지 않고 있다. 가장 큰 이유는 형법에서는 성폭력 죄를 지은 행위자를 직접 처벌하는 데 있지만, 조직 내에서 일어나는 성희롱은 처벌이 능사가 아니기 때문이다. 조직 내에서 성희롱이 일어나지 않도록 예방하고, 일할 권리를 침해당하지 않도록 성희롱을 근절시키고, 성희롱이 일어났을 경우에는 피해자의 보호는 물론이고 가해자도 적절한 책임을 져서 모두가 안전하게 일할 수 있도록 하는 데 성희롱 관련 법령을 마련한 취지가 있다. 가해자를 처벌해서 일터에서 쫓아내는 게 목적이 아니기 때문이다. 이러한 이유로 조직 내의 성희롱은 직장 조직 밖에서 일어나는 성추행이나 강제추행과 행위양태가 똑같다 하더라도 형량을 제시하고 있지 않다.

그런데도 현재의 성희롱 예방 교육은 성희롱의 의미 규정의 취지를 이해하지 못한 채 조직 밖의 형사법에서 처벌하듯이 처벌 중심으로 치닫도록 지식을 알려주는 데 그치고 있다. 성희롱 예방 교육은 성희롱이 성적자기결정권을 침해하고, 피해자의 인격권, 근로권을 침해하는 나쁜 행위라는 것을 인식시키고 좋은 행위를 할 수 있도록 하는 윤리교육이 되어야 한다. 하지만 지금은 성희롱 행위를 나쁜 행위라는 데 초점을 두기보다는 불법 행위라는 데 초점을 두기 때문에 문제가 있다 하겠다.

따라서 성희롱 예방 교육이 제대로 성과를 내기 위해서는 윤리교육적 접근을 해야 한다는 점에 주목할 만하다. 성희롱을 일삼고도 법에 걸려들지만 않으면 문제가 없다고 생각하는 사람에게 법규 중심 교육을 해서는 효과를 얻을 수 없다. 성희롱이 나쁘다는 것을 깨닫게 하고, 성희롱 당한 사람의 인생을 해치고, 인간관계를 망치며, 조직에 해악을 끼친다는 것을 느끼게 하여 행동을 변화시키는 윤리교육으로 전환이 필요하다 하겠다.

성희롱 예방 교육으로서 윤리교육의 자리매김은 개인윤리와 사회윤리 차원에서 성희롱 문제를 접근하는 것이다. 성희롱 예방 교육의 관점은 기존의 법 조항 중심의 교육에서 배려윤리와 경계윤리로 질적 전환이 필요하다고 본다. 섹슈얼리티는 유동적이기 때문에 관계에 따라 다르게 받아들여지는 것이고, 몸에 국한되는 것이 아니라 몸을 중심으로 해서 형성되는 경계 개념으로 해석되어야 하는 것이다.

참고자료 7-1

성희롱 관련 영화

*출처: Baltimore Pictures, Warner Bros.

'노스 컨츄리(North Country)'는 2006년에 개봉된 미국영화이다. 1984년 미국에서 최초의 직장 내 성폭력 승소 사건인 '젠슨 대 에벨레스 광산 사건'을 영화화한 것이다.

주인공 조시는 남자들만의 일터로 인식되고 있는 광산에서 남자 광원들의 집요하고도 노골적인 성희롱에 환멸을 느끼다. 회사를 상대로 성 차별에 관한 집단 소송을 제기하려고 하지만, 여자 동료들의 소극성으로 인해 홀로 소송에 나선다. 남성 중심의 사회에서 여성들의 자의식도 엿볼 수 있고, 직장 내 성희롱이 제도 속에서 어떻게 일상화되고 있는지를 생각해 보게 한다.

*출처: Baltimore Pictures, Constant c Production, Warner Bros.

폭로(Disclosure)는 1994년에 개봉된 미국영화이다. 메리더스 존슨이란 여자가 부사장으로 부임하여 과거의 연인이었던 톰 샌더스를 성희롱하는 것이 기본 소재이다.

톰은 부사장으로부터 "저녁 7시에 와인이나 한잔 하자"라는 초대를 받는다. 메리더스는 옛날의 관계를 다시 맺자며 노골적으로 유혹한다. 직장 내의 지위를 이용하여 톰을 자신의 방으로 부르고 원하지 않는 관계까지 요구한 것이다.

이 영화는 직장 내에서 여성이 남성을 성희롱하는 소재로 성희롱의 개념을 찾아볼 수 있게 하고, 영화적 재미와 현실을 볼 수 있는 생각거리와 느낌을 제공한다.

*출처: 삼거리픽쳐스, 판타지오픽쳐스

도가니(Silenced)는 2011에 개봉된 한국 영화이다. 2000년부터 5년 동안 광주인화학교에서 청각장애 아동을 대상으로 교장을 비롯한 교직원들의 성폭행 사건을 쓴 공지영의 소설 도가니를 바탕으로 제작되었다.

장애아들을 가르치기 위해 학교로 간 기간제 교사가 교실과 기숙사에서 구타와 성폭행, 성추행이 자행되어왔던 사실을 알고 사건의 실체를 세상에 알리려고 한다. 직장 내에서 약자에게 행해지는 성희롱, 성추행, 성폭행이 얼마나 가혹할 수 있는지를 보여준다. 이 영화로 인해 '도가니'법이라고 하는 '「성폭력 범죄의 처벌 등에 관한 특례법」 개정안'이 마련되었다. 이 법은 장애인 여성이나 13세 미만 아동을 성폭행했을 경우 형량을 늘리고, 공소시효를 폐지하며, 장애인 보호시설이나 교육시설에서 성폭행했을 때는 형량이 가중되도록 하였다.

제8장

「부정청탁금지법」과 여성_정도희

제8장에서는 「부정청탁금지법」과 여성을 이야기한다. 우리 사회 부패 척결에 대한 의지로 「부정청탁 및 금품 등 수수의 금지에 관한 법률」이 시행된 지 어느덧 100여 일이 지났다. 이 법은 2011년 여성 검사가 관련된 사건이 계기가 되어, 여성 전(前) 국민권익위원장의 제안에 의해 탄생했고, 법의 훌륭한 취지에도 불구하고 남아있는 미비점에 대한 개정의 목소리가 이어지고 있다. 이에 이 글에서는 이 법의 주요 내용을 간략히 소개하고 관련 쟁점 몇 가지를 살핀다.

1. 들어가며: 여성과 청렴, 부패

• "환갑인데 3만 원 이상의 식사 대접을 해도 되느냐? (대전경찰청)

• "매달 칭찬스티커를 많이 받은 학생 중 한 명을 뽑아 5,000원 안팎의 선물을 주는데 이것도 김영란법에 저촉이 되느냐?" (대구경찰청)[1)]

이 질문들은 「부정청탁 및 금품 등 수수의 금지에 관한 법률」(이하 '부정청탁금지법')이 시행되면서 일반 시민들이 경찰청에 문의한 사항들이다. 부정청탁금지법이 시행된 지 어느덧 100여 일이 지났다. 우리 사회가 부패했다는 시민 스스로의 자각이 이 법 시행의 계기라고 할 수 있는데, 우리 사회가 얼마나 부패했는지 그 실상은 '국제투명성기구'(TI, Transparency International)[2)]가 1995년 이래 매년 발표하는 '부패인식지수'(CPI, Corruption Perception Index)[3)]로 확인할 수 있다. '부패인식지수'는 국가별 부패순위를

---

1) 이 질문들은 <중앙일보>, "어제 신고 1건 … 권익위 신고자 보호 위해 내용 미공개", 2016년 9월 30일 기사의 질문을 인용함. (출처: http://news.joins.com/article/20657309, 최종방문일자: 2016년 12월 31일).

2) 국제투명성기구 홈페이지(http://www.transparency.org) 참조.

말하는데, 2015년 우리나라는 100점 만점에 56점[4]으로 조사대상 168개국 중에서 37위였다.[5] 더구나 2016년에는 이러한 사정이 더욱 악화되어 100점 만점에 53점으로, 2015년에 비해 15계단이 더 하락해서 176개국 중에서 52위로 나타났다.[6] 이는 실로 심각하다고 하지 않을 수 없다. 이러한 상황은 2015년 국민권익위원회의가 현대리서치연구소에 의뢰하여 얻은 '부패인식도조사' 결과에서도 유사하게 드러났다. 이는 1,400명의 일반 국민, 700명의 기업인, 400명의 주한 외국인 등을 대상으로 공직사회 등에 대한 부패인식을 조사, 분석한 것인데, 그 결과에 따르면,

---

3) '부패인식지수'는 "공공부문 및 정치부문에 존재하는 것으로 인식되는 부패의 정도를 측정하는 지표"로, 점수가 높을수록 청렴함을 뜻함(출처: http://www.index.go.kr/potal/main/EachDtlPageDetail.do?idx_cd=1035, 최종방문일자: 2016년 12월 31일).

4) 10점 만점 기준으로 2006년 5.1점, 2007년 5.1점, 2008년 5.6점, 2009년 5.5점, 2010년 5.4점, 2011년 5.4점으로 나타났고, 100점 만점 기준으로 2012년 56점, 2013년 55점, 2014년 55점, 2015년 56점으로 나타났다. '국가지표체계'의 '부패지표(출처: 국민권익위원회 「부패인식도조사」)'를 인용함(출처: http://www.index.go.kr/potal/main/ EachDtlPageDetail.do?idx_cd=1035, 최종방문일자: 2017년 2월 6일).

5) 2006년 조사대상국 163개국 중 42위, 2007년 180개국 중 43위, 2008년 180개국 중 40위, 2009년 180개국 중 39위, 2010년 178개국 중 39위, 2011년 183개국 중 43위, 2012년 176개국 중 45위, 2013년 177개국 중 46위, 2014년 175개국 중 43위, 2015년 168개국 중 37위로 나타났다. '국가지표체계'의 '부패지표(출처: 국민권익위원회 「부패인식도조사」)'를 인용함(출처: http://www.index.go.kr/potal/main/EachDtlPageDetail.do?idx_cd=1035, 최종방문일자: 2017년 2월 6일).

6) 관련 기사로 <연합뉴스>, "한국국가청렴도 세계52위까지 추락 '역대 최저'", 2017년 1월 25일(출처: http://www.yonhapnews.co.kr/bulletin/2017/01/25/0200000000AKR20170125112400004.HTML?input=1195m, 최종방문일자: 2017년 2월 1일) 참조.

일반 국민의 57.8%, 기업인의 37%, 외국인의 30.2% 가량이 공무원은 “매우 부패”하거나 “부패한 편”이라는 응답을 선택하였다고 한다.[7)]

이미 알려졌듯 「부정청탁금지법」이 제정된 것은 여성 대법관 출신인 전(前)국민권익위원장 김영란 교수의 제안에 의해서였다. 공직에 있던 한 여성이 청렴 사회의 희망을 그린 것이다. 그렇다면 여성이 공직사회에서 차지하는 비율은 얼마나 될까? 행정자치부가 발간한 ‘지방자치단체 공무원 인사통계, 지자체 여성공무원 통계’에 의하면, 지방자치단체의 전체공무원 중 여성이 차지하는 비중은 매년 증가하는 추세이고, 이는 5급 이상 공무원에서도 마찬가지라고 한다.[8)]

그리고 여성이 보다 부패에 엄격한 것으로 나타나는데, 2012년도 조정래 · 이현정 · 김장회의 연구[9)]에 의하면, 여성공무원이 기

---

7) ‘국가지표체계’의 ‘부패지표(출처: 국민권익위원회. 「부패인식도조사」)’를 인용함(출처: http://www.index.go.kr/potal/main/EachDtlPageDetail.do?idx_cd=1034, 최종방문일자: 2016년 12월 31일).

8) 여성이 차지하는 비율을 연도별로 보면, 2007년 28.6%, 2008년 29.3%, 2009년 29.5%, 2010년 29.8%, 2011년 30.0%, 2012년 30.7%, 2013년 31.3%, 2014년 32.5%, 2015년 33.7%이었고, 이 중에서도 5급 이상 공무원은 여성의 비율이 2010년 8.6%, 2011년 9.9%, 2012년 10.7%, 2013년 10.7%, 2014년 11.6%, 2015년 11.6%로 점차 증가하는 것으로 나타났다. ‘국가지표체계’의 ‘지방자치단체 여성공무원 현황’에서 ‘통계표명: 지방자치단체 여성공무원 현황(출처: 행정자치부 「지방자치단체 공무원 인사통계」, 「지자체 여성공무원 통계」)’을 인용함(출처: http://www.index.go.kr/potal/main/EachDtlPageDetail.do?idx_cd=1762, 최종방문일자: 2017년 12월 31일).

9) 이러한 통계는 조정래 · 이현정 · 김장회. “부패와 젠더: 기초자치단체 부패 영향 요인의 탐색”. 『정부학연구』. 제20권 제2호, 고려대학교 정부학연구소, 2014. 113면 참조.

초단체장인 경우, 공무원의 채용, 승진, 보직과 같은 인사 문제와 관련된 내부 부패 수준이 낮고, 여성공무원 수가 많아질수록 금품 수수, 공금횡령 등의 종합 부패 수준이 낮은 것으로 나타났다.

이처럼 여성공무원이 꾸준히 증가하고 있는 상황 속에서 여성공무원이 보다 업무를 원칙대로 처리하고 청탁에 단호한 것으로 나타났다. 여성공무원이 부패 척결을 위한 부정청탁금지법을 최초로 제안했다는 것도 이러한 상황 속에서 자연스러운 일인 듯하다.

그러나 부정청탁금지법의 탄생기원이 된 사건도 여성에 의한 것이라니, 참으로 아이러니한 일이다. 부정청탁금지법은 2011년 대한민국을 떠들썩하게 한 이른 바 '벤츠검사 사건'이 계기가 되어 제정되었다. 이 사건은 "2011년 현직 (여성)검사가 (남성)변호사로부터 사건 청탁을 대가로 벤츠 승용차와 명품가방을 받은 사건"[10] 이었다. 이러한 '선물 아닌 선물(?)'을 다수 일반 시민은 상식에 근거하여 이를 뇌물로 보기도 했으나, 우리 법원은 대가성이 없다는 이유로 뇌물로 보지 않았다.[11]

---

10) '네이버 지식백과, 시사상식사전 벤츠검사사건'(출처: http://terms.naver.com/entry.nhn?docId=973101&cid=43667&categoryId=43667, 최종방문일자: 2017년 2월 6일) 참조.

11) 대법원 2015.3.12. 선고, 2013도363 판결. 관련 기사로 <법률신문>, "[판결] "내연관계 따른 호의"…'벤츠 여검사' 무죄 확정", 2015년 3월 12일(출처: https://www.lawtimes.co.kr/Legal-News/Legal-News-View?serial=91657, 최종방문일자: 2017년 2월 6일) 참조.

2. 법률상 뇌물과 부정청탁의 규제

현행 「부정청탁금지법」은 크게 부정청탁과 '금품 등 수수'를 금지하고 외부강의를 제한한다. '부정청탁'의 사전적 정의를 보면 '부정'(不正)은 "올바르지 아니하거나 옳지 못함", '청탁'(請託)은 "청하여 남에게 부탁함"[12]이다. 이 법이 '금품 등 수수' 금지를 규정한 것은 형법상 뇌물죄로는 대가성이 없다는 이유로 처벌하기 어려운 경우를 규제하고자 등장한 것인데, 금액에 따라 규제에 차이가 있다.

1) 형법상 뇌물죄

「형법」은 "공무원이 직무와 관련해 금품 등을 받는 것은 물론 요구하거나 약속하는 것을 모두 포함하는 범죄"[13]를 말하는 뇌물죄를 두고 있다. 여기서 '뇌물'의 사전적 정의는 "어떤 직위에 있는 사람을 매수하여 사사로운 일에 이용하기 위하여 넌지시 건네는 부정한 돈이나 물건"[14]이다.

---

12) 네이버 국어사전의 정의를 인용함(출처: http://krdic.naver.com/search.nhn?query=%EB%B6%80%EC%A0%95%EC%B2%AD%ED%83%81&kind=all, 최종방문일자: 2017년 2월 6일).

13) 출처: http://terms.naver.com/entry.nhn?docId=929396&cid=43667&categoryId=43667, 최종방문일자: 2017년 2월 6일.

또한 「형법」은 ① 공무원(또는 중재인)이 직무에 관해 뇌물을 수수·요구·약속하는 경우(수뢰죄(제129조 제1항)), ② 장래 담당할 직무에 관해 청탁을 받고 뇌물 수수·약속한 후 공무원(또는 중재인)이 된 때(사전수뢰죄(제129조 제2항)), ③ 공무원(또는 중재인)이 수뢰죄, 사전수뢰죄, 제삼자 뇌물제공죄를 범하여 부정한 행위를 한 때(수뢰후부정처사죄(제131조 제1항)), ④ 공무원(또는 중재인)이 직무상 부정행위 후 뇌물을 수수·요구·약속하거나 제삼자에게 공여하게 하거나 공여를 요구, 약속한 때(사후수뢰죄(제131조 제2항)), ⑤ 공무원이 지위를 이용하여 다른 공무원의 직무에 속한 사항의 알선에 관해 뇌물을 수수·요구·약속한 때(알선수뢰죄(제132조))를 규정하고 있다.[15)16)]

---

14) 네이버 국어사전의 정의를 인용함(출처: http://krdic.naver.com/detail.nhn?docid=7918400, 최종방문일자: 2017년 2월 6일).

15) 형법 제129조(수뢰, 사전수뢰) ① 공무원 또는 중재인이 그 직무에 관하여 뇌물을 수수·요구 또는 약속한 때에는 5년 이하의 징역 또는 10년 이하의 자격정지에 처한다. ② 공무원 또는 중재인이 될 자가 그 담당할 직무에 관하여 청탁을 받고 뇌물을 수수·요구 또는 약속한 후 공무원 또는 중재인이 된 때에는 3년 이하의 징역 또는 7년 이하의 자격정지에 처한다.

제130조(제삼자뇌물제공) 공무원 또는 중재인이 그 직무에 관하여 부정한 청탁을 받고 제삼자에게 뇌물을 공여하게 하거나 공여를 요구 또는 약속한 때에는 5년 이하의 징역 또는 10년 이하의 자격정지에 처한다.

제131조(수뢰후부정처사, 사후수뢰) ① 공무원 또는 중재인이 전2조의 죄를 범하여 부정한 행위를 한 때에는 1년 이상의 유기징역에 처한다. ② 공무원 또는 중재인이 그 직무상 부정한 행위를 한 후 뇌물을 수수·요구 또는 약속하거나 제삼자에게 이를 공여하게 하거나 공여를 요구 또는 약속한 때에도 전항의 형과 같다. ③ 공무원 또는 중재인이었던 자가 그 재직 중에 청탁을 받고 부정한 행위를 한 후 뇌물을 수수·요구 또는 약속한 때에는 5년 이하의 징역 또는 10년 이하의 자격정지에 처한다.

2) 「부정청탁금지법」의 주요 내용

2006년 9월 28일 시행[17]된 「부정청탁금지법」은 당초 공무원의 부정한 금품 수수를 막겠다는 취지로 제안되었다.[18] 그러나

---

④ 전3항의 경우에는 10년 이하의 자격정지를 병과할 수 있다.

제132조(알선수뢰) 공무원이 그 지위를 이용하여 다른 공무원의 직무에 속한 사항의 알선에 관하여 뇌물을 수수·요구 또는 약속한 때에는 3년 이하의 징역 또는 7년 이하의 자격정지에 처한다.

제133조(뇌물공여 등) ① 제129조 내지 제132조에 기재한 뇌물을 약속·공여 또는 공여의 의사를 표시한 자는 5년 이하의 징역 또는 2천만 원 이하의 징역 또는 2천만 원 이하의 벌금에 처한다. ② 전항의 행위에 공할 목적으로 제삼자에게 금품을 교부하거나 그 정을 알면서 교부를 받은 자도 전항의 형과 같다.

제134조(몰수, 추징) 범인 또는 정을 아는 제삼자가 받은 뇌물 또는 뇌물에 공할 금품을 몰수한다. 그를 몰수하기 불능한 때에는 그 가액을 추징한다.

제135조(공무원의 직무상 범죄에 대한 형의 가중) 공무원이 직권을 이용하여 본 장 이외의 죄를 범한 때에는 그 죄에 정한 형의 2분의 1까지 가중한다. 단 공무원의 신분에 의하여 특별히 형이 규정된 때에는 예외로 한다.

16) 한편, 「형법」은 공무원의 뇌물죄에 상응하는 규정으로 "타인의 사무를 처리하는 자가 그 임무에 관하여 부정한 청탁을 받고 재물 또는 재산상의 이익을 취득한 자는 5년 이상의 징역 또는 1천만 원 이하의 벌금에 처한다."(제357조 제1항)라고 규정하여 '배임수증재죄'를 규정하고 있다. 이외에도 「공직자윤리법」은 "퇴직한 모든 공무원과 공직유관단체의 임직원은 본인 또는 제삼자의 이익을 위하여 퇴직 전 소속 기관의 임직원에게 법령을 위반하게 하거나 지위 또는 권한을 남용하게 하는 등 공정한 직무수행을 저해하는 부정한 청탁 또는 알선을 하여서는 아니 된다."(제18조의4 제1항)라고 하여, "부정한 청탁 또는 알선"을 금지하고 있다.

17) 제정에 대해 김래영, "「부정청탁 및 금품 등 수수의 금지에 관한 법률」의 입법현황과 과제", 『한양법학』. 제26권 제3집(통권 제51집), 한양대학교 법학연구소, 2015. 257면 참조.

18) 「부정청탁금지법」 제1조(목적) 이 법은 공직자 등에 대한 부정청탁 및 공직자 등의 금품 등의 수수를 금지함으로써 공직자 등

입법 논의 과정에서 그 적용대상이 언론인, 사립학교 교원, 그리고 이들의 배우자 등으로 확대되었다.

「부정청탁금지법」은 직무 관련성과 대가성이 없는 금품 등 수수라고 하더라도 이를 규제할 수 있다는 점에서 대가성이 인정되어야만 처벌이 가능한 형법상 뇌물죄와는 구별된다.

(1) 부정청탁의 금지

현행 「부정청탁금지법」[19]은 제5조 제1항에서 부정청탁을 금지하고, 금지되는 유형으로 다음의 14가지를 규정하고 있다.

> 제5조 제1항
>
> ① 누구든지 직접 또는 제삼자를 통하여 직무를 수행하는 공직자 등에게 다음 각 호의 어느 하나에 해당하는 부정청탁을 해서는 아니 된다.
>
> 1. 인가·허가·면허·특허·승인·검사·검정·시험·인증·확인 등 법령에서 일정한 요건을 정하여 놓고 직무 관련자로부터 신청을 받아 처리하는 직무에 대하여 법령을 위반하여 처리하도록 하는 행위.
> 2. 인가 또는 허가의 취소, 조세, 부담금, 과태료, 과징금, 이행강제금, 범칙금, 징계 등 각종 행정처분 또는 형벌부과에 관하여 법령을 위반하여 감경·면제하도록 하는 행위.
> 3. 채용·승진·전보 등 공직자 등의 인사에 관하여 법령을

의 공정한 직무수행을 보장하고 공공기관에 대한 국민의 신뢰를 확보하는 것을 목적으로 한다.

19) 이 글에서 「부정청탁금지법」 등 법률은 '법제처 국가법령정보센터'(출처: http://www.law.go.kr/, 최종방문일자: 2017년 2월 6일) 인용함.

위반하여 개입하거나 영향을 미치도록 하는 행위.

4. 법령을 위반하여 각종 심의・의결・조정 위원회의 위원, 공공기관이 주관하는 시험・선발 위원 등 공공기관의 의사결정에 관여하는 직위에 선정 또는 탈락되도록 하는 행위.
5. 공공기관이 주관하는 각종 수상, 포상, 우수기관 선정 또는 우수자 선발에 관하여 법령을 위반하여 특정 개인・단체・법인이 선정 또는 탈락되도록 하는 행위.
6. 입찰・경매・개발・시험・특허・군사・과세 등에 관한 직무상 비밀을 법령을 위반하여 누설하도록 하는 행위.
7. 계약 관련 법령을 위반하여 특정 개인・단체・법인이 계약의 당사자로 선정 또는 탈락되도록 하는 행위.
8. 보조금・장려금・출연금・출자금・교부금・기금 등의 업무에 관하여 법령을 위반하여 특정 개인・단체・법인에 배정・지원하거나 투자・예치・대여・출연・출자하도록 개입하거나 영향을 미치도록 하는 행위.
9. 공공기관이 생산·공급・관리하는 재화 및 용역을 특정 개인・단체・법인에게 법령에서 정하는 가격 또는 정상적인 거래관행에서 벗어나 매각・교환・사용・수익・점유하도록 하는 행위.
10. 각급 학교의 입학・성적・수행평가 등의 업무에 관하여 법령을 위반하여 처리・조작하도록 하는 행위.
11. 병역판정검사, 부대 배속, 보직 부여 등 병역 관련 업무에 관하여 법령을 위반하여 처리하도록 하는 행위.
12. 공공기관이 실시하는 각종 평가・판정 업무에 관하여 법령을 위반하여 평가 또는 판정하게 하거나 결과를 조작하도록 하는 행위.
13. 법령을 위반하여 행정지도・단속・감사・조사 대상에서 특정 개인・단체・법인이 선정・배제되도록 하거나 행정

지도 · 단속 · 감사 · 조사의 결과를 조작하거나 또는 그 위법사항을 묵인하게 하는 행위.
14. 사건의 수사 · 재판 · 심판 · 결정 · 조정 · 중재 · 화해 또는 이에 준하는 업무를 법령을 위반하여 처리하도록 하는 행위.
15. 제1호부터 제14호까지의 부정청탁의 대상이 되는 업무에 관하여 공직자 등이 법령에 따라 부여받은 지위 · 권한을 벗어나 행사하거나 권한에 속하지 아니한 사항을 행사하도록 하는 행위.

이 중 대학생활과 관련이 깊은 부분 중 하나가 "10. 각급 학교의 입학 · 성적 · 수행평가 등의 업무에 관하여 법령을 위반하여 처리 · 조작하도록 하는 행위"이다. 실제로 「부정청탁금지법」의 시행 과정에서 졸업을 앞두고 조기취업한 대학생이 출근으로 인해 출석미달이면서 수업 이수를 위해 수업 담당교원에게 출석인정을 요청하는 경우, 대학생이 수업 담당교원에게 부당하게 학점 정정을 요청하는 경우 등이 쟁점이 되기도 했다.

그리고 동조 제2항은 예외의 경우를 규정하고 있다.

② 제1항에도 불구하고 다음 각 호의 어느 하나에 해당하는 경우에는 이 법을 적용하지 아니한다.
1. 「청원법」, 「민원사무 처리에 관한 법률」, 「행정절차법」, 「국회법」 및 그 밖의 다른 법령 · 기준에서 정하는 절차 · 방법에 따라 권리침해의 구제 · 해결을 요구하거나 그와 관련된 법령 · 기준의 제정 · 개정 · 폐지를 제안 · 건의하는 등 특정한 행위를 요구하는 행위.

2. 공개적으로 공직자 등에게 특정한 행위를 요구하는 행위.
3. 선출직 공직자, 정당, 시민단체 등이 공익적인 목적으로 제삼자의 고충민원을 전달하거나 법령·기준의 제정·개정·폐지 또는 정책·사업·제도 및 그 운영 등의 개선에 관하여 제안·건의하는 행위.
4. 공공기관에 직무를 법정기한 안에 처리하여 줄 것을 신청·요구하거나 그 진행상황·조치결과 등에 대하여 확인·문의 등을 하는 행위.
5. 직무 또는 법률관계에 관한 확인·증명 등을 신청·요구하는 행위.
6. 질의 또는 상담형식을 통하여 직무에 관한 법령·제도·절차 등에 대하여 설명이나 해석을 요구하는 행위.
7. 그 밖에 사회상규에 위배되지 아니하는 것으로 인정되는 행위.

(2) 금품 등 수수의 금지

「부정청탁금지법」 제8조는 공직자의 '금품 등'[20]의 수수를 금지한다. 동조 제1항은 동일인으로부터 직무 관련 여부와 무관하게 1회 100만 원이나 연 300만 원을 초과하는 금품 등 수수를 금지하고 있고,[21] 동조 제2항은 직무 관련성이 있으면서 대가성은 없

20) 「부정청탁금지법」 제2조(정의) 이 법에서 사용하는 용어의 뜻은 다음과 같다. 3. '금품 등'이란 다음 각 목의 어느 하나에 해당하는 것을 말한다. 가. 금전, 유가증권, 부동산 물품, 숙박권, 회원권, 입장권, 할인권, 초대권, 관람권, 부동산 등의 사용권 등 일체의 재산적 이익. 나. 음식물, 주류, 골프 등의 접대, 향응 또는 교통, 숙박 등의 편의 제공. 다. 채무 면제, 취업 제공, 이권 부여 등 그 밖의 유형, 무형의 경제적 이익.

21) 「부정청탁금지법」 제22조(벌칙) ① 다음 각 호의 어느 하나에 해당하는 자는 3년 이하의 징역 또는 3천만 원 이하의 벌금에

는 경우 1회 100만 원 이하나 연 300만 원 이하의 금품 수수를 금지한다.[22] 전자의 경우는 3년 이하 징역 또는 3천만 원 이하의 벌금 부과라는 형사처벌이고, 후자의 경우는 과태료 대상이다. 그러나 아무리 공직자라고 해도 직무관련성이 없는 경우까지 형사 처벌한다는 것이 바람직한 것인지는 의문이다.[23]

> **제8조(금품 등의 수수 금지)**
> ① 공직자 등은 직무 관련 여부 및 기부·후원·증여 등 그 명목에 관계없이 동일인으로부터 1회에 100만 원 또는 매 회계연도에 300만 원을 초과하는 금품 등을 받거나 요구 또는 약속해서는 아니 된다.

처한다. 1. 제8조제1항을 위반한 공직자 등. 다만, 제9조제1항·제2항 또는 제6항에 따라 신고하거나 그 수수 금지 금품 등을 반환 또는 인도하거나 거부의 의사를 표시한 공직자 등은 제외한다.

22) 「부정청탁금지법」 제23조(과태료 부과) ⑤ 다음 각 호의 어느 하나에 해당하는 자에게는 그 위반행위와 관련된 금품 등 가액의 2배 이상 5배 이하에 상당하는 금액의 과태료를 부과한다. 다만, 제22조제1항제1호부터 제3호까지의 규정이나 「형법」 등 다른 법률에 따라 형사 처벌을 받은 경우에는 과태료를 부과하지 아니하며, 과태료를 부과한 후 형사 처벌을 받은 경우에는 그 과태료 부과를 취소한다. 1. 제8조제2항을 위반한 공직자 등. 다만, 제9조제1항·제2항 또는 제6항에 따라 신고하거나 그 수수 금지 금품 등을 반환 또는 인도하거나 거부의 의사를 표시한 공직자 등은 제외한다.

23) 이러한 비판으로 송기춘, "부정청탁 및 금품 등 수수의 금지에 관한 법률의 법적 문제점과 개선방향", 『세계법학연구』, 국제헌법학회 한국학회, 2015. 56면 참조. 법치국가 형법원칙의 위배로 보는 견해로, 박진우, "부정청탁 및 금품 등 수수의 금지에 관한 법률의 위헌성에 관한 고찰", 『세계헌법연구』, 제21권 제1호, 국제헌법학회 한국학회, 2015. 146면.

② 공직자 등은 직무와 관련하여 대가성 여부를 불문하고 제1항에서 정한 금액 이하의 금품 등을 받거나 요구 또는 약속해서는 아니 된다.

③ 제10조의 외부강의 등에 관한 사례금 또는 다음 각 호의 어느 하나에 해당하는 금품 등의 경우에는 제1항 또는 제2항에서 수수를 금지하는 금품 등에 해당하지 아니한다.

1. 공공기관이 소속 공직자 등이나 파견 공직자 등에게 지급하거나 상급 공직자 등이 위로·격려·포상 등의 목적으로 하급 공직자 등에게 제공하는 금품 등.
2. 원활한 직무수행 또는 사교·의례 또는 부조의 목적으로 제공되는 음식물·경조사비·선물 등으로서 대통령령으로 정하는 가액 범위 안의 금품 등.
3. 사적 거래(증여는 제외한다)로 인한 채무의 이행 등 정당한 권원에 의하여 제공되는 금품 등.
4. 공직자 등의 친족(「민법」 제777조에 따른 친족을 말한다)이 제공하는 금품 등.
5. 공직자 등과 관련된 직원상조회·동호인회·동창회·향우회·친목회·종교단체·사회단체 등이 정하는 기준에 따라 구성원에게 제공하는 금품 등 및 그 소속 구성원 등 공직자 등과 특별히 장기적·지속적인 친분관계를 맺고 있는 자가 질병·재난 등으로 어려운 처지에 있는 공직자 등에게 제공하는 금품 등.
6. 공직자 등의 직무와 관련된 공식적인 행사에서 주최자가 참석자에게 통상적인 범위에서 일률적으로 제공하는 교통, 숙박, 음식물 등의 금품 등.
7. 불특정 다수인에게 배포하기 위한 기념품 또는 홍보용품 등이나 경연·추첨을 통하여 받는 보상 또는 상품 등.
8. 그 밖에 다른 법령·기준 또는 사회상규에 따라 허용되는

금품 등.
④ 공직자 등의 배우자는 공직자 등의 직무와 관련하여 제1항 또는 제2항에 따라 공직자 등이 받는 것이 금지되는 금품 등을 받거나 요구하거나 제공받기로 약속해서는 아니 된다.

(3) 외부강의 등의 사례금 수수 제한

「부정청탁금지법」 제10조는 외부강의 등의 사례금 수수의 제한을 규정하고 있다. 아마도 일반 시민이 부정청탁금지법의 내용이라고 예상하지 못할 의외의 규정이 바로 외부강의에 대한 제한일 것이다. 외부강의 시 사전 신고가 원칙이며, 강의료 상한액도 정해져 있다.[24)]

제10조(외부강의 등의 사례금 수수 제한)
① 공직자 등은 자신의 직무와 관련되거나 그 지위 · 직책 등에서 유래되는 사실상의 영향력을 통하여 요청받은 교육 · 홍보 · 토론회 · 세미나 · 공청회 또는 그 밖의 회의 등에서 한 강의 · 강연 · 기고 등의 대가로서 대통령령으로 정하는 금액을 초과하는 사례금을 받아서는 아니 된다.
② 공직자 등은 외부강의 등을 할 때에는 대통령령으로 정하는 바에 따라 외부강의 등의 요청 명세 등을 소속기관장에게 미리 서면으로 신고하여야 한다. 다만, 외부강의 등을 요청한 자가 국가나 지방자치단체인 경우에는 그러하

24) 그러나 외부강의와 부정청탁, 부패가 어떤 관계가 있다는 의미인지 의아하다. 이러한 규정을 둠으로써 당초 입법의도와 무관하게 '공직자 등'에 속하는 필자와 같은 대학교원의 외부강의 활동이 위축되고 있는 것으로 보인다.

지 아니하다.

③ 공직자 등은 제2항 본문에 따라 외부강의 등을 미리 신고하는 것이 곤란한 경우에는 그 외부강의 등을 마친 날부터 2일 이내에 서면으로 신고하여야 한다.

④ 소속기관장은 제2항에 따라 공직자 등이 신고한 외부강의 등이 공정한 직무수행을 저해할 수 있다고 판단하는 경우에는 그 외부강의 등을 제한할 수 있다.

⑤ 공직자 등은 제1항에 따른 금액을 초과하는 사례금을 받은 경우에는 대통령령으로 정하는 바에 따라 소속기관장에게 신고하고, 제공자에게 그 초과금액을 지체 없이 반환하여야 한다.

3. 「부정청탁금지법」의 쟁점들

1) '부정청탁'의 문제

(1) 부정청탁의 의미

공직자의 '부패'는 공적 지위를 남용하여 사적 이익을 도모하는 것으로, "비정상적인 이익의 수수"[25]이다. 우리는 공직자의 부패에 관심을 갖고, 부패 척결을 위한 입법을 시도해왔다. 대표적인 입법으로 「부패방지 및 국민권익위원회의 설치와 운영에 관한 법률」은 '부패행위'를 "(가) 공직자가 직무와 관련하여 그 지위 또는 권한을 남용하거나 법령을 위반하여 자기 또는 제삼자의 이익을 도모하는 행위, 공공기관의 예산사용, (나) 공공기관 재산의 취득 관리 처분 또는 공공기관을 당사자로 하는 계약의 체결 및 그 이행에 있어서 법령에 위반하여 공공기관에 대하여 재산상 손해를 가하는 행위, (다) 가목과 나목에 따른 행위나 그 은폐를 강요, 권고, 제의, 유인하는 행위"로 정의하였다. "공무원 개인의 일탈행위뿐만 아니라, 공무원과 고객 사이의 병리적 관계 또는 상호작용"으로 이해하였다.[26]

---

25) 민병익 · 이상범. "반부패 정책 효과의 영향 요인". 『지방정부연구』 제12권 제3호, 한국지방정부학회, 2008. 128면.

그런데 「부정청탁금지법」은 부패척결을 언급하면서도 금지하고 있는 '부정청탁'이 무엇인지도 개념 정의하고 있지 않다. 대신 부정청탁의 유형 14가지를 규정해 놓았는데, 부정청탁은 '이러이러한 행위를 말한다'라는 것이 아니라, '이런 유형은 부정청탁에 해당한다'라는 식이다. 또한 부정청탁의 개념을 정의하고 있는 것이 아니라, 14가지 유형을 정한 것에 지나지 않아서 이 유형에 부정청탁의 모든 행위가 다 포함되는지도 의문이라는 지적과 함께, 죄형법정주의 명확성 원칙에 위배되는 것은 아닌지 비판을 받게 되었다.

(2) 법률의 명확성에 대한 법원의 판단

앞서 현행 부정청탁금지법이 명확성 원칙 위반이라는 지적을 받기도 한다는 점을 언급했다. 그렇다면 이러한 법률의 명확성 판단에 대해 법원은 어떤 기준을 갖고 있을까? 헌법재판소는 법률의 명확성은 "각 구성요건의 특수성과 그러한 법적 규제의 원인이 된 여건이나 처벌의 정도 등을 고려하여 종합적으로 판단" 해야 한다는 입장이다.[27] 또한 헌재는 "죄형법정주의 원칙은 법률이 처벌하고자 하는 행위가 무엇이며 그에 대한 형벌이 어떠한 것인지를 누구나 예견할 수 있고, 그에 따라 자신의 행위를 결정

---

26) 조정래 · 이현정 · 김장회. "부패와 젠더: 기초자치단체 부패 영향 요인의 탐색". 『정부학연구』 제20권 제2호, 고려대학교 정부학연구소, 2014. 2014. 93면.

27) 헌법재판소 1994.7.29. 선고, 93헌가4 결정; 송기춘. "부정청탁 및 금품 등 수수의 금지에 관한 법률의 법적 문제점과 개선방향", 『세계헌법연구』 제21권 제3호, 국제헌법학회 한국학회, 2015. 47면.

할 수 있도록 명확하게 규정할 것을 요구한다. 그러나 … (중략) … 건전한 상식과 통상적인 법 감정을 가진 사람이 처벌법규의 적용대상자가 누구이며 구체적으로 어떠한 행위가 금지되고 어떠한 형벌을 받는지 충분히 알 수 있다면 죄형법정주의 명확성 원칙에 위배되지 않는" 것으로 본다.[28)]

이러한 헌재의 관점에서 보면, 부정청탁금지법의 명확성에 대한 판단에 이 법이 수범자인 일반 시민에게 예측가능성을 주고 있는지 아닌지 여부가 중요하다고 볼 수 있다. 그러나 안타깝게도 시행초기 이 법의 해석에 혼란이 있어왔고, 일반 시민이 자신의 행위가 이 법에 저촉되는지 아닌지 여부도 불분명했던 경우도 종종 발생했음은 부인하기 어렵다.

2) 사회상규의 문제

「부정청탁금지법」은 '사회상규'를 언급하고 있다. 「부정청탁금지법」 제5조는 제1항에서 부정청탁 14가지 유형을 규정하고, 제2항에서 제1항의 부정청탁 유형에 속하는 행위라도 이 법을 적용하지 않는 경우를 규정하는데, 그 중 하나가 "그 밖에 사회상규에 위배되지 아니하는 것으로 인정되는 행위"이다.

그런데 '사화상규'는 판단기준을 확정하기 어려운 개념이다. 우리 「형법」 제20조는 '정당행위'라는 표제하에 "법령에 의한 행위, 업무에 의한 행위, 기타 사회상규에 의한 행위는 벌하지 아니한다."라고 규정하고 있다. 아마도 어떠한 행위를 두고 부정청탁금

---

28) 예컨대 헌법재판소 2016.9.29. 선고, 2015헌바65 결정.

지법에서 규정한 "사회상규에 위배되지 아니하는 것으로 인정되는 행위"인지 아닌지 여부를 판단해야 할 때, 이미 형법상 사회상규에 대하여, 그 개념이 모호하고 판단기준을 확정하기 어려움이 있다는 지적을 간과해서는 안 될 것이다.[29)]

생각건대, 향후 이러한 사회상규의 해석과 적용에 있어, 사회적 합의를 반영한 법원의 역할이 보다 중요해질 것으로 보인다. 복잡다단한 어떠한 행위가 사회상규에 위배되는지 아닌지 여부의 판단은 국민권익위원회와 관계부처 태스크포스(TF)의 유권해석만으로는 충분하지 않을 수 있기 때문이다.

3) 적용대상의 문제

「부정청탁금지법」은 "공직자의 부정부패 방지와 청렴성 확보"를 위해 만들어졌다. 그렇다면 여기서 "공직자"는 누구를 말하는 것일까? 현행법상 "공직자"를 어떻게 개념 정의하고 있을까?

현행 「국제연합 부패방지협약」'(United Nations Conventions against Corruption)과 「부패방지 및 국민권익위원회의 설치와 운영에 관한 법률」에서 다음과 같이 "공직자" 개념을 찾을 수 있다.

---

29) 사회상규에 대한 비판적 논의로 김영환. "형법 제20조 정당행위에 관한 비판적 고찰". 『고시계』 제411호. 국가고시학회, 1991. 59면 이하; 김봉수. "위법성조각사유의 체계 및 경합에 관한 연구". 『비교형사법연구』 제10권 제2호. 한국비교형사법학회, 2008. 68면; 김성돈. "한국 형법의 사회상규조항의 계보와 그 입법적 의의". 『형사법연구』 제24권 제4호, 한국형사법학회, 2012. 40면 참조.

① 「국제연합 부패방지협약」 제1장 제2호

"임명직, 선출직, 영구직, 임시직, 유급, 무급을 불문하고 근속연수와 관계없이 당사자국의 입법, 집행, 행정 또는 사법적 직위를 가진 자, 당사국의 국내법에서 정의되고 그 당사국법의 관련 분야에서 적용되는 대로 공공기관이나 공기업 등을 위하여 공적 임무를 수행하거나 공적 역무를 제공하는 그 밖의 자, 당사국의 국내법에서 공무원으로 정의되는 그 밖의 자"(제1장 제2호).[30)]

② 「부패방지 및 국민권익위원회의 설치와 운영에 관한 법률」 제2조 제3호

"국가공무원법 및 지방공무원법에 따른 공무원과 그 밖의 다른 법률에 따라 그 자격, 임용, 교육, 훈련, 복무, 보수, 신분보장 등에 있어서 공무원으로 인정된 자", "공직유관단체의 장 및 그 직원"(제2조 제3호)

상술하였듯 「부정청탁금지법」은 국회의 입법 논의 과정에서 언론인과 사립학교 교원까지 들어간 '공직자 등'으로 그 적용대상이 확대되었다. 이들이 공적 업무를 수행한다는 것이 그 이유였는데, 이러한 적용대상 확대에 대해 논란이 지속되었고, 시행초기 일반 시민들 사이에서는 자신의 직업이 부정청탁금지법의 적용대상인지 아닌지 여부를 두고 혼란이 발생하기도 했다.

그러나 국립대학병원 의사는 적용대상자이면서, 사립병원 의사

30) 이러한 번역은 김재민. "공직자 부패 문제에 대한 피해자학적 접근", 『피해자학연구』. 제20권 제1호. 한국피해자학회. 2012. 4. 208면을 인용함.

나 변호사 등은 적용대상자가 아닌 것은 형평성이 맞지 않는 것으로 보이는데,[31] 현행과 같이 부정청탁금지법이 (적용)대상자를 먼저 규정하고, 이들의 부정한 행위를 규제하려는 것이 합리적인 것인지 의문이다. 부패척결을 위해서는 공직자인지 아닌지 여부를 불문하고 공직 영역이든 민간영역이든 부정한 청탁과 금품 등 수수라는 행위 자체를 금지하는 것이 필요하지 않을까 싶다.

4) 직무 관련성의 문제

현행 「부정청탁금지법」은 직무관련성을 언급한다. 직무관련성은 형법상 뇌물죄에서 볼 수 있었던 개념이다. 우리 법원은 이러한 뇌물죄에서 직무 관련성을 비교적 넓게 해석해 왔다. 예를 들면, 판례는 "공무원이 직무의 대상이 되는 사람으로부터 금품 기타 이익을 받은 때에는 그것이 그 사람이 종전에 공무원으로부터 접대 또는 수수 받은 것을 갚는 것으로서 사회상규에 비추어 볼 때에 의례상의 대가에 불과한 것이라고 여겨지거나, 개인적인 친분관계가 있어서 교분상의 필요에 의한 것이라고 명백하게 인정할 수 있는 경우 등 특별한 사정이 없는 한 직무와 관련성이 있다고 볼 수 있다. 그리고 공무원의 직무와 관련하여 금품을 주고받았다면 비록 사교적 의례의 형식을 빌려 금품을 주고받았다고 하더라도 수수한 금품은 뇌물이 된다."[32]라고 보고, '직무와 관련하여' "공무원이 얻는 어떤 이익이 직무와 대가관계가 있는 부

31) 이러한 견해로 이영준, "한국사회 초유의 반부패 실험, 성공의 조건은", 『관훈저널』 제140호, 관훈클럽, 2016. 9. 26면.

32) 대법원 2017. 1. 12. 선고, 2016도15470 판결.

당한 이익으로서 뇌물에 해당하는지 혹은 사회상규에 따른 의례상의 대가 혹은 개인적 친분관계에 따른 교분상의 필요에 의한 것으로서 직무와의 관련성이 없는 것인지 여부는 당해 공무원의 직무의 내용, 직무와 이익제공자의 관계, 이익의 수수경위 및 시기 등의 사정과 아울러 공여되는 이익의 종류 및 가액도 함께 참작하여 이를 판단하여야 할 것"[33]으로 보았다.

그러나 「부정청탁금지법」은 대가성을 따지지 않고 금품 등 수수를 금지한다. 그러므로 향후 관련 사례가 축적되면서 뇌물죄의 직무관련성과는 구별된 부정청탁금지법의 직무관련성을 구체화될 필요가 있을 것이다.

33) 대법원 2006. 2. 24. 선고, 2005도4737 판결.

4. 나가며

부정청탁금지법이 시행된 지 100여 일이 지났다. 그러나 아직 이 법이 온전히 정착되었다고 보기에는 어려움이 있다. 실제 국민권익위원회가 시행 초기의 해석을 변경하는 사례도 생기고 있기 때문이다. 예를 들면, 당초 교원이 학생에게 카네이션이나 캔커피를 주는 것조차 원천 금지하였다가, 학생이 수업시간에 공개적으로 주는 것을 받는 것은 사회상규상 가능한 것으로 기존의 해석을 변경하였다.[34] 아직은 해석에 논란이 있는 사안마다 논의가 더 필요한 것으로 보인다.

아마도 법의 시행과정에서 입법 당시에는 예상하지 못했던 상황이 발생할 수도 있을 것이고, 의외의 반사적 이익을 누리는 경우도 있을 것이다. 법 시행으로 활동이 위축된 법 적용대상자들을 대신하여, 유사한 업무를 하는 비(非)적용대상자들의 역할이 활발해질 것이다. 예를 들면, 부정청탁금지법의 적용대상으로 외부강의에 제한을 받는 대학교원을 대신하여, 비(非)적용대상인 전문 강사의 영역이 보다 확대되지 않을까 싶다.

---

34) 관련 기사로 <서울경제>, "'스승에 카네이션 캔 커피 허용'…석달째 보수작업 하는 김영란법". 2016년 12월 27일 기사. (출처: http://www.sedaily.com/NewsView/1L5ESCM4EI, 최종방문일자: 2017년 2월 6일).

생각건대, 부정청탁금지법이 '공직자 등'이라는 '(적용)대상자' 중심의 규제를 하다 보니 유사한 업무를 하더라도 다른 잣대가 적용되고 그에 따른 처분이 내려지는 것으로 보인다. 이 법의 적용대상을 뇌물죄의 '공무원 또는 중재자'에 한정하지 않고 현행 '공직자 등'과 같이 폭넓게 설정한다면, 대상자가 아닌, 행위 중심으로 규제의 방향이 변화되어야 할 것이 아닌가 싶다.

또한 부정청탁금지법의 시행 이후에도 다양한 개정 목소리가 들려오고 있다.[35] 그러나 무엇보다도 개정이 필요한 것은 국회 입법 과정에서 삭제된 '이해충돌방지규정'을 되살리는 것이 아닐까 한다. 이에 대해서는 이후의 연구에서 논의를 더하고자 한다.

35) 부정청탁금지법 시행 이전에도 개정의 목소리가 있었고, 시행 이후에도 꾸준히 이러한 요청은 지속되고 있음. 법률 시행 이후 최초로 2016년 9월 29일 「부정청탁 및 금품 등 수수의 금지에 관한 법률」 일부개정법률안(박대출 의원 대표발의)(의안번호 2530)이 발의되었음.

제1장 일하는 여성, 질문하다_이명신

강이수 · 신경아 · 박기남(2015). 『여성과 일: 일터에서 평등을 찾다』. 동녘.

공미혜 · 성정현 · 이진숙 · 한정원(2015). "여성과 노동". 『여성복지론』. 신정. pp.247~266.

곽현주 · 최은영(2015). "기혼 여성의 경제활동 참여에 영향을 미치는 요인: 가정과 노동시장의 성불평등 구조를 중심으로". 『여성연구』. 88(1). pp.429~ 456.

김영옥(1997). 「공기업 여성 고용 구조와 인력관리의 현황과 과제」. 97연구보고서 220-9. 한국여성개발원.

김태홍(2013). "성별 고용 형태별 임금 격차 현황과 요인 분해". 『여성연구』. 84(1). pp.31~61.

문유경 · 주재선(2000). 「OECD 회원국의 여성 고용 정책」. 연구보고서 230-9. 한국여성개발원.

송다영 · 김미주 · 최희경 · 장수정(2015). "여성과 일". 『새로 쓰는 여성복지론: 쟁점과 실천』. 2판 1쇄. 양서원. pp.35~64.

안윤정 · 오현주(2011). "여성택시운전기사의 직무경험을 통한 직업유지 요인 연구". 『아시아여성연구』. 50(1). pp.49~92.

윤덕경 · 김선욱 · 김명숙(1995). 『여성공무원의 평등고용실현 촉진 방안』. 한국여성개발원.

이명신(2002). "전문직 맞벌이 부부의 권력 구조, 가사 분담, 그리고 역할 갈등". 『사회복지연구 2: 여성과 사회복지』. pp.158~205.

이명신(2015). "중년 부부의 권력 구조". 『한국의 중년 여성과 남성-경상대학교 여성연구소 기획도서 I』. 서현사. pp.15~82.

이순미 · 김혜경(2008). "부부 간 가사노동 분담에 대한 공평성 인지의 영향 요인 연구: 기혼 취업 여성을 중심으로.” 『가족과 문화』. 20(1). pp.1~25.

이승협(2016). “적극적 고용 개선 조치 제도효율성 개선방안 연구”. 『여성연구』. 90(1). pp.7~43.

은기수(2009). “한국 기혼부부의 가사노동분업”. 『한국인구학』. 32(3). pp.145~171.

조혜정(1992). 『한국의 여성과 남성』. 문학과 지성사.

주재선・송치선・박건표(2015a). 「2015년 한국의 성인지통계」. 한국여성정책연구원.

주재선・송치선・박건표(2015b). 「Statistical Handbook: Women in Korea 2015」. 한국여성정책연구원.

주재선・문유경・김영택・김영란・송치선・임연규・이병훈・이윤석・강은수(2015). 『2015년 여성가족패널조사』. 한국여성정책연구원.

최정숙(2016). “여성의 일-가족 양립 경험: 유자녀 기혼 여성을 중심으로”. 『여성과 가족의 함수관계. 경상대학교 여성연구소 2016 학술대회 자료집』. 경상대학교 여성연구소. pp.3~42.

Nyberg. A. (2012). “스웨덴의 지난 50년간의 양성평등 정책”. 『복지국가의 지속가능성과 젠더 2012 국제 심포지움 자료집』. 한국여성정책연구원. pp. 83~98.

Blumberg, R. L. (1991). “Income under female versus male control: Hypotheses from a theory of gender stratification and data from the third world”, (ed.) Rae Lesser Blumberg, Gender, Family & Economy: The Triple Overlap. Newbury Park, CA.: Sage Publications, Inc, pp.97~127.

Blumstein, P. & Schwartz, P. (1991). “Money and Ideology: Their impact o power and the division of household labor”, (ed.) Rae Lesser Blumberg, Gender, Family & Economy: The Triple Overlap. Newbury Park, CA.: Sage

Publications, Inc, pp.261~288.

Chafetz, J. S. (1991). "The Gender division of labor and the reproduction of female disadvantage: Toward a integrated theory", (ed.) Rae Lesser Blumberg, Gender, Family & Economy: The Triple Overlap. Newbury Park, CA.: Sage Publications, Inc, pp.74~94.

Coleman, M. T. (1991). "The division of household labor: Suggestions for future empirical consideration and theoretical development", (ed.) Rae Lesser Blumberg, Gender, Family & Economy: The Triple Overlap. Newbury Park, CA.: Sage Publications, Inc, pp.245~260.

제2장 여성, 일-육아 사이에서 파도타기_최정혜

권정윤 · 정미라 · 이방실(2015). "아버지의 놀이 상호작용이 유아의 인지, 동작, 언어 발달에 미치는 영향". 『유아교육연구』. 35(1). pp.333~350.

김미숙 · 문혁준(2005). "유아기 자녀를 둔 어머니의 양육 스트레스 및 양육 효능감과 양육 행동과의 관계". 『대한가정학회지』. 43(8). pp.25~35.

김선희 · 박정윤(2012). "취업모의 성격특성과 자녀 양육 스트레스와의 관계". Journal of Korean Home Economics Association. Vol. 50(8). pp.41~52.

김은영 · 이주연(2014). "영유아 어머니의 양육 행동에 대한 양육 죄책감과 아버지 양육지원의 상호작용 효과". Journal of Korean Home Management Association. Vol. 32(1). pp. 167~180.

대한정신건강재단. 중앙일보. 2015년 12월 10일 기사. 22면.

데일리신문. '하루가 전쟁'인 맞벌이 부부의 육아 고민. 2015년 7월 15일 기사.

복지부. “저출산 고령사회위원회 민간위원 워크숍 자료”. 유니온리서치. 2015년 12월.
여성가족부(2016). 2015 가족실태조사 결과 발표.
여성가족부(2016). “우리 회사 일·가정 양립. 어디서부터 어떻게?”.
윤택림(2001). 『한국의 모성』. 미래인력연구원.
이데일리. 일도 육아도 여자 몫 → ‘乙 중의 乙’ 워킹맘. 2015년 12월 7일 기사.
이선영·안선희(2016). “걸음마기 한 자녀를 둔 어머니의 양육 스트레스”. Journal of Korean Home Management Association. 34(1). pp.33~47.
임경애·양성은(2011). “기혼 여성의 경력 단절 및 자녀 양육 경험에 관한 질적 연구”. 『한국가정관리학회지』. 29(1). pp. 21~40.
정유진·전귀연(2014). “가족친화제도와 조직문화가 영아기 자녀를 둔 취업부모의 양육 스트레스와 양육 효능감에 미치는 영향”. 『한국가족관계학회지』. 19(1). pp.3~28.
조숙·정혜정·이주연(2015). “취업모와 비취업모의 모성 이데올로기 인식과 양육 스트레스 및 결혼만족도의 관계 비교연구”. 『한국가족관계학회지』. 20(1). pp.25~49.
조선일보. ‘하루 가사노동’남 45분. 여 227분. 2015년 12월 8일 기사.
조하영·박성연(2013). “아버지의 양육경험과 심리적 안녕감이 자녀에 대한 아버지의 양육태도에 미치는 영향”. 『아동학회지』. 34(3). pp.59~74.
중앙일보. 육아 독박 몰라주는 남편에 산모 마음은 휑해집니다. 2015년 12월 10일 기사.
중앙일보. 일-육아 양립에서 직장을 포기한 엄마. 2016년 5월 30일 기사.
최정혜(2005). “맞벌이 부부의 가족 스트레스. 대처 전략 및 직업만족도-맞벌이 부부 남편과 아내의 비교-”. 『대한가정학회지』. 43(10). pp.55~68.

최정혜(2015). “유아기 자녀를 둔 부모의 양육태도 유형과 유아의 자아탄력성과의 관계”. 『유아교육학논집』. 19(5). 55~71.

최정혜(2016a). “유아기 자녀를 둔 아버지의 양육 효능감과 양육 스트레스 연구”. 『어린이문학교육연구』. 17(1). pp.421~433.

최정혜(2016b). “유아기 자녀를 둔 부부의 양육 효능감 및 양육 스트레스 비교”. 『한국코칭학회』. 9(3). pp.101~120.

최효식 · 연은모(2014). “유아기 자녀를 둔 부모의 심리적 특성, 양육 스트레스, 긍정적 양육태도 간 관계: 자기 효과와 상대방 효과”. 『유아교육학논집』. 18(6). pp.5~30.

통계청(2014). www.kosis.kr

현대경제연구원. 이데일리신문: ‘하루가 전쟁’인 맞벌이 부부의 육아 고민. 2015년 7월 15일 기사.

ISSUE MAKER. 시사매거진. 2015.11.08.

Lewis, J. (1990). Motherhood Issues’ in the Late Nineteenth and Twentieth Centuries. Katherine Amup, Andree Levesque, and Ruth Roach Pierson(eds.), Delivering Motherhood: Maternal Ideologies and Practice in the 19th and 20th Centuries. London and New York: Routledge.

Sung, J-W. (2011). Mothers’s parenting guilt related vaiables: Depending on the mother’s employment ststus and the child’s development stage. Unpublished master’s thesis. Ewha Womens University, Seoul, Korea.

Wearing, B. (1984). The Ideology of Motherhood. Sydner: George Allen & Unwin.

제3장 돌봄노동의 사회화 정책과 여성_이혜숙

권수현(2013). “제도화 과정에서 나타난 돌봄노동의 성격에 관한 연구: 성별화된 관계 노동 특성을 중심으로”. 연세대학교 대학원, 박사논문(미간행).
국민건강보험(2015). 『2015년 상반기 노인장기요양보험 주요통계』. 국민건강보험공단.
김수정(2002). "가족 수당의 제도 정치와 여성의 사회적 권리-영국의 사례". 『페미니즘연구』. 제2호. (사)한국여성연구소. pp. 131~178.
______(2015). "보육서비스의 트릴레마 구조와 한국 보육정책의 선택: 민간 의존과 비용 중심의 정책". 『경제와 사회』. 비판사회학회. pp.64~93.
김지미(2013). "한국 복지체제에서의 여성 역할 변화에 관한 연구: 보육·장기요약정책 확대를 중심으로". 『여성학연구』. 제23권 제1호. 부산대학교 여성연구소. pp.133~169
류연규(2012). "가족의 돌봄 공백에 대응하는 돌봄의 사회화 정책의 성격 규명". 『비판사회정책』. 37권. 비판과 대안을 위한 사회복지학회. pp.113~153.
류임량(2016). "젠더 관점에서 본 재가 요양보호사의 돌봄노동". 서울대학교 대학원 여성학 협동과정, 박사논문(미간행).
박옥임·김경신·이주희 외(2015). 『여성복지학』. 공동체.
박태영·이진숙·현진희 외(2015). 『한국·일본·스웨덴의 돌봄정책』. 양서원.
보건복지부(2016). 『보육통계: 2015년 12월 말 기준』.
성정현(2015). "여성과 노동". 공미혜 외. 『여성복지론』. 신정. pp.247~266.
송다영(2010). "'자유선택' 정책설계 내 계층과 젠더 문제: 한국 보육정책의 형성과 재편을 중심으로". 『한국가족복지학』. 제30권. 한국가족사회복지학회. pp.347~378.
______(2014). "돌봄의 사회화와 복지국가의 지연". 『한국여성학』. 제30권 4호. 한국여성학회. pp.119~152.
송다영(2015). "돌봄은 누구의 책임인가". (사)한국여성연구소(엮음). 『젠더와 사회: 15개의 시선으로 읽는 여성과 남성』. 동녘. pp.417~446.

신경아(2007). "산업화 이후 일-가족문제의 담론적 지형과 변화". 『한국여성학』. 제23권 2호. 한국여성학회. pp.5~45.

안숙영(2012). "젠더의 렌즈로 본 복지공간: 이론적 현황과 전망". 『한국여성학』. 제28권 1호. 한국여성학회. pp.113~146.

안현미(2010). "일과 가족생활 양립의 정책 성격에 관한 한국ㆍ일본ㆍ스웨덴의 비교연구". 중앙대학교 대학원, 박사논문(미간행).

유해미(2004). "복지국가의 다양성에 대한 종합적 젠더 분석틀의 모색". 『사회와 이론』. 한국이론사회학회. 2호. 통권 제5집. pp.183~216.

유희정(2015). "취업모를 위한 육아지원 정책의 과제". 『젠더리뷰』. 제36호. 한국여성정책연구회. pp.40~53.

윤홍식 · 송다영 · 김인숙(2011). 『가족정책: 복지국가의 새로운 전망』. 공동체.

이숙진(2011). "돌봄노동의 제도화와 여성들의 차이". 『페미니즘연구』. 제11권 2호. 한국여성연구소. pp.49~83.

이진숙(2014). "노인장기요양보험은 가족의 돌봄부담을 완화하는가?: 현금급여와 가족요양보호사 이슈를 중심으로". 『가족과 문화』. 제26집. 2호. 한국가족학회. pp.126~150.

______(2015). "여성복지정책의 젠더적 분석". 공미혜 외. 『여성복지론』. 신정. pp.129~157.

이진숙 · 권정미(2015). "돌봄정책에 대한 국가 차원의 접근". 박태영 외. 『한국ㆍ일본ㆍ스웨덴의 돌봄정책』. 양서원. pp.39~71.

이진숙 · 이슬기(2013). "젠더관점에서 본 보육정책 패러다임의 변화 연구". 『젠더와 문화』. 제6권 2호. pp.85~123.

이혜숙(2016). 『국가와 여성정책』. 다산.

이호용(2016). "국가작용으로서 사회보장의 시장화에 대한 평가: 노인장기요양보험제도를 중심으로". 『법학논총』. 33권 1호. 한양대학교 법학연구소. pp. 135~159.

장부년(2015). "한국 가족정책과 복지국가의 관제; 돌봄정책을 중심으로". 『인하사회과학논총』. 제30집. 인하대학교 사회과학연구소. pp.139~165.

장지연(2004). "복지국가에 대한 페미니스트 관점의 기여와 한계". 『한국사회학』. 한국사회학회. 제38집. 3호. pp.117~200.
장하진 · 이옥 · 백선희(2015). 『한국의 보육정책』. 공동체.
전윤정(2015). "탈상품화·탈가족화 관점에서 본 한국의 일、가족양립 정책. 1990~2014: 출산 휴가 · 육아 휴직제도와 보육정책을 중심으로". 『한국여성학』. 제31권 3호. 한국여성학회. pp.179~218.
정형옥 · 남승연(2015). 『돌봄서비스 일자리 근로환경 조사』. 경기도가족여성연구원. 정책과제 2015-28
천지선(2015). "돌봄노동. 정당한 가치 인정해야". 「여성신문」. 2015. 8. 18.
통계청 · 여성가족부(2015). 『2015 일 · 가정 양립 지표』. 보도자료.
한희선 · 임우연(2015). "여성과 돌봄". 『여성 · 젠더 · 사회』. 공동체. pp. 179~195.
허라금(2006). "보살핌의 사회화를 위한 여성주의의 사유". 『한국여성학』. 제22권 1호. 한국여성학회. pp.115~143.
Leitner. S. (2003). "Varieties of Familialism: the caring function of the family in comparative perspective". European Societies. Vol. 5. No. 4. pp.353~375.
Sainsbury. D.(1999). "Gender and Social-Democratic Welfare States". Diane Sainsbury(ed). Gender and Welfare State Regimes. New York: Oxford University Press.

제4장 여성의 감정노동_하영미

김경희(2011). "서비스 사회의 감정노동에 대한 이해". 『국제노동브리프』. 9(5). pp.27~37.
박홍주(2006). "감정노동, 여성의 눈으로 다시 보기". 『인물과 사상』. 11. pp.84~96.
안전보건공단(2013). 「감정노동 근로자의 건강관리방안 연구」. 안전보건공단.

앨리 러셀 혹실드(2009). 『감정노동: 노동은 우리의 감정을 어떻게 상품으로 만드는가』. 이매진 컨텍스트.

최병두 옮김(2001). 『정보도시: 정보기술의 정치경제학』. 한울.

한국고용정보원(2015). 감정노동 직업 특성 분석 및 정책적 시사점」. 한국고용정보원.

한국노동사회연구소(2014). 「한국 사회 감정노동 실태와 개선방향 연구」. 한국노동사회연구소.

제5장 성 역할 고정관념이 깨져야 유리천장이 깨진다_부수현

고용노동부(2015). "고용형태별근로실태조사: 규모. 학력. 연령계층. 성별 임금 및 근로조건". 고용노동부.

_____(2015). "사업체노동실태현황: 전국. 산업별. 성별. 규모별 사업체수 및 종사자수(종사자지위별)". 고용노동부.

김난주 · 권태희(2009). "기혼 여성의 직장 가정 균형과 삶의 질의 상호관계". 『여성연구』. 76. pp.43~70.

김미영(2005). "여성실직자들이 지각하는 진로장벽과 진로결정 자기 효능감 및 직업포부수준과의 관계". 한국기술교육대학교 대학원 석사학위논문.

김양희 · 유성경(2009). "학업 우수 여자청소년들의 진로장벽과 진로포부의 종단분석". 『한국심리학회지: 여성』. 14(3). pp.447~465

김유경(2013). "생애단계별 여성의 취업행태와 정책과제". 『보건복지포럼』. 5(199). pp.39~56.

김은석 · 유성경(2013). "여대생의 자아정체감과 진로결정 수준 간의 관계에서 진로정체감과 다중역할계획태도의 매개효과". 『한국심리학회지: 상담 및 심리치료』. 25(4). pp.897~912.

두산백과. www.doopedia.co.kr/doopedia

박동건 · 이은정 · 최대정(2005). "직장인의 정서경험과 과업수행 및 맥락수행의 관계에서 성별과 억제규범의 차별적 영향력".

『한국심리학회지: 산업 및 조직』. 18(3). pp.413~436.
사람인. www.saramin.co.kr
세계 경제 포럼(2016). The Global Gender Gap. 세계 경제 포럼.
손은령(2001). "여자대학생이 지각한 진로장벽과 진로결정". 『상담학연구』. 2(2). pp.251~262.
_____(2002). "여자대학생이 지각한 진로장벽 요인에 관한 연구". 『한국심리학회지: 상담 및 심리치료』. 14(1). pp.121~139.
안상수(2015). "제2장 여성과 일". 『여성심리학』. 학지사. 한국여성심리학회 편저.
안상수 · 백영주 · 양애경 · 강혜란 · 윤정주(2007). "사회적 의사소통 연구: 성 차별적 언어 표현 사례 조사 및 대안마련을 위한 연구". 국립국어원 · 한국여성정책연구원 보고서.
양은주 · 한종철(1999). "여대생의 진로결정에 영향을 미치는 심리적 변인 연구". 『한국심리학회지: 상담 및 심리치료』. 11(1). pp.79~94.
오은진 · 이한나(2013). "기혼 여성의 직업 이동에 관한 연구". 『아시아여성연구』. 52(1). pp.133~161.
유성경 · 김은석 (2015). "제7장 여성과 일". 『여성심리학』. 학지사. 한국여성심리학회 편저.
이화용 · 홍아정. (2012). "기혼 근로자의 배우자 및 상사의 지원이 경력몰입에 미치는 영향: 일-가정갈등의 매개효과". 『직업교육연구』. 31(2). pp.45~66.
정진경(1990). "한국 성 역할 검사(KSRI)". 『한국심리학회지: 사회 및 성격』. 5(1). pp.82~92.
최정원(2005). "경력 단절 여성의 진로장벽 지각에 관한 연구". 한국기술교육대학교 대학원 석사학위논문.
최윤정 · 김계현(2009). "진로상담: 여성 진로 상담 관점에서 본 다중역할 (일-가족) 균형의 구성개념 및 측정에 관한 경험적 연구 고찰". 『상담학연구』. 10(1). pp.365~384.
통계청(2016). "2016 통계로 보는 여성의 삶". 통계청

_____(2016). "경제활동인구조사 : 성별 비경제활동인구". 통계청

한국교육과정평가원(2016). "대학수학능력시험 연도별 채점 현황". 한국교육과정평가원

홍지선 · 계은경(2016). "여성 진로장벽에 관한 국내 연구동향과 향후 과제: 진로발달단계를 중심으로". 『상담학연구』. 17(3). pp.225~250.

Amatea, E. S., Cross, E. G., Clark, J. E., & Bobby, C. L. (1986). Assessing the work and family role expectations of career-oriented men and women: The life role salience scales. Journal of Marriage and the Family 48(4), pp.831~838.

Bem, S. L. (1975). Androgyny vs Tight Little Lives of Fluffy Women and Chesty Men. Psychology Today, 9(4), p.58.

Berry, D. S., & McArthur, L. Z. (1986). Perceiving character in faces: the impact of age-related craniofacial changes on social perception. Psychological Bulletin, 100(1), pp.3~18.

Betz, N. (1994). Career counseling for women in the sciences and engineering.

Betz, N. (2006). Basic issues and concepts in the career development and counseling of women. In W. B. Walsh & M. J. Heppner (Eds.), Handbook of career counseling for women (2nd ed). NJ: Lawrence Erlbaum Associates.

Betz, N., & Hackett, G. (1981). The relationship of career-related self-efficacy expectations to perceived career options in college women and men. Journal of Counseling Psychology, 28, pp.399~410.

Brockner, J., Fishman, A., Goldman, B., Spiegel, S., & Garden, C. (2007). Procedural fairness, outcome favorability, and judgements of an authorith's responsibility. Journal of

Applied Psychology, 92(7), pp.1657~1671.

Carlson, D. S., Kacmar, K. M., & Williams, L. J. (1998). the development and validation of a multi-dimensional measure of work-family conflict. In Academy of Management Proceedings (Vol.1998, No.1, pp.A1-A7). Academy of Management.

Cohen, C. E. (1981). Person categories and social perception: Testing some boundaries of the processing effect of prior knowledge. Journal of Personality and Social Psychology, 40 (3), p.441.

Correll, J., Park, B., Judd, C. M., & Wittenbrink, B. (2002). The police officer's dilemma: Using ethnicity to disambiguate potentially threatening individuals. Journal of Personality & Social Psychology, 83, pp.1314~1329.

Deaux, K., & Lewis, L. L. (1984). Structure of gender stereotypes: Interrelationships among components and gender label. Journal of personality and Social Psychology, 46(5), pp.991~1004.

Eckes, T. (1994). Features of men, features of women: Assessing evaluated more favorably than men? An analysis of attitudes, beliefs, and emotions. Psychology of Women Quarterly, 15, pp.203~216.

Eysenck, M. (2002). Simply psychology (2nd ed.) Psychology Press.

Fitzgerald, L. F., Fassinger. R. E. & Betz, N. E. (1995). Theoretical advances in the study of women's career development. In W. B. Walsh & S. H. Osipow (Eds.), Handbook of vocational psychology: Theory, research and practice. NJ: Erbaum Associates.

Gettys, L. D., & Cann, A. (1981). Children's perceptions of

occupational sex stereotypes. Sex Roles, 7(3), 301~308.
Glick, P., & Fiske, S. (1997). Hostile and benevolent sexism : Measuring ambivalent sexism attitudes toward women. Psychology of Women Quarterly, 21, pp.119-135
Gottfredson, L. S. (2005). Applying Gottfredson's theory of circumscription and compromise in career guidance and counseling. In S. D. Brown & R. W. Lent (Eds.), Career development and counseling: Putting theory and research to work. New York: John Wiley & Sons.
Gottfredson, L. S., & Lapan, R. T. (1997). Assessing gender-based circumscription of occupational aspirations. Journal of Career Assessment, 5(4), pp.419~441.
Greenhaus, J. H., & Powell, G. N. (2006). When work and family are allies: A theory of work-family enrichment. Academy of management review, 31(1), pp.72~92.
Guest, D. E. (2002). Perspectives on the study of work-life balance. Social Science Information, 41(2), pp.255~279.
Hackett, G. (1985). Role of mathematics self-efficacy in the choice of math-related majors of college women and men: A path analysis. Journal of counseling psychology, 32(1), p.47.
Kassin, S. Fein. S., & Markus, H. R. (2011). Soial Psychology (8th ed.). Boston, MA: Wadsworth Publishing.
Lent, R. W., Brown, S. D., & Hackett, G. (1994). Toward a unifying social cognitive theoory of career and academic interest, choice, and performance. Journal of Vocational Behavior, 45, pp.79~122
Lent, R. W., Brown, S. D., & Hackett, G. (2000). Contextual supports and barriers to career choice: A social cognitive analysis. Journal of Counseling Psychology, 47, 36~49

Luzzo, D. A. (1995). Gender and Ethnic Differences in the Perception of Barriers to Career Development. Paper presented at the Annual Meeting of the American Counseling Association, Denver, CO.

Luzzo, D. A. (1997). Correlates of Mexican American college students' perceptions of career-related barriers. American Psychological Association, Chicago.

Marx, D. M., & Stapel, D. A. (2006). Distinguishing stereotype threat from priming effects: on the role of the social self and threat-based concerns. Journal of personality and social psychology, 91(2), pp.243.

Matlin, M. W. (2012). Gender stereotypes and other biases. In LindaSchreiber-Ganster(Ed.), The psychology of women (7th ed. pp.35-73). Belmont, CA: Wadsworth.

Meyers-Levy, J., & Sternthal, B. (1993). A two-factor explanation of assimilation and contrast effects. Journal of marketing research, pp.359~368.

O'Leary, V. E. (1974). Some attitudinal barriers to occupational aspirations in women. Psychological Bulletin, 81(11), pp.809~826.

OECD(2012). OECD stat: Population and labour force. www.dx.doi.org

OECD (2016). 한국 경제 보고서. OECD

Rudman, L. A., & Glick, P. (2012). The social psychology of gender: How power and intimacy shape gender relations. New York: Guilford Press.

Schaffer, K. F. (1981). Sex Role and Human Behavior, Cambridge, MA: Winthrop Publisher.

Swanson, J. L., & Lease, S. H. (1990). Gender Differences in Self-Ratings of Abilities and Skills. The Career

Development Quarterly, 38(4), pp.347～359.

Swanson, J. L., & Tokar, D. M. (1991). Development and initial validation of the career barriers inventory. Journal of vacational behavior, 39, pp.344～361.

Swanson, J. L., Daniels, K. K., & Tokar, D. M. (1996). Assessing perceptions of career-related barriers: The Career Barriers Inventory. Journal of Career Assessment, 4(2), pp.219～244.

Whitley, B., & Kite, M. (2009). The psychology of prejudice and discrimination (2nd ed.). Belmont, CA: Thomson-Wadsworth.

YBM, www.ybmclass.com.

제6장 여성 진로에 관한 연구 동향_양난미

김강호(2015). “여성 관리자의 경력목표 변화 유형과 관련 변인”. 『진로교육연구』. 28(4), pp.1～16.

김나래 · 이기학(2016). “여성의 자발적 경력변경 영향 요인에 대한 개념도 연구”. 『상담학연구』. 17(1), pp.227~248.

김민선 · 서영석(2016). “고학력 기혼 여성들의 진로지속 동기 척도 개발 및 타당화 연구”. 『한국심리학회지: 상담 및 심리치료』. 28(1). pp.63~88.

김민선 · 양지웅 · 연규진(2016). “이공계 여성 대학원생의 진로선택과 대학원 경험에 관한 질적 연구”. 『한국심리학회지: 상담 및 심리치료』. 28(1), pp.191~216.

김보연(2016). “한 여성공무원의 경력 전환 경험에 관한 자문화기술지”. 『교육인류학연구』. 19(3), pp.121~151.

김봉환 · 이제경 · 유현실 · 황매향 · 공윤정 · 손진희 · 강혜영 · 김지헌 · 유정이 · 임은미 · 손은정(2010). 『진로상담이론: 한국 내담자에 대한 적용』. 학지사.

김소연·정희숙(2015). "한 중년 여성의 진로구성과정". 『한국콘텐츠학회논문지』. 15(5). pp.265~282.
김양희·유성경(2009). "학업 우수 여자청소년들의 진로장벽과 진로포부의 종단분석". 『한국심리학회지: 여성』. 14(3). pp.447~465.
김양희·유성경(2014). "한국 여대생의 문화적 성향에 따른 잠재계층 분류와 진로 관련 변인과의 관계". 『한국심리학회지: 상담 및 심리치료』. 26(4). pp.1047~1072.
남순현(2015). "여성 노인의 일과 여가 경험에 대한 생애사 연구". 『人間發達研究』. 22(2), pp.1~27.
박정열·손영미(2016). "경력 단절 여성의 진로적응성, 진로장벽 및 재취업 이득/손실의 지각이 재취업욕구에 미치는 영향". 『진로교육연구』. .29(1), pp.101~121.
서경희·곽원준·심지현(2015). "경력 단절 여성의 진로결정 자기효능감이 진로적응성에 미치는 영향-사회적 지지의 조절효과를 중심으로-". 『취업진로연구』. 5(4), pp.57~88.
알기르마·김영순·박미숙(2015). "몽골 출신 결혼이주여성의 진로경험에 관한 연구". 『진로교육연구』. 28(1), pp.101~115.
양현정·이기학(2015). "유자녀 직장 여성의 다중역할로 인한 부정적, 긍정적 효과와 진로포부의 관계: 생애주기 단계별 비교". 『상담학연구』. 16(3), pp.155~174.
유성경·김은석(2015). "맞벌이 여성 근로자의 일자리 중단에 대한 영향 요인 검증". 『한국심리학회지: 여성』. 20(4), pp.551~569.
유순화(2014). "여대생의 자원과 진로미결정 간의 관계". 『여성학연구』. 24(3), pp.7~34.
유정이·김수리·이수림(2016). "30대 대졸 경력 단절 기혼 여성의 재취업 시도 경험에 대한 질적 연구". 『학습자중심교과교육연구』. 16(4), pp.931~964.
유희정(2015). "경력 단절 여성의 진로장벽 지각이 진로준비행동에 미치는 영향에서 진로결정 자기 효능감과 고용가능성의 매개효과". 『교육치료연구』. 7(2), pp.261~280.

이병준・석영미・한현우(2015). "결혼이주여성들의 자녀 진로교육 인식과 경험에 관한 질적 사례연구". 『학습자중심교과교육연구』. 15(2), pp.455~477.

이수분・이정희(2014). "취업준비 기혼 여성의 진로선택에 관한 질적 연구". 『인적자원관리연구』. 21(5), pp.165~185.

이시이히로코・이영선(2016). "국제결혼가정 청소년의 진로에 대한 인식과 경험에 대한 탐색". 『다문화 사회연구』. 9(2), pp. 231~271.

이재은・송영수(2016). "30대 전환기 우수역량 미혼 여성의 경력전환 과정분석: 정체성 변화를 중심으로". 『Andragogy Today: International Journal of Adult & Continuing Education』. 19(2), pp.29~60.

임은미(2013). "특수영역 상담". 김봉환・강은희・강혜영・공윤정・김영빈・김희수・선혜연・손은령・송재홍・유현실・이제경・임은미・황매향 공저. 『한국상담학회 상담학 총서6. 진로상담』. 학지사.

임윤서・안윤정(2016). "여대생의 자기성찰에서 드러난 '여성으로서 일'의 의미 탐색에 관한 질적 연구". 『한국심리학회지: 여성』. 21(2), pp.195~228.

임윤희(2017.01.05) "성 주류화, 여성들이여 버텨라" 당신이 일을 포기한다면 2명의 여성 일꾼 잃어. <머니투데이>.

임지선・장인온(2015). "여자 전문대학생의 진로장벽, 진로확신, 진로준비행동의 구조관계 분석". 『미래청소년학회지』. 12(1), pp.49~67.

전명훈(2016.08.28.). "한국, 국제 양성평등 지표 최하위 수준". <연합뉴스>.

최윤정・안후나・이지은・최정순・박선주(2013). "여성 진로발달 및 상담에 관한 국내 연구 동향". 『상담학연구』. 14(2),

pp.1285~1308.
하문선(2014). "여자고등학생의 여성 성 역할, 여성 성 역할 갈등과 부모 진로 지지, 의사결정의존성 및 진로결정 간 관계". 『職業教育研究』. 33(2), pp.59~84.
하문선(2014). "여자고등학생의 진로대안 잠재프로파일 분류". 『한국청소년연구』. 25(1), pp.129~154.
홍지선・계은경(2016). "여성 진로장벽에 관한 국내 연구동향과 향후 과제: 진로발달단계를 중심으로". 『상담학연구』. 17(3), pp.225~250.
Gysbers, N. C., Heppner, M.J., & Johnston, J. A(1998). Career Counseling: process, Issues, and Thchniques. MA: Ally & Bacon. (김봉환 역. 『진로상담의 실제』. 학지사)
Sharf, R. S.(2014). Applying Career Development Theory to Counseling, 6th. OH: Wadsworth. (김진숙・김정미・서영숙 역. 『진로상담: 아동기부터 성인기까지 진로발달 이론의 적용』. 박학사).

제7장 직장에서의 성희롱 예방과 경계권의 보호_김대군

국가인권위원회(2012). 『성희롱 진정 사건 백서』. 국가인권위원회.
______(2013). 『성희롱 예방 안내서』. 국가인권위원회.
______(2014). 『성희롱 시정권고 사례집』. 국가인권위원회.
김대군(2013). "경계윤리(Boundary Ethics) 정립을 위한 소고". 『윤리연구』. 91권. 한국윤리학회. pp.81~106.
______(2015). "윤리교육에서 성희롱 예방교육". 『윤리연구』. 102권 0호. 한국윤리학회. pp.303~330.
김정인(2000). 『성희롱행동의 이해와 실제』. 교육과학사.
『論語』. 爲政 第二.
루 메리노프. 김익희 옮김(2008). 『철학상담소』. 북로드.
마르틴 부버. 표재명 옮김(1995). 『나와 너』. 문예출판사.

문희경(2010). 『성희롱의 이해』. 교육과학사.

박병기 · 추병완(1996). 『윤리학과 도덕교육』. 인간사랑.

박성미(2014). “성희롱의 행위에 대한 형사법적 규제 토론문”. 『성희롱 · 성폭력 범죄의 재조명』. 경상대학교 여성연구소 학술대회 자료집.

신상숙(2008). “성희롱 개념의 성립과 변화”. 『성희롱 예방 교육 전문강사 전문과정 자료집』. 한국양성평등교육진흥원.

에드워드 홀. 최효선 옮김(2003). 『숨겨진 차원』. 한길사.

이명신(2014). “성희롱의 재정의: 남녀대학생의 강간통념. 성희롱 인식. 성적 괴롭힘 행동을 중심으로 경험적 재구성”. 『성희롱 · 성폭력 범죄의 재조명』. 경상대학교 여성연구소 학술대회 자료집.

이수창(2014). “성희롱 행위에 대한 형사법적 규제”. 『성희롱 · 성폭력 범죄의 재조명』. 경상대학교 여성연구소 학술대회자료집.

이영희(2014). “성희롱 사례와 판단기준”. 『성희롱 예방 교육 전문강사 재위촉 보수과정 2차 자료집』. 한국양성평등교육진흥원.

이정호 외 공저(2006). 『철학의 이해』. 한국방송통신대학교 출판부.

조인섭(2008). “성희롱 관련 법과 판례 다루기”. 『성희롱 예방 교육 전문강사 전문과정 자료집』. 한국양성평등교육진흥원.

조주현(2008). “섹슈얼리티와 페미니즘”. 『섹슈얼리티로 바라본 세상』. 한국양성평등교육진흥원.

천대윤(1999). 『성희롱정책』. 선학사.

YTN. “지하철 성범죄 언제 · 어디서 많이 발생하나”. 2015년 3월 26일 기사. (www.ytn.co.kr/_ln/0103_201503261642066284)

Farley. Lin(1978). Sexual Shakedown : The Sexual Harassment of Women on the Job. New York : Warner Books.

Noddings. Nell(1984). Caring : A Feminin Approach to Ethics & Moral Education (Berkeley : University of California Press).

“Boundaries: The importance of choosing to value ourselves”.

(www.zencaroline.blogspot.kr/2009/01/boundary-and-so-on.html. 2009년 1월 23일)

Samuel Estreicher(ed.)(2000). Sexual Harassment in the Workplace (Springer).

국가인권위원회법. 제2조 제3호 라목.

남녀고용평등 및 일·가정 양립 지원에 관한 법률 제1장 제1조.

남녀고용평등과 일·가정 양립 지원에 관한 법률 시행령 제3조 제2항.

대법원 2008.07.10. 선고 2007두22498판결.

대법원 2006.12.21. 선고 2005두13414판결.

성폭력 범죄의 처벌 등에 관한 특례법 제13조.

제8장 '부정청탁금지법'과 여성_정도희

김래영. "부정청탁 및 금품 등 수수의 금지에 관한 법률'의 입법현황과 과제". 『한양법학』 제26권 제3집 통권 제51집. 한양대학교 법학연구소. 2015.08.

김영환. "형법 제20조 정당행위에 관한 비판적 고찰". 『고시계』 제411호. 국가고시학회. 1991.

김봉수. "위법성조각사유의 체계 및 경합에 관한 연구". 『비교형사법연구』 제10권 제2호. 한국비교형사법학회. 2008

김성돈. "한국 형법의 사회상규조항의 계보와 그 입법적 의의". 『형사법연구』 제24권 제4호. 한국형사법학회. 2012.

김재민. "공직자 부패 문제에 대한 피해자학적 접근". 『피해자학연구』 제20권 제1호. 한국피해자학회. 2012. 4.

김정현. "'부정청탁 및 금품 등 수수의 금지에 관한 법률'의 문제점과 발전방향에 관한 연구". 『헌법학연구』. 제22권 제2호. 한국헌법학학회. 2016.6.2

민병익·이상범. "반부패 정책 효과의 영향요인". 『지방정부연구』. 제12권 제3호. 한국지방정부학회. 2008. 12

박진우. “부정청탁 및 금품 등 수수의 금지에 관한 법률의 위헌성에 관한 고찰”. 『세계헌법연구』. 제21권 제1호. 국제헌법학회 한국학회. 2015.

서울경제, “‘스승에 카네이션 캔 커피 허용’…석 달째 보수작업 하는 김영란법”. 2016년 12월 27일 기사.

송기춘. “부정청탁 및 금품 등 수수의 금지에 관한 법률의 법적 문제점과 개선방향”. 『세계법학연구』. 제21권 제3호. 국제헌법학회 한국학회. 2015. 12

연합뉴스, “한국국가청렴도 세계52위까지 추락 ‘역대 최저’”, 2017년 1월 25일 기사.

조정래 · 이현정 · 김장회. “부패와 젠더: 기초자치단체 부패 영향요인의 탐색” 『정부학연구』. 제20권 제2호. 고려대학교 정부학연구소. 2014.

중앙일보, “어제 신고 1건 … 권익위 신고자 보호 위해 내용 미공개”. 2016년 9월 30일 기사.

인명

ㄱ

ㄴ

ㄷ

ㅁ

ㅂ

ㅅ

ㅇ

ㅈ

ㅊ

ㅌ

ㅎ

• 저자약력(집필순) •

이명신
이화여자대학교 영어영문학 학사.
이화여자대학교 대학원 영어영문학 석사.
미국 남미시시피 주립대학 사회사업대학원 석사.
미국 테네시 주립대학 사회사업대학원 박사.

경상대학교 사회복지학과 교수.
한국가족사회복지학회 전임 회장.
한국가족사회복지학회 이사.
캐나다 브리티쉬컬럼비아 대학(UBC) 방문교수.
창원지방법원 진주지원 조정위원회 가사조정위원.
경상대학교 여성연구소 소장.

최정혜
경상대학교 사범대학 가정교육학 학사.
동아대학교 대학원 가정학 석사.
성신여자대학교 대학원 가족학 이학박사.

경상대학교 유아교육과 교수.
미국 캘리포니아주립대학교(UCBerkey) 사회복지학과 방문교수.
한국영유아교원교육학회 이사.
한국가족관계학회 이사.
경상대학교 전 학생처장.
경상남도 다문화가족정책위원회 위원.
진주시보육정책위원회 위원.
경남일보 객원논설위원.

이혜숙
이화여자대학교 사회학 학사.
서울대학교 대학원 사회학 석사.
서울대학교 대학원 사회학 박사.

경상대학교 사회학과 교수.
미국 캘리포니아주립대학교(UCLA) 사회학과 방문교수.
미국 워싱턴대학교(UW) 사회학과 방문교수.
경상대학교 여성연구소 소장.
한국여성학회 운영위원, 편집위원.
전국여교수연합회, 부회장.

하영미
경상대학교 간호학 학사.
서울대학교 대학원 간호학 석사.
미국 노스캐롤라이나대학교 채플힐 간호대학 간호학 박사.

경상대학교 간호학과 부교수.
한국직업건강간호학회 출판이사.
경남금연센터 여성파트 자문교수.
한국산업간호협회 편집위원.
한국농촌간호학회 학술이사.

부수현
중앙대학교 문과대학 심리학 학사.
중앙대학교 대학원 소비자 및 광고심리학 석사.
중앙대학교 대학원 소비자 및 광고심리학 박사.

경상대학교 심리학과 조교수.
경상대학교 인권 및 사회발전연구소 부소장.
한국소비자 · 광고 심리학회 총무이사.
한국소비자학회 이사.

양난미
이화여자대학교 교육심리학 학사.
이화여자대학교 대학원 교육심리학 석사.
이화여자대학교 대학원 심리학 박사.

경상대학교 심리학과 부교수.
한국상담심리학회 이사.
한국심리학회 재무이사.
상담심리 전문가.

김대군
경상대학교 사범대학 윤리교육학 학사.
서울대학교 대학원 교육학 석사.
서울대학교 대학원 교육학 박사.

경상대학교 윤리교육과 교수.
경상대학교 인권교육센터장
한국양성평등교육진흥원 전문강사.
한국윤리교육학회 학술위원장.

정도희
한국외국어대학교 스페인어 학사 및 고려대학교 법학 학사
고려대학교 일반대학원 법학 석사.
서울대학교 대학원 법학 박사.

경상대학교 법학과 부교수.
경상대학교 여성연구소 운영위원
경상대학교 인권사회발전연구소 운영위원

한국에서 여성으로 살아가기: 일하는 여성의 세계

2017년 2월 10일 1판 1쇄 인쇄
2017년 2월 20일 1판 1쇄 발행

저 자 경상대학교 여성연구소
이명신, 최정혜, 이혜숙, 하영미,
부수현, 양난미, 김대군, 정도희

펴낸이 조재성
펴낸곳 서현사

등록 2002년 8월 14일 제03-01392호
주소 경기도 고양시 일산동구 중앙로 1055번지 레이크하임 206호
전화 031-919-6643
팩스 031-912-6643

ISBN 978-89-94044-91-0 93330
값 15,000원

이 도서는 경상대학교 GAST의 지원으로 기획되고 제작되었습니다.